JUNREN XINLI JIAOYU XUNLIAN

军人心理教育训练

主　审 ◉ 王　征

主　编 ◉ 张　俐　张　伟

副主编 ◉ 靳灿灿　吴　翀　徐晓晓

SWUP 西南大学出版社

国家一级出版社　全国百佳图书出版单位

图书在版编目(CIP)数据

军人心理教育训练 / 张俐，张伟主编. —— 重庆 ：西南师范大学出版社，2018.9
ISBN 978-7-5621-9617-4

Ⅰ. ①军… Ⅱ. ①张… ②张… Ⅲ. ①军人—心理健康—健康教育 Ⅳ. ①E0—051

中国版本图书馆 CIP 数据核字(2018)第 209115 号

军人心理教育训练

JUNREN XINLI JIAOYU XUNLIAN

主　审：王　征

主　编：张　俐　张　伟

副主编：靳灿灿　吴　翀　徐晓晓

责任编辑：任志林　郑持军
封面设计：戴永曦
排　　版：瞿　勤
出版发行：西南大学出版社(原西南师范大学出版社)
地址：重庆市北碚区天生路 1 号
邮编：400715　市场营销部电话：023-68868624
网址：http://www.xdcbs.com
经　　销：全国新华书店
印　　刷：重庆亘鑫印务有限公司
幅面尺寸：170mm×240mm
印　　张：17.25
字　　数：322 千字
版　　次：2018 年 12 月　第 1 版
印　　次：2024 年 11 月　第 6 次印刷
书　　号：ISBN 978-7-5621-9617-4

定　　价：56.00 元

《军人心理教育训练》

编委会

主　审：王　征

主　编：张　俐　张　伟

副主编：靳灿灿　吴　翀　徐晓晓

编　者（以姓氏拼音为序）：

蔡　云　陈牧宇　程海燕　付春安　胡　丰

蒋　军　揭　彬　靳灿灿　孔祥吉　刘波涛

刘　晋　刘晓雨　刘云波　邵　峰　宋丽娟

孙玉静　汪洁滢　汪　涛　王晓岑　王晓霞

王　燕　吴　翀　夏　蕾　谢喜强　徐晓晓

翟磷坤　张　夔　张　俐　张　伟　郑　伟

序言

建设一支听党指挥、能打胜仗、作风优良的人民军队，是党在新形势下的强军目标。能打胜仗就需要有一支在军政素质和体魄上过硬、心理素质上优异的军队。而在复杂多变的军事环境中，大量运用高新技术武器和持续进行高强度的作业；在非战争的状态下，基层部队除了拉练、海训等常规训练外，还担负着反恐、维和、维稳、安保、抗震、抗洪、救火等特殊使命和任务。这些都需要官兵在特殊情况下具有连续作战精力以及超越极限的战斗力和生存能力，其职业的高风险和军事活动的高强度，使军人承受着较大的生理和心理压力，这就需要军人有更高的心理素质来抵抗高压力对身心造成的损伤。当个体不断承受各种压力时，将会引起疲劳，并直接影响着训练水平的提高及个体身体机能的恢复。若过度疲劳或疲劳不能及时消除，会使个体出现体力减退、肌肉无力等躯体性改变，以及注意力减退、倦怠情绪产生等心理方面的变化，从而会直接影响生活与工作质量。因此，如何应对疲劳的极限已经成了当下基层部队亟待思考和解决的重要问题。

军人心理素质是在军事活动实践中通过主体与客体相互作用而发展形成的心理特征与行为特征的综合，是军人胜任神圣职责的必要条件。有良好心理素质的军人，能承受紧张、激烈的训练和作战等军事活动带来的巨大心理压力，排除不利的生理、心理干扰，从而做出正确的决策。可见，军人心理素质的好坏是军事活动能力强弱的重要标志。

在一定程度上，心理教育训练是个体的一种控制与自我控制的过程，可以促进身心健康。任何人都具有很强的可塑性，在每个人的体内，均存在令人意想不到的潜能，心理教育训练是开发潜能的钥匙。军人心理教育训练是利用心理学原理，结合各部队的实际情况，在近似实战的环境中，有意识、有目的地培养军人优良心理素质的一系列活动。心理教育训练能培养军人勇敢、大胆、坚定、顽强、沉着、果断、机敏和坚韧等良好的心理素质,从而预防和改善其疲劳状况,提高军人对各种困难、险情和战斗环境的心理适应以及心理承受能力,增强抵御心理攻击的能力。可见,军人心理教育训练能提高心理素质和军人活动能力,提升部队的战斗力。

张俐

2018 年 5 月 11 日

前言

军人心理教育训练作为现代军事训练的有机组成部分，意在为有效提高军队的心理服务绩效，提升官兵的心理健康水平，实现“能打仗、打胜仗”的目标，提供心理支持。

本书遵循思想性、科学性、先进性、启发性和适用性的原则，紧紧围绕新一代革命军人所需的素质过硬、能打胜仗的能力要求而编写。本书内容紧贴基层官兵所需的心理教育训练的理论、方法和技术这条主线展开，力争通过学习，构建军人心理调适系统，提高军人在险恶环境条件下遂行作战任务的心理调节能力、心理承受能力与心理适应能力，从而改善军人的疲劳状况，使他们在未来战场上能够临危不惧、遇险不惊。

陆军、海军和空军中长期从事心理服务、教育和科研工作的人员经过不懈努力，在总结多年心理教育工作经验和科研成果的基础上，引进、消化和吸收了大量国内外有关心理学的新理论、新知识和新方法，撰写完成了这本既体现心理学的最新理论实践成果，又符合部队心理服务需求的《军人心理教育训练》一书。

本书具有以下特点：①系统性：本书以心理现象为基础，从心理过程的认知、情绪和意志，以及心理功能入手，系统介绍了军人心理教育训练的理论、方法和技术，在结构上更符合心理规律，克服了以往同类书籍编写中的主观性和随意性。②新颖性：本书中的画“自画像”、以“树”识人、心理弹性和军人的梦等内容都吸收了近年的最新研究成果。同时，在介绍经典的心理教育训练理论和技术的同时，采用故事专栏、深度阅读等模块加强对心理教育训练理论、方法和技术的深入理解，为有志于从事军人心理教育与训练工作的同行提供一些有益的参考。③实用性:本书不仅关注心理教育训练的心理学理论,而且更加侧重心理教育训练的方案设计、实操技能及其应用,注重培养学员和部队心理工作骨干的实际操作能力,增强他们完成心理教育训练以及解决实际问题的能力,这为部队心理教育工作者提供了可操作的蓝本。另外,撰写者大多来自基层单位,心理教育训练内容接地气,符合部队需求,与以往教材相比更贴近部队、贴近实际。④可读性:编者将心理教育训练的理论与技术表述得通俗易懂,深入浅出,易于理解,便于掌握,编写成果可以提供给军队临床医学和心理学卫生专业技术干部、基层部队从事心理服务工作的相关人员作为学习和工作用书,也可作为任职教育和本科生培养的教材,还可作为基层部队官兵心理教育训练的操作和指导手册。

本书力求做到全面系统、内容精炼、重点突出、资料新颖和操作性强,能切实指导军队心理教育训练工作。然而,由于作者水平有限,能否达到上述目标尚有待于实践的检验,期望各位读者多提宝贵意见。

对本书主审王征研究员(中国科学院神经科学研究所),以及撰写和出版提供过帮助和支持的人士致以最真挚的谢意!

编者

2018 年 5 月 11 日

目录

第一篇 军人心理教育

第二篇 军人心理训练

第一篇 军人心理教育

军人心理教育是指教育者运用心理科学的方法，对军人心理的各个层面施加积极的影响，以促进其心理发展与适应、提升其心理健康水平的教育实践活动。其目标是培育良好的心理品质、开发潜能、增强心理适应能力、激发内在动力和养成良好的行为习惯。

近年来，随着改革开放的深入和新军事变革的推进，以及高新技术条件下的现代战争的挑战，对军人心理素质的要求不断攀高，时代呼唤当代军人不仅要有过硬的军事技能素质，而且要具备优良的心理品质。战争实践一再表明，“心理素质也是战斗力”。心理素质在战争中的重要作用日益受到广泛重视，世界主要军事强国都已把军人心理健康和抵御“心理战”的能力纳入军事教育和军事训练的科目之中。1998年总政宣传部组织召开了“心理教育座谈会”，在这次会上正式提出了心理教育的概念和任务。搞好心理教育，是军队建设和发展对政治工作改革提出的必然性要求。新颁布的《中国人民解放军政治工作条例》也明确指出，政治思想工作必须加强对官兵的心理教育和疏导。可见，军人心理教育在保障军事任务的完成和未来战争的取胜具有重要意义。

第一章 适应部队

作为新世纪的青年一代，肩上更是担负着建设祖国美好明天的重任。如今，他们穿上了军装，迈进了军营，扛起了保卫祖国安全的重任。适应良好是军人健康成长和担当重任的保障。因此，掌握军人的心理适应规律，及时引导、调节他们适应不良的问题，对于他们尽快适应部队生活，走好从军之路，履行军人职责具有重要意义。

适应(adaptation)是指减轻或消除紧张的过程，分为心理适应、生理适应和社会适应。适应部队包括四个方面：一是对军人角色的适应，如对服从命令、英勇顽强和不怕牺牲的适应；二是对军事环境的适应，如对军营环境、任务环境和战场环境的适应；三是对军队生活的适应，如对严格管理、严明纪律和特殊军事任务的适应；四是对军事训练的适应，如武装泅渡、全副武装强行军和冲击火场、陷坑、铁丝网等训练的适应。

第一节 角色适应

人生如舞台，不同的阶段，台上所扮演的角色不同。人的一生会扮演很多角色，比如儿子、学生和朋友等，又比如青年们现在的角色——中国人民解放军。

不同的角色有着不同的角色期待与内在感受，角色体现着环境对人的影响，角色表明了社会要求个体承担什么样的任务，按什么样的规范和方式去行事。角色适应(role adaptation)是个体调整自己的角色行为

去适应环境，别叫环境去适应你。 ——陈鹏

使之与角色期待逐渐吻合的过程，它是一种动态的、交互的、有弹性的过程。相对而言，军人这一特殊角色对规章制度的要求体现得更严格，不鼓励个性的释放与张扬，有着独特的角色期待和内在感受。

一、军人的角色期待

（一）角色期待

角色期待是文化、社会和团体加于某个人的一套行为模式、一个角色表演的“脚本”。它表明了文化和社会希望、要求个体按什么样的方式立身处世。角色期待总是伴随着一定的压力。按“脚本”表演，会受到奖励；偏离“脚本”，会受到处罚。我们成长中的每一个阶段都有不同的角色期待，社会通过家庭、学校和团体等的“发言人”表达这些角色期待。例如，我们要求或希望一岁左右的孩子学习走路，这个阶段的孩子是被爱的对象的角色，要学会信任、学会交流；要求小学生有一般阅读和计算能力，学会与同伴相处，学会计划性和合理支配时间，比如，按时上学，课堂上不说话，按时完成作业，懂礼貌，学习延迟满足，控制情绪反应，学会一般的社会规范，养成一些良好的习惯；要求高中生能够掌握比较系统的自然及社会知识，能够掌握学习的方法，与同学们形成良好的沟通关系，对法律等规章制度有一定的认识；大学生则是作为未来社会的顶梁柱，要求掌握一定的专业技能，对社会运行规律有一定的认识，有自己的发展目标，能够独立面对困难，对未来的职业生活有足够的理解等。

（二）军人的角色期待

军人的角色期待与一般社会角色期待有所不同，具有期望高、要求严的特点，与我军的光辉历史是息息相关的。军人誓词就是当前社会对军人角色期待的体现。这里我们重温一下军人誓词：“我是中国人民解放军军人，我宣誓：服从中国共产党的领导，全心全意为人民服务，服从命令，严守纪律，英勇顽强，不怕牺牲，苦练杀敌本领，时刻准备战斗，绝不叛离军队，誓死保卫祖国。”

从军人入伍誓词中，我们可以看出，社会对军人的角色期待集中体现为奉献、牺牲、服从、吃苦和守纪。体现在生活实践中就是军人要耐得住寂寞，受得了委屈，守得住清贫，抗得住诱惑，经得起考验。这并不容易，然而这就是我军的光荣传统，也是我国军人光辉形象的基石。刚入伍的军人又该如何来应对社会对他们的角色期待呢？这期间会出现哪些问题呢？又该如何克服，从而成功地实现角色转换，以适应未来的军营生活呢？

二、军人角色适应的常见问题

从普通老百姓到军人，是新兵人生经历的一次重大转折。面对新环境、新任务和新要求，许多新兵在满足新鲜感和好奇感之后，常常在军人角色适应中出现一些问题。

（一）军人角色阙如

军人角色阙如就是指没有军人角色的“指定心理活动和行为模式”，多发生在社会角色向军人角色转化时，即个体刚进入军营时。部分新兵憧憬于影视宣传中的军人形象，对自己加入的部队不满意，不认同自身所处的角色。有的新兵入伍前打过工，关系复杂，过往经历影响其心理，阻碍其在军营中的角色转变，还停留在以往角色中，认为自己只是换个地方打工。

（二）军人角色冲突

军人角色冲突是指个体在适应军人角色的过程中与当兵前的各种角色发生心理冲突。有的新兵家庭生活优越，具有思维活跃、个性张扬、自尊心强和爱攀比的特点，他们敢于表现自我，无拘无束，敢说敢讲，不愿遵从军营的角色要求。

（三）军人角色恐惧

军人角色恐惧是指个体进入军营后，因面临各种陌生的人和事件，会认为周围有不可预料和不可确定的因素，从而出现无所适从的害怕心理。例如，对军事训练的艰苦估计不足，对人际交往技巧掌握得不够，以及对自然环境（高寒、缺氧和干燥等）的一时不能适应，这些都会导致他们的角色恐惧心理。

三、军人角色适应的影响因素

(一)角色期待与个人内在感受的冲突

青年人会对即将面临的工作有着美好的憧憬,对军人这一特殊角色的期待特别高,希望自己进入军营后能够成为一名受人尊敬的军人,能够在关键时刻崭露头角并赢得人们的称赞,就像军旅题材的影视剧里的主角一样拥有众多闪光的机会。但是,与憧憬不同的是,入伍后将面临的是繁重的训练、枯燥的执勤、平凡的生活,并不像影视剧中展现出来的英雄一样那般多姿多彩,也没有想象中的铁血浪漫。然而,赋予军人光辉形象的并不是军装,而是穿上军装后的行为。这种期望中的落差,会影响我们对自身角色的认可与接受。

(二)过往角色与军人角色的冲突

入伍前,我们在家是子女,在校是学生。作为高中生,我们享有亲人的关怀,同时又因为青春期的叛逆会下意识反抗权威的控制,即使是在学校也享有相当的自主权;作为大学生,我们拥有家人的期待、多姿多彩的生活,以及能力提高后伴随的自由。入伍后,以上角色所拥有的这些权利与军人角色所背负的义务是冲突的,比如军人角色强调服从与共性,学生角色更喜欢自由与个性;军人角色强调奉献与牺牲,而子女角色在我们这个年龄段是更多地追求索取与享受。

(三)过往经历与军人角色的冲突

一般性的工作是劳动与薪酬的关系,工作者用劳动去换取自己的薪酬,或者说为自己的薪酬付出相应的劳动,劳资双方依据合同法行事。而军人则与之不同,在我国入伍参军是每个适龄公民应尽的义务,金钱不能用于衡量军人的劳动,约束军人角色行为的不是合同法而是部队的条令、条例。

四、军人角色适应的方法

要让新兵更好地适应部队,就应该关注内在(入伍青年)和外在因素(带兵之人)。一方面,入伍青年要调整角色期待和遵循角色期待;另一方面,带兵之人要做好角色示范,起到能力表率作用,以及管理上的鼓励和关怀。

(一)新兵角色适应的调适方法

1.调整角色期待,全面接纳军人角色。我们人生中的每个角色都是双面的,当我们处于儿童角色时,我们渴望得到父母和其他亲人的关爱,因为亲人们的关怀能让我们感到温暖,而我们又不满长辈们的约束,因为长辈总是限制我们的行为。于是我们渴望快快长大,似乎长大了就好了。随着年龄的增长,我们变成了学生,开始获得各种各样的知识,对世界的认识逐渐加深,却又面临更多的挑战——各种作业和各种考试等等,于是我们又期望着赶紧毕业,似乎毕业后什么都好了。如今我们又选择了参军入伍,当我们看到军人角色光辉荣耀的一面时,也要接受军人角色平凡与枯燥的一面。这些角色的每一面都不可缺少,比如儿童时期,没有长辈的种种约束与限制,可能我们早就在各种事故中失去我们的生命;学生时期如果没有了作业与考试,我们也就获得不了什么知识。同理,作为军人,如果我们抗拒枯燥的训练,我们就不能掌握杀敌的本领;抗拒平凡的执勤,就不能时刻守护祖国的安宁;抗拒危险的挑战,也不能在关键时刻挺身而出,自然也就得不到社会赋予军人的荣耀。相反,对角色的全面接纳程度越高,则这个角色越成功,无论是儿童、学生或者军人角色,乃至未来别的角色都是如此。

2.遵循角色期待,向优秀军人学习。每一个角色都有着丰富的内涵,军人角色也是如此。要想拥有军人的光辉与荣耀,就离不开对军人角色内涵的学习。我们需要学习部队的规章制度,还要努力学习军事、政治和科学文化,苦练杀敌本领。这种角色内涵的学习,除了通过课堂传授和训练讲解以外,我们还可以通过模仿身边的优秀人员来学习。就像我们儿童时期,通过模仿大人逐渐学会走路,学会说话一样,我们也可以通过模仿优秀同年兵,学习他们是如何适应新兵阶段的;可以模仿优秀老兵,看他们是如何面对军营生活的;也可以模仿班长,看他们是怎么管理和带领班里的战友的;我们还可以模仿更多的人。这些近距离的模仿学习,有助于我们更好地适应军人角色。

(二)带兵者在新兵角色适应中的作用

1.榜样的示范作用。带兵之人做好军人角色示范,这对新兵具有良好的榜样效应。这就如同父母是孩子的第一个老师一样，父母教养良好，孩子往往发展良好，新兵教官对于新兵的角色转换也是如此。新兵会本能地注意教官的一言一行，并按照自己的理解进行解释。因此，新兵教官要注意自己的言行举止，务必确保自己的行为符合部队的规章制度。带兵之人如果自己不按照条令、条例的要求约束自己的行为，新兵也不可能做到遵章守纪。与此对应，带兵之人的言谈举止都符合其身份，则会提高新兵对部队角色的认可程度，认为自己在一个很正规的部队，有助于新兵融入部队。

2.能力的表率作用。常言说："兵熊，熊一个；将熊，熊一窝。"带兵之人的能力素质，特别是军事素质对入伍青年有着非常大的影响。入伍青年具有争强好胜的特点，如果带兵之人的军事素质不过硬，不能令新兵折服，新兵对于训练的热情以及服从程度都会降低；反之，如果带兵之人的军事素质过硬，会鼓舞新兵，帮助他们树立入伍后的目标，从而有助于新兵的角色转换。

3.鼓励与关怀作用。新兵进入部队后，在角色转化的过程中总会存在这样或者那样的问题，需要一定时间才能实现完全的角色转换，这需要带兵之人有足够的耐心。某种程度上来说，新兵就像没长大的小孩子，会有各种各样的"熊"表现。面对这些熊孩子，教官对他们充满希望的耐心与关怀能有效地缓解新兵的压力，帮助新兵克服角色转换过程中的不适应，有时，教官一句简单的鼓励或者关心的话，就能让新兵充满干劲。

第二节　环境适应

角色改变，所处的环境也会发生改变，比如当我们从儿童变为学生，我们的活动场所也从家庭转为学校。而环境的改变，对我们的心理也会造成一定影响，就像刚去幼儿园的小朋友往往会有一段时间哭着要回家。同样，我们从地方到军队，所处的环境发生了变化，心理也会随之发生改变。

一、军营环境的特点

要解决问题，首先要认识问题。我们要想很好地适应军营环境，就要先认识军营环境的特点。

（一）军营外部环境

根据任务需求，我军驻地遍布全国，从南到北，从东到西，从城市到乡村，从内地到边疆，从雪域高原到南沙海岛。这些地方，随着地域分布不同，气候、物产、生活方式、自然风光，以及周边社会人文环境都会有比较大的差异。比如驻扎在东北的部队，冬天室外温度低，天寒地冻，但是白雪皑皑，却又是一派美丽的北国风光；而驻扎在云南的部队，则夏季潮湿高热，蚊蚋丛生，但此时热带植物蓬勃生长，给人带来完全不同的感受；又比如高原地区，随着海拔的增加，温度降低，含氧量减少，但是雪山与蓝天的高原景象却能带给人别样的宁静。可以说，军队驻地的外部环境千差万别，却也各有千秋。

（二）军营内部环境

与外部环境不同的是，军营内部环境一般差别不大，功能区划分明显，一般而言由休息场所、训练场所以及办公场所构成，根据部队的性质不同，以及外部环境不同而有所改变。军营内部环境最大的特点在于其封闭性，进入军营后不能像以往一样自由，只有在规定的时间才能按比例外出。

（三）军营人文环境

军营有着火热、尚武的拼搏文化，同时又有着服从、守纪的严肃氛围。刚入伍的青年自身也正处于热血冲动的年龄，往往心理年龄落后于生理年龄。青年人多来自五湖四海，语言交流有差异，说的话南腔北调。成长背景不同，性格也各有不同，有的急，有的慢。生活经历不同，有的人因为学历低，容易自卑；也有的人则自我感觉良好，容易自高自大。

二、军人环境适应的常见问题

(一)对军营外部环境的不适应

驻地环境与入伍前生活环境存在较大差异，冬天容易感冒，夏天容易中暑。不同的饮食习惯，常常导致胃肠道疾病。执行任务和训练过程中的障碍、意外和疲惫感等，容易使军人产生畏难情绪。

(二)对军营内部环境的不适应

眼前看到的军营内部环境与影视剧里以及想象的军营有落差，特别是住宿条件和硬件设施等，新兵一时难以接受。

(三)对军营人文环境的不适应

新兵来自五湖四海，有时会因为周围战友的行为与言语沟通不畅而发生冲突。另外，对远离亲人不适应，常常思念家乡与亲人，感到孤独。

三、军人环境适应不良的原因

从军营环境特点来看，军营环境与官兵入伍前的环境存在较大差异，一些官兵由此而产生诸多的不适应。

(一)军营外部环境对新兵的影响

由于我国幅员辽阔，我军驻扎的区域也遍布大江南北，有的地方高湿高热，有的地方干燥寒冷，也有的高寒缺氧，等等，这些地方的条件都比较艰苦。这种环境的确会在一定程度上影响新兵的身体状况，并引起相应的心理不适。

(二)军营内部环境对新兵的影响

青年人天性渴望自由，渴望多姿多彩的生活，但是军营环境的特性需要青年人压制自己的天性，这固然是人走向成熟的必然之路，相对于别的成长方式而言却又更加直接。对于一群渴望自由和充满热血的青年人而言，他们很难掌握其中的度，容易违反部队的规章制度，有时因为冲动将竞争变成冲突，有时因为稚嫩将忍耐看成退缩，进而犯下错误。

(三)军营人文环境对新兵的影响

军营里青年人居多，新兵的训练单位更是如此，新兵多为青年人，正处于人生的成长期，为人处世都不够成熟，而新兵的组成又比较复杂，说话方式南腔北调，行为方式各有不同，有时会为了寻求认同感或者归属感，而将哥们义气或者老乡观念看得过重，导致出现违规、违纪行为。

四、军人环境适应的方法

（一）新兵环境适应的调适方法

1.调整心态，挑战环境。随着社会的发展，个人的移动范围也越来越广。几十年前，有人从生到死没有出过省，甚至没有离开过村子。但是如今人们为了工作可能要行遍全国，甚至要走出国门，可以说背井离乡将是我们未来的常态。青年人正处于人生中旺盛的成长可塑期，无论是身体还是心理都有很强的适应力。因此，参军入伍到外地，其实是青年人对于未来生活的一种提前适应。为了能更好地适应未来工作的需要，在现阶段主动去适应外地的生活环境，更能锻炼青年人未来的适应能力。想象一下，能忍受各种艰苦环境的青年人，还不能忍受未来的工作环境吗？此外，凡事都有两面性，主动挑战环境时，青年人固然要面对环境的艰苦，却也同时能发现不同寻常的美好一面。军人就是要在艰苦环境和复杂困难条件下摔打锻炼，才能培育出血性。训练场上讲究的是“夏练三伏，冬练三九”，军人应该知道，越是艰苦的环境，越能使一个人得到历练。如果因为炎热、寒冷以及疲惫便感到畏难和难以承受，怎么可能去面对生死和枪林弹雨？障碍场上矫健的身影、攀岩墙上坚毅的眼神，无不体现着军人的刚与韧。

2.接受并维护军营环境。军营环境的整洁其实是与每个人都息息相关的。人们往往只看到军营整洁环境的外观，却忽视军营整洁环境的作用，有时会认为军营整洁的环境只是形式。其实，军营整洁环境的起点是战斗力需要，良好的军营环境是减少疾病发生的有效保障，因此经常性的营院整理十分必要。

3.换位思考，耐心倾听。青年人往往冲动急躁，习惯以自我为中心，因此在军营人文环境下需要注意以下几个方面：一是要学会耐心倾听。遇事先多听听别人的看法，让别人把话说完，给别人充足的说话时间，有助于对方宣泄情绪，同时也有助于自身理解对方，并加深对事情的认识。

二是试着站在别人的角度来思考问题。角度不同，看到的东西往往不同，倘若只站在一个角度上看待问题，则会出现盲人摸象的情况，失之偏颇。开展“学说战友家乡话”等活动，有助于新兵去了解战友的说话特点，并通过这种活动，能够进一步认识到换位思考的重要性，从而逐步摆脱以自我为中心的习惯，进而慢慢走向成熟。

（二）带兵者在新兵环境适应中的作用

1.从部队周边环境出发，讲解适应方法。为了帮助青年人适应部队环境，首先，应组织新兵学习部队周边环境的注意事项，保护新兵免受部队驻地环境的负面影响，比如，教会身处高原的新兵如何应对高原缺氧的考验。其次，组织参观周边环境，帮助青年认识部队周边环境的优势资源，增进他们对周边环境的认同感，有助于克服初期的外部环境不适应。

2.创造严肃又温暖的环境，形成和谐氛围。在训练之余对新兵要多加关注，通过一日一谈等模式，了解新兵的具体感受。谈话时也要注意倾听，少说多听，以便新兵宣泄出自己的情绪。在了解到新兵的性格特点以及他们的心理感受后，针对性地进行真诚帮助。对于内向自卑倾向的新兵，应多一些鼓励与支持；对于自大自负的新兵要多一些包容。组织新兵进行团体放松训练，帮助新兵了解身边的战友，减少新兵交流中的摩擦，增进他们之间的感情，从而帮助新兵适应环境。

第三节　生活适应

角色不同，生活方式也不同。军人的生活方式与一般人的生活相比，无论是形式还是内容上，都有巨大的差异，从我军当前的一日生活制度上可见一斑。连队的一日生活包括：起床、早操、整理内务、洗漱、开饭、操课、午休、课外活动、点名和就寝，所有活动时间均严格控制在规定的分钟之内，休息时间还不许随意外出，日日如此。这与入伍前的地方生活相比，显得单调刻板，这些都会给入伍青年带来不适应。

一、军营生活的特点

(一)军营生活节奏快

从早晨起床到晚上熄灯，集合、站队、穿衣、吃饭、训练和学习等等，一切活动都要踩着钟点，都必须在规定的时间内完成，一环扣一环，一步赶一步，稍不留神，动作慢了，就会出错，就会跟不上节奏。部队严格的时间要求、一丝不苟的军事训练、无时不在的日常习惯养成，以及需要新战友掌握的基本政治教育内容等等，这些对于刚刚进入军营的青年人来说，必然给他们带来不小的压力，造成心理紧张。

(二)军营是个艰苦的地方

对于军营的艰苦，每个准备跨入军营的青年都会从不同的渠道或多或少地有所了解。但是，当他们真正地进入了军营，亲身体验到了部队所特有的艰苦之后，会发现原先的心理准备还是显得不足。训练场上，或烈日当空，或北风呼啸，练军姿、拔正步、练习单双杠、跑越野，晴天一身汗，雨天一身泥。夜深人静、人困马乏的时候，还要牺牲甜蜜的睡眠去站岗。连队的物质文化生活虽然在不断改善，但与入伍前随心所欲的小锅饭以及父母无微不至的关爱照顾相比，自不可同日而语。更有的来到驻守海岛和高山的海防和边防部队，或冰天雪地，空气稀薄，或烟波浩渺，人迹罕至，生活又多了一层孤寂与清苦。对于在蜜罐里泡大的年轻人，第一次吃到了前所未有的苦，自然会有一段时间的不适应。

(三)纪律是军队的生命

既然当了兵，理所当然就要遵守军队铁的纪律。在军营里，纪律是无时不在、无处不有的。纪律就是统一：训练操课统一，日常生活也要统一，连走路也要喊着“一二一”的口令，谁要是不合节拍，谁就违反了纪律。纪律就是规范：做什么事都有一定的标准和要求，穿衣戴帽有规范，坐、卧、立、行有规范，称呼举止有规范，头发要剪短，帽墙下不得超过1.5厘米，被子要叠成“豆腐块”见棱见角……纪律就是约束，就是限制，就意味着每个人都要有所放弃有所接受，有所为有所不为；就意味着想做的事可能偏偏不让做,而不想做的事偏偏必须去做。初入军营,几乎每个人都有为自己不能如鱼得水地适应纪律的约束而苦恼过。

二、军人生活适应的常见问题

(一)对一日生活制度的节奏不适应

每天按部就班且时间节奏极强的一日生活制度,难免会给军人带来僵化感、枯燥感和紧迫感。

(二)对严格的纪律和管理不适应

从自由自在的生活到封闭式管理,新兵们难免会服从意识差,不喜欢被部队的条令约束,甚至有的新兵认为自身权利被侵占,容易造成他们的逆反心态和委屈感。

(三)对饮食和生活习惯不适应

新兵来自不同地域,不同民族,有不同的饮食以及生活习惯。他们来到部队后,是大锅饭,炊事班不会按不同人做不同饭菜,而是根据部队所在地的供给调配饮食。当然,也不能随时抽烟和饮酒,这难免会带来不适应。

三、军营生活适应的影响因素

(一)不同的入伍意愿影响青年对部队生活的态度

一些青年属于自愿入伍,对于部队生活有着较好的认识,从而对部队生活认同感较强,比如有的青年就认为,到部队吃苦锻炼能提高自己未来的适应能力。而部分青年并非自愿入伍,因此当他们参军后,对于部队生活认同感较低,其注意力更多地放在军营生活的不方便之处,看不到部队生活对他的促进作用,从而导致对部队生活适应性较差。

(二)过往生活经历的惯性影响青年在部队生活的行为

入伍青年的地方生活不像部队生活这样紧张,特别是部分青年在较长时间脱离有序的组织生活后,生活习惯比较散漫,比如有的青年高考结束后养成了晚睡晚起的习惯,也有的青年养成了打游戏的习惯,等等。当这种过往的生活习惯与军营生活存在冲突时,就会让青年人觉得十分的不适应。

四、军人生活适应的方法

（一）新兵生活适应的调适方法

1.调整态度，适应生活。每天我们的生活都会发生改变，这种改变不以我们的意志为转移。军营生活也只是这种改变中的一个特殊部分，但是不同的态度会影响我们对军营生活的适应程度。当我们抱着负性的态度来看待军营生活时，我们就会因为注意偏向导致我们只关注军营生活对我们造成的不舒服方面。比如，紧张的一日生活，备受限制的行为模式，觉得军营生活似乎与自己格格不入，很难看到军营生活对自身成长的益处。其实相比地方的生活方式，部队的一日生活制度对青年人而言有着很好的促进作用，既能有效地锻炼身体，又能兼顾意志力与知识的提高。虽然部队严格的纪律管理约束了青年人的行为，限制了我们的自由，但是也让我们降低了犯错的概率，从而提高了我们应对未来生活的能力。负性态度造成的注意偏向会影响我们一生。然而当我们开放心灵，以一种客观全面的态度看待军营生活时，我们会发现，不知不觉之间我们已经成长得出乎自己的意料。当我们离开部队后，我们会怀念自己在部队的日子。

2.找准方向，注意节奏。初入部队，部队的快节奏的确会让我们不太适应，觉得自己有些心慌，害怕跟不上部队的要求。其实我们可以静下心来，认真了解部队的一日生活安排，再仔细分析自己的弱势环节，针对弱势环节进行有意识的调整。比如被子叠得慢，那么就在叠被子上多下功夫，可以找班长指导，也可以请战友帮忙。一个环节一个环节地修正，一段时间过后，我们会发觉自己不知不觉之间已经完全适应了部队的生活节奏。

（二）带兵者在新兵生活适应中的作用

1.了解问题，因势利导。摸清新兵的入伍意愿以及入伍前的生活方式，根据新兵的特点指导他们尽快学会有序的生活。部队生活虽然紧张，但却井然有序，有规律可循。经过较长时间训练与适应的老兵虽然也同样生活在紧张之中，却能够应付自如，驾轻就熟，并没有太多的紧张感，就是因为他们已经学会了有序的生活。新兵由于还没有掌握集体生活的规律，在做一件事的时候，不知道下一步该做什么，加之许多事情做起来不熟练，质量不高，因而往往手忙脚乱，总处于被动之中。如果再因此而受到批评，就会加倍紧张。特别是有些从小受到家庭娇惯的新兵，生活自理能力差，就更难适应。带兵人要手把手地教给他们军营生活的常识，使他们尽快地熟练掌握各种要领。了解一日生活的秩序和规律，增加预见性和主动性，做到忙而不乱，紧而有序，紧张心理就会消失。

2.循序渐进，解释到位。做好管理与解释工作，让入伍新兵明白严格的部队生活制度的意义及重要性，在训练和管理中严而有度，循序渐进。从老百姓到军人的转变需要一个过程，中间有很长的一段路要走，严格的训练和管理是实现这一转变的必要条件。但是，训练和管理是以外部调节为特征的，倘若操之过急，僵硬实施，要求过严、过高，超过了新兵的生理和心理承受力，反而会产生副作用，使他们克服困难的信心受到伤害，并且怀疑自己能否适应部队生活，弄不好还会对管理者产生逆反心理。因此，在严格训练、严格管理中要把握好度，科学地分解目标，循序渐进，分步实施，使每一个小目标都能“跳一跳，够得着”。

3.安排合理，改善条件。带兵人要注意安排好物质文化生活。总体上说，目前部队的物质文化生活条件还不够理想，要充分利用好现有条件，合理安排，尽力改善。越是训练紧张，越要调剂好伙食，安排好休息，组织好文体活动，做到劳逸结合，张弛有致。这样做，可以使新兵对军营生活适应的难度大为减小。因为，人们从较好的生活去适应较差的生活比较困难，而从较差的生活去适应较好的生活则容易得多。多数新兵入伍部队的生活条件不如在家时，如果通过精心合理地安排和改善，缩小两者之间的差距，无疑会有利于他们对部队生活的适应。

4.积极疏导，改变认知。带兵者要积极疏导，帮助新兵改变对部队生活的认识，及时化解新兵在部队生活中的矛盾。在适应军营的过程中，新战士的心理必然会经常出现一些矛盾。这些矛盾，有的通过主观调节就可以解决，有的则需要经过他人的帮助才可能解决。带兵人要随时了解和掌握他们的心理变化，发现矛盾，积极疏导，及时解决。要防止矛盾积压成堆，结成疙瘩，力争发现一个解决一个，为其心理适应排除障碍。

第四节 训练适应

进入军营后的训练是将一名普通青年锻造成一名合格军人的根本途径。军队要充分发挥军事训练的特殊教育功能，培育军人一不怕苦、二不怕死的战斗精神；培育军人英勇善战、敢打必胜的精气神。

我们在影视剧、新闻和报纸中都能看到相关的军事训练内容。这些内容，有时让我们觉得“这不科学”，比如武装泅渡训练、全副武装强行军、冲击火场、陷坑、铁丝网的模拟训练，这些训练似乎都在挑战人类极限。而有的训练看上去十分的单调乏味，不停重复一个个简单的动作，有时“摆手”这样的简单动作都要被训练无数次。这样的训练对于青年人而言也是一种挑战，对青年人的心理有着较大的冲击。

一、军人训练适应的常见问题

（一）恐惧和畏难情绪

部分新兵害怕训练，有的听到单杠、双杠训练就打怵；还有的听到战备拉练、三公里越野跑和500米障碍跑等就担心和害怕，甚至装病。

（二）训练态度参差不齐

对待训练态度不一，有的新兵想训练，希望增加训练强度；有的怕吃苦，不想训练，希望少训练，甚至不训练。后者将影响训练的参与度和积极性。

（三）对考核绩效的担心

训练中后期，新兵逐渐熟悉了适应性军事训练和专业性军事训练的内容，接着又开始担心军事训练考核成绩是否影响军旅生涯。

二、军人应对军事训练的基本条件

(一)体能条件

新兵入伍年龄一般在18岁～23岁之间,这个年龄段的身体属于人的成长阶段中体能最好的阶段。此时骨骼系统发展稳定平衡,肌纤维增粗,肌肉体积增大,肌肉的力量增强,心肺功能日趋成熟和健全,如心肌纤维增粗,收缩力增强,心容积和心输出量都增加,呼吸肌的力量增强,呼吸深度加大,呼吸的频率逐渐减少,而肺活量增大。这为机体进行繁重的脑力劳动和体力劳动奠定了基础。各种腺体生长迅速,内分泌腺的分泌物(激素直接透入血液和淋巴),借助血液循环和淋巴系统运送到全身,促进机体新陈代谢和生长发育,保持体内酸碱平衡,能够很好地满足军事训练任务的需求。可以说,全身各系统均处于黄金时期,在新兵教官的指导下,能够有效地达到新兵军事训练中的耐力、爆发力和速度等方面的要求。

(二)心理条件

大脑发育臻于完善,随着知识的积累和经验的丰富,神经元的联系更加复杂化,大脑皮层细胞活动数量增加,从而提高了青年人的自调和自控能力。在青春后期,由于大脑质量的改变,人的记忆力、理解力、思维力和想象力都有较大的飞跃。在这个阶段,青年人有着一生中最快的反应力、最敏捷的思维力、最牢固的记忆力、最迅速的理解力和最丰富的想象力。可以说在这一阶段,学东西最快,无论是新兵适应性训练的内容还是专业性军事训练的内容,对于青年人而言都不是一件困难的事。

三、军人训练适应的方法

(一)新兵训练适应的调适方法

1.目标设定合理。虽然青年人正处于人体发育的巅峰时期,但是,我们青年人在入伍前,往往多处于长期的知识学习中,自身体能尚未进行深入挖掘。在这个阶段,应依据循序渐进的原则,分阶段制订目标,而不是将目标直接定为最终目标。量变达到一定程度才能引起质变。我们刚从轻松的地方社会转入到紧张的部队生活,无论身体上还是心理上都要经历一个逐渐接受、逐渐适应、逐渐融入的过程。要尊重学习规律，要不耻下问。掌握新东西是一个螺旋上升的渐进过程，不可能一蹴而就，更不可能一劳永逸。针对适应性训练的各个科目，要有意识地按由简到繁、由易到难的顺序展开学习。新兵要反复请教、专心学习，做到嘴勤、手勤、腿勤和脑勤，逐步达成每个阶段的目标，同时慢慢发展自己的体能。如果始终把注意力放在终极目标上，那么每一次努力带来的都是挫折感，次数多了就会放弃努力；反之，把注意力集中在阶段目标上，则每一次努力带来的都是成功，次数越多，自信心越强，最后水到渠成地实现最终目标。

其次，要根据自身各方面特点，不同的训练项目设定不同的目标。一般而言，一个人既有长处也有短处，就像人的手也是手指长短不一。比如有的人体能偏强，但是反应较慢，或者协调性较差。强项则将训练中间目标定得少一点，而弱项则将中间目标定得多一点。比如体能好的青年在体能训练上的目标可以定得高一些，甚至可以一步到位，如果其协调性较差，队列训练时就不要刻意地要求自己一开始所有动作都能准确到位，可以试着将训练的动作拆解，一个动作一个动作地逐步到位，最后也能够顺利完成训练任务。这样的话，既能突出自身优势，帮助树立信心，也不会因为有的训练项目进展不快而引发焦虑。最后，制订的目标要清晰明确、可执行、可检验，不能含糊不清，比如制订体能训练目标，应该是每天要跑多少米，做多少组运动，而不是将“累不累”这样的主观感受来当目标。

2.训练方式正确。无论是适应性军事训练还是专业性军事训练，正确的学习训练方式，能让训练效果事半功倍。体能训练方面，要循序渐进，持之以恒。良好的自我管理能更快地帮助我们提高体能，一般而言，我们首先要记录体能训练中我们的初始值。比如最开始的速度或者距离，然后建立阶段目标，一般具体到每天跑多少米或圈，接下来选择一个奖励行为。比如当自己完成了一天的体能训练目标时，奖励自己吃一块糖。另外，为每天的进步做量化记录，比如跑快了多少秒，跑多了多少米等。对成功实现的目标进行奖励，如果当天完成了目标则进行奖励，没有则不奖励。对成功的经历以及失败的经历进行总结，制订出更合理的目标与程序，再次循环。

而技巧性的训练，则需要注意观察学习。观察学习有三个条件：(1)学习者要注意观察教官，并能够记住他的全部动作，特别是一些复杂的动作，既要关注动作的细节，也不能忽略动作的整个过程；(2)学习者要能够重复出榜样的动作，有时，我们通过简单练习就可以重复出教官的动作，但有时有些动作在相当长的时间都不能重复，比如单杠的高级练习，这就需要耐心和坚持；(3)反应要得到强化，当自己成功地学会了榜样的动作后，我们应该对自己进行奖励，比如告诉自己"能行"！因此，在军事技巧训练过程中要积极调动注意、思维，使自己紧跟指导人员的思路，并在课后进行及时练习和强化，比如队列训练内容等。专业性训练由于对理论基础要求高，新兵在课堂上要认真听讲，课后温习笔记，打牢扎实的理论基础，能更好地掌握训练内容。

3.训练懂得分享。多一点宽容，多一些分享。我们抱着满腔的热情走进军营，总希望自己能够在军营生活中崭露头角，往往热情很高，对自身期望也高，当自己的训练表现不尽如人意时，常常倾向于苛责自己，遇到挫折不能客观面对。而在训练过程中，遇到挫折很正常，完全一帆风顺反而很少见。如果我们带着困惑与疑虑前进，会觉得很累，会怀疑自己，甚至自暴自弃；如果我们将自己的疑惑同战友分享，疑惑就会得到减轻。有的新同志对自己的训练成绩不满意，总认为自己不行，拖了班里的后腿，但是当他和班里的战友进行分享后，发现情况和自己想象的完全不一样，在战友的眼中，他的表现并不差，有的地方甚至让战友们很羡慕，而他一直很羡慕的战友，也有自己的疑惑，通过分享，感觉压力减少了很多。要知道"尺有所短，寸有所长"，每个人都有自己的长处，也有自己的短处。向先进学习是提高自己训练成绩最直接有效的途径，我们可以大胆地向训练骨干请教，无论是班长还是排长，也可以积极地向身边的训练标兵请教。训练骨干有着良好的军事素质，对训练内容有深刻的认识，向他们请教，往往能帮我们明确自己的问题所在。同年的训练标兵，则有着与我们类似的感受，向他们请教，往往能更好地理解训练内容。其实，青年官兵本处于人生的发展期，遇到挫折，迈过挫折是成长的必由之路，我们应对自己多一些宽容，也多一些自信，而在人生成长的道路上，多一些志同道合的战友，我们会走得更加坚定。

（二）带兵者在新兵训练适应中的作用

1.做好讲解示范。示范的目的，是让新兵通过观察，把教官的形体动作，在头脑中形成清晰的记忆表象，并使之内化，经过思维的加工，建立起正确的动作概念。因此，教官每次示范都应明确所要解决的问题。比如：示范什么、怎样示范等都要根据训练任务的特点制定。教官的示范动作要力求做到准确、熟练、轻快、优美和大方。使新兵在训练一开始，就能受到教官示范动作的感染，在欣赏示范动作时，油然产生一种跃跃欲试的心理气氛，从而提高学习动作技能的积极性，以保证训练任务的完成。

2.把握训练节奏。新兵的接受能力不同，训练效果不同。依据不同人员的接受能力来制订训练目标和训练方法，对于接受能力较强的新兵，可以适当地将目标拔高一点点，让他不至于因为乏味而失去兴趣；对于接受能力低的人员，则将训练目标进行多步分解，把进度适当地放慢，让他们感觉可以跟上整体，最终使整体跟上训练大纲的要求。

3.注意宽严相济。带兵之人在训练中对新兵既要严格要求，又要耐心包容。军事训练是新兵由地方青年成长为合格军人的必由之路，因此，新兵的训练标准要严，以便他们能适应未来战争和部队工作的需要。然而，一样米养百样人，有的新兵训练效果又快又好，有的新兵则不然，对此，作为带兵人要有足够的耐心来包容，适当的鼓励与关心有助于新兵的成长，也有助于带兵人自身的成长。从一名地方青年成长为一名合格军人并不容易，青年人都要经历一段适应期，有的人长一点，有的人短一点。有的人经历要甜一些，有的人经历要苦一些，还有的人可能心里感觉酸一些，然而，无论酸甜苦辣，他们都会，也必然会完成这一伟大转变,这些酸甜苦辣必将是青年人未来成长的营养。当青年在未来面对风雨时,这些酸甜苦辣会提供力量,帮助青年人去应对挑战。

【故事专栏】

两匹狼

有一处草原,水草肥美,养育了成群的羚羊,还有两匹狼。羊吃草,狼吃羊,就这样循环着。这两匹狼过着一种吃了睡,睡了吃的生活,安逸极了。一天,一匹狼吃饱了,像往常一样舒服地躺在草地上睡觉。另一匹狼气喘吁吁地从它身边经过。这使它十分惊奇。它问那匹狼:“你在追赶羚羊吗?”

那匹狼回答:“没有!”

它又问那匹狼:“那么,有人在追赶你吗?”

那匹狼回答:“没有!”

它纳闷地问那匹狼:“那你为什么没命地奔跑呢?”

那匹狼说:“狮子要来了。”

狮子要来?听了这话躺着的狼放下心来,也禁不住笑出了声,“我以为什么了不起的事这么大惊小怪的,原来是狮子要来了,狮子是我们的朋友,有什么可怕的呢,我的朋友?”

那匹狼回答说:“听说狮子跑得很快!”

躺着的狼想:“狮子跑得快,又有什么了不起的呢,追一只羚羊用不了多大力气!”那匹狼还要说什么,它却不耐烦地摆了摆手,“行了行了,你去跑你的,我要睡觉了。”那匹狼摇了摇头,就跑了,它却继续睡它的大觉。

后来,狮子真的来了,只来了一只,然而由于它的到来,整个草原上的羚羊奔跑速度变得极快。这匹狼不再像从前那么容易得到食物,没过多久便饿死了。死时它不住地怨恨,是狮子破坏了它宁静的生活,要是没有狮子它会活得好好的。

【故事感悟】

这则寓言所包含的深意，值得我们每个人细细咀嚼和细细品味。居安思危，永不懈怠，竞争永远是生活的真正主题，生活不可能时时处处都适应你，但是你却必须学会时时处处适应生活。我们就是生活在这样一个竞争的世界，变革总会在不经意之间发生。如果我们留意一下我们过去的生活，就会发现在过去的一二十年间，我们的生活就已经发生了巨大的改变。曾经高中毕业就很容易找到工作，大学生是天之骄子；曾经"万元户"是富裕的象征，百万富翁是传说。现如今，不少大学生毕业即失业，陷入找工作的泥潭中，就连曾经高不可攀的留学生，也由吃香的"海龟"变成了如今的"海带"。而曾经的百万富翁，如今在省会城市买套房子都要掂量掂量。而生活的变革不会因为我们而停滞，无论你是高中生还是大学生，如果不继续提高自己，很有可能跟不上社会的变革，就像那匹躺着的狼，被变化的社会所淘汰。

部队生活就相当于我们人生中一次重要的冲刺训练，我们在部队里要积极适应自己的角色转变，领悟角色转变的要点，学会适应各种严峻的环境，把握住生活的节奏，努力学习知识，掌握学习的方法，充分挖掘潜能，真正在部队生活中赢得军人的荣耀，这才能在部队中实现自我成长。当我们在部队里成长得越充分，我们就越能适应未来生活的变动，从而在未来生活的变革中拥有自己的一席之地。

第二章 自我意识

德国心理学家鲁道夫·科恩说:“青年初期最有价值的心理成果就是发现了自己的内部世界。对于青年来说,这种发现与哥白尼当时的革命同样重要。”一个人如果对自己的内心缺乏审视,对客观世界也肯定不能认识好、把握好。只有真正把自己的主观世界,看清楚了、想清楚了才能看清楚、想清楚客观世界。

那究竟什么是自我意识呢?自我意识(self-awareness)就是一个人在社会化过程中逐步形成和发展起来的,对自我以及自己与周围环境关系的多方面、多层次的认知、体验和评价,是个体关于自我的全部的思想、情感和态度的总和。自我意识是一个具有多维度、多层次的复杂心理系统,可以从内容和形式上对它进行分析。从形式上看,自我意识表现为认知的、情感的和意志的三种形式,分别被称为自我认识、自我体验和自我调控;从内容上看,自我意识可分为生理自我、社会自我和心理自我;从自我观念来看,又可分为现实自我、投射自我和理想自我三个维度。而且人的发展离不开周围环境,特别是人与人之间关系的制约和影响。所以,自我意识不仅是人脑对主体自身的意识与反映,也反映人与周围现实之间的关系。自我意识是人类特有的反映形式,是人的心理区别于动物心理的一大特征。

从健康人格形成的过程看,自我的发展是人格形成与发展的核心,积极的自我概念是健康人格的主要标志之一。自我意识的完善是健康人格发展的重要阶段,积极的自我意识、良好的自我统一性是促成健康

一个真认识自己的人,就没法不谦虚。谦虚使人的心缩小,像一个小石卵,虽然小,而极结实。结实才能诚实。——老舍

人格的重要动力。当然,健康人格又会促进良好的自我意识的完善。所以,良好的自我意识、健康的人格是青年人走上社会的隐形"入场券",被称为当代青年的"新文凭"。健康人格的自我意识至少具备以下几个特点:

第一,恰当地认识自我。具有健康人格的人在不同阶段应该对自我有不同程度的认识。如 3 岁前应具备"生理我"的基本认识,而随后就应该有"社会我"和"心理我"。

第二,积极地接纳自我。接纳自我首先就是要无条件地接受自己的一切,好的和坏的,成功的和失败的;其次要喜欢自己,肯定自己,让自己有价值感、自豪感和满足感。

第三,合理地发展自我。通过对自身性格和喜好做出识别和判定,以发现自身某一领域或某一方面的特长,从而有意识、有方向和有计划地培养和发展专业能力。不同的年龄有不同的自我发展方式,也有不同的自我发展程度,心理健康的自我发展就是恰当的自我展示,包括有符合年龄要求的行动导向和情感表达。

第四,完美地成就自我。如果某个人所拥有的知识有了用武之地,所具备的能力得到了充分的发挥,所养成的德行能够惠泽他人并在社会上产生了较好的影响,那心理上就会有成就感,有种自我需要得到满足后的幸福感,也就是自我价值的实现。

总之,健康人格的自我意识应该是可以促进"自我"不断发展的意识,当"自我"倒退或停滞不前时,能提供觉察信息,能发挥主观能动性来调整行为,明确方向,使"自我"始终处于不断发展的状态。

如今,我们国家的军人是以青年官兵为主体的。虽然在和平时期远离战争,但频繁的军事演习、严格的军营生活、残酷的军事训练以及各种突发事件对军人而言也是一种应激环境。随时面临着不可预知的应激事件,比常人面临更多的应激源,大部分军人在这种应激环境下的心理健康水平明显较低。正常的情绪状态、良好的意志品质、健全的人格、成熟的自我意识和融洽的人际关系是军人心理健康最基本的几个方面。

相反，不健全的意志品质、不健全的人格和不成熟的自我意识，都会对军人的心理健康不利，使其出现不健康的心态，尤其是青年军人处于成长的关键时期，个性不够成熟，人生观、价值观和世界观也尚未稳定，当面对新的生活事件尤其是军事应激事件时，容易发生适应上的困难，严重者易演变成心理疾病。

第一节 认识自我

“人是什么?”这是一个古老而又永恒的命题，也是每一个人毕生都在探讨和不断获得不同答案的问题。斯芬克斯最为得意的一个谜语是：“在早晨用四只脚走路，当午用两只脚走路，晚间用三只脚走路，在一切生物中这是唯一的用不同数目的脚走路的生物。脚最多的时候，正是速度和力量最小的时候。”俄狄浦斯一语中的，谜底是“人”，因为“在生命的早晨，人是软弱无助的孩子，他用两脚两手爬行；在生命的当午，他成为壮年，用两脚走路；但到了老年，临到生命的迟暮，他需要扶持，因此拄着拐杖，作为第三只脚。”斯芬克斯之谜、写在太阳神阿波罗神殿上的箴言“认识你自己”和中国熟知的那句“人贵有自知之明”，都表明人类在认识自然的同时，提出了认识人本身的要求。

一、青年官兵的常见自我认识偏差

认识自我是人类从古到今一个永恒的话题，正确地认识自我是培养形成健全的自我意识的基础。心理健康的人能认识自己，尤其是在自己的感觉和意图方面，自我觉察力特别强，同时他们会时常做出内省与反思。有一则伊索寓言：鹰从悬崖上飞下来，把一只羊羔抓走。穴鸟见了，非常羡慕，也想学老鹰的样子，便猛扑到公羊的背上，但脚却被羊毛缠住，怎么也飞不起来。后来，牧人见了，便跑上去把它捉住，剪去了它翅膀上的羽毛，送给孩子们。穴鸟的遭遇告诉我们什么道理？人们常用“自以为是”来形容没有自知之明的人。如果不自量力，拿自己的劣势与别人的长处进行竞争，不仅没有好处，还会招致不幸。然而，并不是所有的人都有自知之明。

近年来，我国军人的心理健康和心理素质日益受到关注和重视。军人作为担任特殊任务的群体，在军事演习、实战训练等军事应激条件下的心理健康水平有所降低。研究表明，由于心理应激问题导致的战斗减员占10%～30%，而由于心理能力下降造成的战斗力下降可达30%～80%，这说明军事应激致机体生理、心理和病理性损伤是造成部队非战斗减员和潜在战斗力降低的主要原因之一。这种现象发生后，必然会严重削弱部队战斗力，而不成熟的自我意识是造成军人心理不健康的根源之一。

青年官兵正处在开始独立生活和工作，强调自我价值、自我实现、自我意识发展成熟和确立的时期。这一时期个体遇到的困扰最多，面临着许多人生道路上的重大选择，如择业、择友和择偶等。在这一时期，青年官兵由于心理尚未完全成熟，受文化知识水平、生活阅历和社会交往的限制，观察视野窄，接受信息量少，对自我认识参照点少的影响，不能多角度和多层次地认识自我，对现实的自我和理想的自我认识有着较大的偏差。例如，有些官兵对自己的躯体特点、行为特点、人格特点以及自己对他人、环境的作用和影响认识不够准确，影响了人际关系的和谐，影响了理想自我的构建，容易在发展方向、奋斗目标的设定上，以及恋爱、婚姻等问题上产生较大的误区，造成较多的挫折，引发诸多心理问题和心理障碍。同时在对自我的态度和自我体验上，常常表现出不稳定，在受到赞扬、鼓励或发展顺利时，容易产生优越感和自负，而一旦受到批评和挫折，就怀疑、否定自己，产生自卑；在对自我调节和控制上，也往往缺少坚韧和果断等等。下面分别列举青年官兵中常见的自我认识偏差。

(一)否定自我

青年官兵总把目光盯着自己的缺点、不足和失误，从而遇事就心虚胆怯、逃避、退缩或过分补偿；拒绝接纳自我，缺乏独立主见，遇事从众，其结果捍卫的是虚假的、脆弱的和不健康的自我。有的不但不接纳自己，反而拒绝自己，甚至摧残自己，处处与自己为敌。他们不是通过积极地改变现实的自我去实现理想的自我，而是在一定程度上放弃理想的自我，趋同现实的自我，其结果是更为自卑。

（二）过度自信

大多数青年官兵有强烈的自尊心，好胜、好强和不甘落后，但如果不把握好“度”的问题就会物极必反，导致骄傲、自大和自我膨胀，缺乏自我批评和自省，而且不允许别人批评。唯我独尊，盛气凌人，把自己的意志强加在别人身上，不能与人和睦相处，自己也容易受伤害。由于缺乏自知之明，对现实的自我认识和评价过高，虚假的理想自我占优势，在不自量力的情况下所追求的目标、事业、友谊和爱情，都因自己的主观条件远逊于客观现实，因而失败概率较大。由于他们盲目自尊、爱慕虚荣和心理防卫意识过强，容易发生心理行为障碍，个别人可能还会用违反社会道德规范和犯罪的手段去实现理想的自我。

（三）盲从心理

青年官兵正处在精力旺盛和朝气蓬勃的年龄段，有广泛的爱好和兴趣，热情、好奇，有强烈参与意识，总想要在各方面显示自己的才能和智慧。有的人，社会上流行什么他就热衷什么，看别人干什么，他就跟着学什么。然而一个人的精力是有限的，如果主次不分，眉毛胡子一把抓就容易失去自己既定的目标，失去理想的自我。实际上这是一种缺乏目标意识的盲从心理，什么都抓，也就什么也抓不着，枉费了时间与精力，平添了无数的烦恼。

（四）不能形成积极的理想自我

不能形成积极的理想自我将影响个人心理潜能的发挥和心理发展，是一种不健康的心理状态。有的人常常觉得干什么都没兴趣、干什么都没劲，似乎在这个世界上就没有值得自己努力去做的事情。也有些官兵虽然有追求上进的愿望，但遇到困难、挫折就消极退缩、放任自流。

（五）脆弱自我

脆弱自我的形成是自我意识发展中的一种非理性产物，是其试图施展自我形象、强调个人意志的一种手段。实质是为了寻求独立、寻求自我肯定，为了抵抗和排除在他们看来压抑自我的那种外在力量，从而保护逐渐形成的比较脆弱的自我。这是青年阶段心理发展的必然要求，正因如此，青年期被称为第二反抗期。它具有双重性：一方面是独立意识，另一方面是不能确切地把握反抗而表现出的逆反心理。其一般表现是：不分正确与错误、精华与糟粕一概排斥，其情绪成分很大，方式只是简单的拒绝和对抗，有时只是为了反抗而反抗。逆反对象主要是上级领导、社会和组织上宣传的观念、典型人物，其结果是导致对他人的怀疑和偏见，阻碍了学习新的或正确的经验，影响人际关系，不利于青年官兵健康成长。

（六）过度关注自我

在如今崇尚自由的社会风气的影响下，青年人越来越多地把关注的重心投向自我，可有一部分青年官兵，尤其是独生子女兵身上比较容易出现自我中心倾向。想问题和做事情都从“我”字出发，而缺少对客观环境及人际关系的冷静思考和分析，从而造成在集体的生活环境中适应不良，难以赢得别人的好感，导致人际关系不和谐。

需要指出的是，上述自我认识的偏差是青年官兵心理发展尚未成熟的表现，虽然是正常的和普遍的，但是必须加以调整与纠正，否则将影响青年官兵心理的发展和成熟，妨碍心理健康水平的提高。

二、恰当地认识自我的方法

恰当地认识自我能促进我们全面地成长和成熟，有利于自我资源的开发，有利于自身独立性的发展，有利于心理与行为的健康发展。如果一个人能对自我有一个较全面、客观的认识和评价，就能扬长避短、取长补短、发展自己和完善自己。

（一）找准自己在现实环境中的位置

深刻地了解自我，找准自己在现实环境中的位置。要正确地认识自我，首先要从生理的自我、心理的自我、社会的自我三个方面来全面深刻地了解自己。为此，要努力拓宽自己的知识面，扩大信息来源，提高文化水平和修养;多与战友交流思想,多征询领导和老兵对自己的看法,以适当的参照系来了解自己。既能把自己放在大的社会现实环境和历史条件下认识自身的条件、能力、地位、作用和责任等,也能把自己放在连、排、班的小环境中认识自己的条件、能力、地位、作用和责任,给自己在社会大环境和军队小环境中一个恰当的定位,这样对理想自我的构建、自我的发展以及人际关系的处理大有裨益。

(二)建立自信

通过从多个角度和多个侧面来客观评价自我,建立自信。一方面,既要进行纵向比较,将现实的自我和理想的自我做比较,看到自己的差距;同时,也要将现实的自我与过去的自我做对照,看到自己的进步。另一方面,又要进行横向比较,与超过自己的、与自己相似的、比自己稍差的人做比较。要将上述各个方面获得的信息综合分析,以获得较为客观的评价。既不妄自菲薄,也不夜郎自大。

(三)稳定地认识自我

在评价自我时,避免盲目地接受他人的暗示和对权威以及群体性心理的完全依赖。要有自己独立的意志,同时还要避免以一时、一事作为衡量评价自我的尺度,要对自己有一个稳定的、概括的评价。

(四)从我与人的关系中认识自我

他人是反映自我的镜子,与他人交往是个人获得自我观念的主要来源。但是通过和人比较认识自己,应该注意比较的参照系。第一、跟别人比较的是行动前的条件,还是行动后的结果?来到部队,如果认为自己来自农村,条件不如别人,开始就把自己放在次要的地位,自然会影响心态和情绪。第二、跟别人比要有标准,是相对标准还是绝对标准?第三、比较的对象是什么样的人?

(五)从我与事的关系中认识自我

一般人通过自己所取得的成果、成就及社会效应来分析自己,却又常受失败经验的限制,因此,从失败和成功中获得的自我意识要细加分析和甄别。

从某种意义上来讲，人认为自己是怎样一个人，比他真正是怎样一个人更重要，因为每个人都是按照他自己认为是怎样一个人而行动的。而一个人只有对自己各方面都有比较明确的了解，才能在环境的适应、个体的发展上，获得较满意的结果。所以，正确的自我认识是心理健康的首要条件。认识自己，会让我们摆脱束缚，拓宽我们人生的道路。它会帮助我们找准自己的位置，正确地评估个人的价值。比如，一张百元大钞，在你蹂躏它、践踏它之后，请问：你是否还认为它仍具有百元的价值？答案是肯定的，即使它已变得肮脏、破旧。所以，无论环境如何变化，认识自己便是一种应变能力，一种因自信而带来的坚持。

第二节 接纳自我

聪明的人懂得自己擅长什么，博学的人明白自己缺少什么，有天赋的人深知自己该做什么。投资奇才巴菲特从不涉足IT业，对此，他的好友比尔·盖茨评价道："这个家伙，从不否认自己对该领域的无知。正因如此，他才能稳扎稳打，坚持自己的投资之路。"不要否认、无视甚至遮蔽自己的不足，只有正视它、设法改变现状，这才是聪明的做法，也是勇者的行为。

一、悦纳自我

悦纳自我是指个体能正确评价自己、接受自己，并在此基础上使自我得到良好的发展。悦纳自我就要无条件地接受自己的一切。优点和缺点都是属于自己的，无论是好的或坏的，成功的或失败的，有价值的或无价值的，凡是自身现实的一切都应该接受。真诚的接纳自我就要：(1)为自己的优点和长处喝彩，发掘自己的潜能；(2)勇于接受自己的缺点、不足或缺陷，并变缺点为动力；(3)积极的自我暗示：我能行！我很棒！我可以很好！我还能更好！我很开心！我一定能做得非常好！我一定能实现自己的目标！(4)尽情体验成功带来的喜悦。

在认识自己的过程中，遇到的第一个困扰是不能接受现实的自己：不能接受自己的父母、不能接受自己的长相和不能接受自己的身份等；看不到自己的优势，即便看到自己的优势也不强化，只盯着自己的缺点。这就是自卑心理的起点。你不接受也得接受，因为那是事实。

无条件接纳自己，是指一种对待自己优点和缺点的坦然心态。无论自己的相貌、身份、贫富如何，无论好与坏，都要无条件地接纳自己的一切，没有任何前提。在此基础上，展开自我反思，保持并发扬优点，识别并克服那些能够改变的缺点，不断完善自己。放弃那些不能改变的部分，比如长相、出身等。“我怎么长得这么难看？”“我的个子怎么那么矮？”“我要是再长高一厘米就满足了！”……这就是有条件接纳的态度。总幻想有一天，自己的体貌突然改变成自己所梦想的那样，为自卑心理播下了种子。“对自己的缺点不能接纳。”“如果接纳了自己的缺点，就不能改变了。”那些自卑者常常用诸如此类的话，拒绝接纳自己的缺点。“当你的手上沾了脏东西，你会怎么做呢？”我问。“擦掉它。”他通常会不假思索地回答。“擦掉它——在这个行动发生之前，你肯定有一个明确判断：手上有脏东西。也就是说，你接纳了脏东西存在的事实。如果你不承认它的存在，你的行为就不会立即出现。正是你接纳了它的存在，你的去污行为才立即出现。”“我也接纳自己的缺点，也在拼命改变，为什么却事与愿违呢？”事实上，这样所谓的接纳并不是真正的接纳，面对自己的缺点时，你内心深处有一个真实的声音：“如果没有这个缺点该多好！”还拿上面那个例子来说，如果看到手上的脏东西，你先抱怨：“我怎么这么倒霉！”“张三根本和我差不多，为什么他手上没有？”“如果没有沾上脏东西该多好！”那么你的去污能力就不会马上出现，先出现的就是抱怨。这里还有一个问题：“如果你想尽各种办法也无法擦去那个污点时，你会怎么办？”“只能接受它。”“对，因为我们的缺点有些是可以改变的，有些缺点无论如何也改变不了，或者至少目前无法改变，这时要接纳它，不必拘泥于此，可把精力放在那些可以改变的缺点上。”一个智慧的人不是没有缺点，而是非常清楚自己的缺点，并且知道哪些缺点是可以改变的，哪些改变不了。他不会在那些不能改变的缺点上浪费精力，而是想办法发挥自己的优势。

武侠小说中，每个武林高手都有自己的死穴，高手未必不想改变它，只是无法改变。对于高手而言，尽管这个致命之处不能改变，但他攻击的速度可以加速，他移动的速度也可以改变，所以水平一般者无论如何也伤害不了他。人的脚是没有手灵巧的，但我们经常看到有些失去双臂的人，他们的脚比我们健全人的手还要灵活。看来，接纳并不完美的自己，才能改变自己。

二、接纳不完美的自己

曾经看过一本书，书的名字叫《接纳不完美的自己》，这本书的作者黛比·福特是全美著名的畅销书作家，她在28岁以前过着放纵的生活，嗑药、酗酒、感情混乱。原本，她可能因此浪费掉自己年轻的生命，然而，有一天再一次经历了因为整夜的狂欢和吸食毒品而呕吐和昏迷后，她发现自己不能再这样下去了，因为接下来她要面临的是生与死的选择，因为她吸食毒品的量已经太大了，但是当她想改变这一切的时候，环顾四周，却发现没有人能拯救她，因为她的父母和朋友都做过各种努力，全都无功而返，最后她发现只有自己能够拯救自己。她经过了28天的戒毒治疗后，开始努力治疗自己受创的身心。五年里，她总共花了五万多美元求医问药，最终把自己变成了另一个人。她彻底摆脱了毒瘾，交上了一帮新朋友，成功扭转了自己的价值观念。但在一个人静下来的时候，她仍感觉自己身上似乎缺了点什么。她发现她憎恨她自己。又过了六年，她参加了不知多少次的心理治疗，进行了各种各样的尝试：催眠治疗、针灸、重生体验、极限运动、冥想……然而总没有效果，谁都无法消除她心中对自己的那种憎恨。又经历了五年的寻找，她才终于认清了真实的自己，她把自己的这段蜕变的历程写成了这本《接纳不完美的自己》，向世界贡献出自己的经验与才能，期待人人自爱，人人从生命的黑暗中获得大礼，活出真实自己。

书中的这一段文字非常好地解释了我们不能接纳自己的原因：想象

一下，你的心是一座雄伟壮丽的城堡，里面有宽敞的走廊和数以千计的房间，每个房间都是完美的，里面藏有一件独一无二的珍宝，每个房间都代表了你内心的一种特质，整座城堡就是所有这些特质的统一体。小时候，你可以无所顾忌地进入每一个房间，无论房间里有些什么东西，你都会大胆踏进去。每个房间都与别的房间截然不同。你的整个城堡沐浴在爱的光芒之中。然而有一天，大人们进去了你的城堡，告诉你有几个房间并不完美，不应该作为城堡的一部分。他们说，要想让城堡变得完美，你必须把这些房间的门锁起来。你听信了他们的话，照他们所说的做了。随着你的年龄的增长，越来越多的人开始造访你的城堡，城堡里不再是一片光明，而是出现了越来越多阴暗的角落。由于各种各样的原因，你锁上的门越来越多。当你觉得房间里的东西达不到你的要求时，当你对房间里的东西感到恐惧或羞耻时，就会锁上房间的门。当你所信服的人告诉你某扇门应该锁上时，你就会照他们说的去做。不知不觉间，你的城堡变得面目全非。你再也不会像小时候那样自由出入于每一个房间。有的房间过去曾让你感到自豪，而现在你巴不得让它们消失。但你无法否认它们的存在，因为它们是城堡本身的一部分。然而，随着岁月的流逝，上锁的房门会被灰尘和蛛网湮灭，你全然忘记这些房间的存在，你甚至都没有意识到这一切的发生，因为别人总是给你提出各种各样的意见，告诉你一座完美的城堡是什么样的，在这一片嘈杂声中，你很容易忽视内心的声音。最后，你把自己的活动空间限制在不多的几个房间里，全然忘记了城堡原本有多么大、多么雄伟壮丽。

城堡中的每个房间，都对应了你内心中的一种特质，有积极的，也有消极的。爱与恨、美与丑、勇敢与怯懦、优雅与粗俗、无私与贪欲、健康与病弱、都存在于不同的房间之中。每个房间都是整座城堡不可或缺的一部分，并且每个房间都有与之对立的另一个房间。我们最大的幸运就是，我们不会满足于在几个狭小的房间里度过余生，而是会本能地去探索、去寻找、去重新发现那些上了锁的、被我们遗忘的房间。城堡就像我们的内心，那些房间就是我们心的容量，我们内心关闭起来的地方越来越多，我们内心的空间变得越来越狭窄，我们能包容的东西也越来越少。这也是为什么我们明明知道，生气是拿别人的错来惩罚自己，但是要做到宽容和原谅还是非常非常的难，因为我们内心的空间实在是太小了，实在是容不下什么东西。在我们还年幼的时候，接触的人是比较少的，主要是父母和同学，而且很多事是父母在帮我们处理，空间小了点还勉强能过。可是随着青春期的到来，我们接触的人和要面对的事一下子激增，这小小的空间就不够了，所以很多青春期的孩子变得非常暴躁易怒或者郁郁寡欢，他们看谁都不顺眼，觉得周围的老师和家长都是些表里不一的伪君子，很容易愤世嫉俗，也很容易瞧不起自己。

最后，和大家分享一段《接纳不完美的自己》中的一段文字：我们每个人都具有积极与消极两方面的无限潜能，我们必须承认这些潜能的存在。善与恶、好与坏、光明与阴暗、强大与脆弱、诚实与欺瞒——我们的内心是这些矛盾的统一体。你必须敞开心扉，承认自己既有优点也有缺点，既有光明的一面也有阴暗的一面。

第三节　发展自我

青年官兵的发展自我就是官兵通过对自身优势和缺点的认识，能积极接纳自我，并能在军事领域中有意识、有方向和有计划地培养自己，挖掘潜能的过程。自我发展包括生理和心理两个方面。自我意识的发展是青年期的重要发展任务。军队是青年人集中的群体，军人集体心理高度相容，是协同作战的重要前提条件之一。对军人的要求是心胸开阔，拥有集体观念、良好的人际关系和适应环境的能力高于普通人群，正确认识自我、积极接纳自我和有效地发展自我是保证军事任务顺利完成的重要条件之一。

一、发展自我的阶段

（一）青春前期的自我发展

自我意识是指人对自己各种身心状况的认识及对周围事物关系的各种体验。一个人的自我意识从发生、发展到相对稳定、成熟，大约经过了20多年的时间。初生时，人们并不能区分自己和非自己的东西，生活在主客体未分化的状态。七八个月的婴儿开始出现自我意识的萌芽，即能意识到自己的身体，听到自己的名字会做出明确的反应。两岁左右的儿童，掌握第一个人称代词“我”，在自我意识的形成中是一大飞跃。三岁左右的儿童，开始出现羞耻感、占有心，要求“我自己来”（要求自主性），其自我意识有了新的发展。但是，这一时期的幼儿，其行为是一种以自我为中心的行为，以自己的身体为中心，以自己的想法和情感来认识和投射外部世界。因此，这一时期的自我意识被认为是生理自我时期，也有人称之为自我中心期，它是自我意识最原始的形态。从三岁到青春期，是社会教化对个体影响最深刻的时期，也是角色学习的重要时期。儿童在幼儿园、小学、中学接受正规教育，通过在游戏、学习、劳动等活动中不断地练习、模仿和认同，逐渐习得社会规范，形成各种角色观念，如性别角色、家庭角色、同伴角色、学校中的角色等，并能有意识地调节控制自己的行动。虽然儿童也积极关注自己的内部世界，但他们主要依据别人的观点去评价事物、认识他人，对自己的认识也服从于权威或同伴的评价。因此，这一时期个体自我意识的发展被称为“社会自我”发展阶段，也称之为“客观化”时期。

（二）青春发育期到青年后期的自我发展

从青春发育期到青年后期，是自我意识发展的关键期。其间自我意识经过三个阶段逐步趋向成熟，这三个阶段是：

1.分化。进入青春期以后，个体的视线由外向内转移，开始关注自己的内心世界和内心体验，于是个体自我分裂为两部分：主体自我和客体自我。主体自我处于自我意识的主体地位，起观察者、评价者和调节者的作用；客体自我在自我意识中处于客体地位，充当被观察、被评价和被调节的角色。经过分化，个体开始认识自己的主观世界，进入心理自我的发展时期，也可以说进入了自我意识发展的“主观化”的时期。个体自我意识的发展进入了一个崭新的阶段。

2.矛盾。自我意识的分化，引起了自我意识内部的矛盾，使青年开始感受到儿童期从未体会到的种种内心冲突和思想斗争。自我意识的矛盾最突出地表现为理想自我与现实自我的矛盾。理想自我往往与主体自我相联系，反映了个体希望成为什么样的人，体现了一定社会要求和道德准则的内化情况，现实自我则往往与客体自我相联系，反映了个体实际上是怎样的人，体现了个体各方面的实际发展情况。自我意识的矛盾就是当“主体自我”去考察、认识和评价“客体自我”时，常常会发现“现实自我”不能符合“理想自我”，于是出现了心理不平衡，即自我的分裂。为此，他们常常感到内心困惑、苦闷和烦恼，甚至迷茫不解。能否解决好这个问题，对青年期的心理发展将会产生较大影响。

3.统一。经过一段时间的矛盾与冲突，个体的自我便在新的水平上实现了协调与一致，即自我统一。但怎样统一，统一的性质又如何，则是个体自我意识发展的关键。青少年的自我发展包括生理和心理两个方面。青少年通过对自身性格和喜好做出识别、判定，以发现自身某一领域或某一方面的特长，从而有意识、有目标和有计划地培养和发展专业能力，主要是提高自己的知识水平和技能水平等素质，提高在社会上的竞争力，为经济和社会的发展做出应有的贡献。

二、发展自我的方法

(一)准确认识现实

采用客观的态度去认识自己、认识他人和认识周围世界，从而不带任何主观偏见地去看待现实，能够按照事物的本来面目来加以认识。当我们缺少某种东西时，我们的认知活动就定向于这种东西，而难以顾及其他事物，因而不能客观地和全面地把握周围世界。相反，自我实现者主要是受求知、自我实现等存在需要所驱动，因而能够客观地把握现实，不受主观需要的干扰。

（二）宽容

能够承认和接受任何事物都具有积极与消极两个方面的事实，不否认任何人和任何事物的消极面，因而对此有较大的宽容性。清楚地知道自己的长处，也承认自己的不足，因而能够悦纳自己。

（三）以问题为中心

不以自我为中心，而以问题为中心，以工作和事业为重，能够全力以赴解决问题，实现自己的目标。工作不是为了金钱、名誉和权力，而是工作本身就是享受，能够发挥自己的潜能。

（四）有欣赏力

要具有好奇心和反复欣赏的能力，我们要看到每一次朝阳都是那么灿烂，每一个婴儿都是令人那么惊奇，每一朵花都是那么美丽。带着好奇、敬畏、喜悦和天真无邪的心理去欣赏和体验“陈旧”的东西以及按部就班的日常生活。

（五）富于创造性

这种创造性与儿童天真的、异想天开的创造潜力一脉相承。我们一般人在社会适应过程中逐渐丧失了这种与生俱来的潜力，而不断发展自我的人却始终能够以开放、新鲜、纯粹和直率的眼光来看待生活和世界，因而能够破除陈规，使自己在生活、工作的各个方面显示出创意和独特性。

第四节　成就自我

成就自我就是自我价值的实现、自我需要的满足。这种价值实现和需要满足对军人的情绪、训练和军事任务完成的影响是巨大的。能成就自我的人，会对所做的事情充满激情，进而以更积极的态度投入到行动中去，通过不断克服困难，达到预期目标。身心健康的军人，通过不断的学习，他的自我价值就会不断增加，他的更高层次的需要也会永无止境。

要成就自我，就必须充分认识自我，做到不断奋力攀登，并同整个社会和时代结合起来，树立起正确的人生观、价值观，去最大限度地发挥自己的能力。

一、在工作中成就自我

千里之行，始于足下。有理想才会有奋斗目标，让我们从现在开始，从一点一滴开始，踏踏实实地，一步一个脚印地前进，这是实现自我价值的唯一阶梯。但是随着社会的发展，社会压力也不断地增大，很多人不禁问自己："人的自我价值去哪儿了？""我们到底在为谁工作？"这是很多人心中都曾有的疑问。有些人因为薪水少、工作时间长、工作环境差、任务繁多和人际关系不协调等原因而自卑、埋怨、发牢骚，把干工作当成一件十分苦恼的差事，应付了事。这样的工作心态让他们活得并不开心，更严重的情况就是长期的郁闷使人的精神萎靡，失去了生活的信心，没有了精神支柱，整个人也就消沉了，更别谈实现自我价值了。有一本书叫作《你在为谁工作》，书中约翰·洛克菲勒说了这样一段话："工作是一个施展自己才能的舞台。我们寒窗苦读来的知识，我们的应变力、决断力、适应力和协调能力都将在这样的一个舞台上得到展示。除了工作，没有哪项活动能提供如此高度的充实自我、表达自我的机会以及如此强的个人使命感和一种活着的理由。工作的质量往往决定生活的质量。"我们每个人都需要工作，而且需要努力地工作。人的一生很短暂，我们需要有一个目标，目标的实现离不开勤奋工作。当你实现人生目标的同时，也就是体现成就自我，实现自我价值的时候。军人要在军事训练、军事活动和军事任务中成就自我。

二、在改变态度中成就自我

说起来容易，做起来难。要想实现人生目标，并不是一帆风顺的。能不能让自我价值得以实现，取决于对工作的态度。以下几点十分重要：

（一）为自己工作

不管从事什么样的工作都要明白一点，那就是我们是在为自己工作。物质需要和精神需要都只能通过努力工作才能实现。有了工作的机会，才能让自己充分发挥能力，有展示自己的机会。我们所做的一切工作，都是为我们自己实现目标而做的。所以说要珍惜工作机会，不要这山望着那山高，到最后只能像书上所说的："今天工作不努力，明天努力找工作。"

（二）认真工作

认真工作才能让你不断地去思考、学习和总结经验，这是比物质更丰富的财富。人生本来就是一个积累的过程，知识和经验积累得越多，才越能战胜工作和生活中的困难，才会有越挫越勇的气势，才能离自己奋斗的目标更近。因为在工作中我们会发现很多机会，通过努力实践，才能更好地把握机会，实现理想。

（三）热情工作

对工作要充满热情，把工作当成一个使命来完成。工作不仅仅是为了赚钱，我们工作更多的是为了实现一种价值。如果对工作没有热情，那就失去了前进的动力和信心，不仅不会进步，还很有可能倒退，最后被社会所淘汰。

（四）尽职工作

对待工作应该像对待自己的生命一样，做到一丝不苟、尽心尽职。在工作中，要积极主动，不能死板，要有创造性地工作和学习。对待工作要像对待善恶一样，"不以善小而不为，不以恶小而为之 "。不能认为迟到几分钟无所谓，就拖延时间；不能因为几张复印纸无关紧要，就随便浪费……事无大小，这也是一种责任和义务。竭力做好每一件事情，将会让我们活得更加有意义。

（五）感恩工作

用感恩的心去工作，在工作中体会乐趣。有这样一个故事：曾经有个愤世嫉俗、心中无法平静的人，求见作家海伦·舒克曼，向她请教如何解除令人不快的念头。海伦只回答：" 从今天起，请你每天写下一件令你感激的事。"刚开始这个人得思索很久，才能想出今天有什么好感激的事，但随着时间的推移，他逐渐对大自然的美好产生了感激，进而他发现，有许多人和事值得他感谢。到了后来，他看这世界上一切都是赐予，一切都是光明，他的胸怀变得无限开阔，从此他的愤恨也消失得无影无踪。

所以说，我们应该怀着感恩的心去工作。是父母、国家给了我们每一个人恩惠，我们应该更努力地工作。不管环境如何，我们都要忠诚于自己的工作，忠诚于自己的国家，不要浪费宝贵的时间去分析和抨击别人，去指责别人，重心要放在如何能尽善尽美地干好自己的工作上，并从中获得经验和乐趣，这才是最重要的。总之，我们每一个人都应该认真努力地工作来回报父母、单位和国家。只有通过完成出色的工作才能让自己实现理想，实现自我价值。

历史经验告诉我们，认识自我不容易，接纳自我很难，成就自我是难上加难。我们只有从点滴小事开始，从行动开始。要想运动健身，就天天练自己喜欢的体育活动；要想开阔思路，就多读书，多听讲座。在行动时，无论对人还是对事，要全力以赴，使自己的能力得到最大限度的发挥。行动之后再反省得失原因，再度投入行动汲取经验教训，一旦有成果，要反思总结。如此反复，不断完善自我，超越自我。从小我到大我，从今天的我走向明天的我，珍惜现在的我，追求更完美的我，做一个自如、独特和最好的自我。

【故事专栏】

和尚在，我去哪儿了

有个叫张三的解差，押送一名生性狡猾的和尚服役，途中解差为避免出现闪失，就每天早晨把所有重要的东西全部清点一遍。他先摸摸包袱，自言自语地说："包袱在。"又摸摸押解和尚的官府文书，告诉自己说："文书在。"然后他再摸摸和尚的光头和系在和尚身上的绳子，又说道："和尚在。"最后他摸摸自己的脑袋说："我也在。"

张三跟和尚在路上走了好几天了，每天早晨都这样清点一遍，不缺什么才放心上路，没有一天漏掉过。和尚对张三的一举一动都看在眼里。一天，和尚灵机一动，想出了一个逃跑的好办法。一天晚上，他们俩照例在一家客栈里住了下来。吃晚饭的时候，和尚一个劲地给张三劝酒："长官，多喝几杯，没有关系的。顶多再有一两天，我们就该到了。您回去以后，因为押送我有功，一定会被上级提拔，这不是值得庆贺的事吗？不是值得多喝几杯吗？"张三听得心花怒放，喝了一杯又一杯，慢慢地，手脚不听使唤了，最后终于酩酊大醉，躺在床上鼾声如雷。和尚赶快去找了一把剃刀来，三两下把张三的头发剃得干干净净，又解下自己身上的绳子系在张三身上，然后就连夜逃跑了。

第二天早晨，张三酒醒了，他迷迷糊糊地睁开眼睛，就开始例行公事地清点。他先摸摸包袱说："包袱在。"又摸摸文书说："文书在。""和尚……咳，和尚呢？"张三大惊失色。忽然，他瞅见面前的一面镜子，看见了自己的光头，再摸摸身上系的绳子，就高兴了："嗯，和尚在。"不过，他马上又迷惑不解了，和尚在，那么我跑哪儿去了？

【故事感悟】

离自己越近的东西，往往看得越不真切。自己，这个看似熟悉的名词，便常会因其几乎为零的距离而让我们手足无措。所谓"当局者迷，旁观者清"，对自己的认识似乎也往往来自对他人的映射、借鉴。然而，这种借鉴不该是盲目的，更不该是一种依赖。因为，拿别人当镜子，白痴或许也可以把自己照成天才。在这里，清醒的头脑就显得尤为重要。我究竟是为了什么？缺少什么？想要什么？这一个个问题，恰恰道出了清醒的头脑所应该做的事情。认识自己就要求我们懂得如何使自己与周围的环境达到和谐、统一。认识自己，会让我们摆脱束缚，拓宽我们人生的道路。它会帮助我们找准自己的位置，正确地评估个人的价值。

第三章 情绪管理

情绪(emotion)是人的需要是否得到满足所产生的心理体验。情绪管理是认识自己情绪、驾驭自己情绪、保持良好的情绪状态的能力。俗话说,“人非草木,孰能无情”, 军人也有“七情六欲”。他们面对现实中的种种情境表现出的喜、忧、爱、恨、怒或惧等,就是情绪。是否拥有健康的情绪是衡量军人心理是否健康的重要标准,是军人顺利进行军事活动的重要保障。了解军人情绪变化的规律,掌握培养军人健康情绪和调适不良情绪的方法,对于军人保持良好心态、早日成才具有重要意义。

第一节 情绪识别

情绪识别是对自己和他人情绪状态的觉知与判断。情绪识别是情绪管理的第一步。健康情绪是军人积极工作生活的动力源泉,其主要特征有:①诱因明确:情绪的发生与发展有明确的原因,这是健康情绪的重要标志;②反应适度:无论刺激因素强弱与否,始终能给予适度的反应;③自我调控:健康情绪是可以自我控制的。军人健康情绪的特征是高级社会情感,如道德感、理智感、美感等得到良好发展;心境是积极、乐观和愉快的;对自己的不良情绪具有调节和控制能力;对压力事件的情绪反应是适度的。军人除了健康情绪之外,还有影响战斗力的负性情绪。那么,军人常见的负性情绪有哪些呢?生活和工作中,如何对自己和他人

忧愁、顾虑和悲观,可以使人得病;积极愉快和坚强的意志和乐观的情绪,可以战胜疾病,更可以使人强壮和长寿。

——巴甫洛夫

的情绪进行觉察呢?

一、军人常见的负性情绪

军队是一个执行特殊任务的武装集团,危难险重的任务和紧张艰苦的生活,常会引发军人的不良情绪。军人常见的不良情绪有抑郁、焦虑、愤怒、恐惧等。

(一)抑郁

抑郁(depression)是一种过度忧愁的情绪体验。人的一生中都有过抑郁的情绪体验,其主要表现为情绪低落、悲观、兴趣减退。处于抑郁情绪的人,虽然体验到痛苦,但如果能够正确地面对和积极调节,短时间内情绪好转,对其学习、生活、工作以及人际交往无明显的影响,即属于正常的情绪反应。如果抑郁的情绪长时间得不到缓解,导致极度情绪低落与绝望,失去兴趣,不能胜任正常的学习与工作,甚至产生自杀意念和行为,就属于异常的范畴了。例如,某军校学员张某某,来自甘肃农村,以优异成绩考入军校。性格内向,入学后不太与其他同学交往,也没有什么特长和爱好,平时总在教室学习。入学后第一次考试成绩居然排在倒数第三名,这让他大失所望。从此,认为自己一无是处,自卑,对前途失去信心,整天情绪低落,夜间失眠,白天精神萎靡不振,无法正常学习,不得不住院治疗,最后被诊断为抑郁症。

当情绪低落达到使个体的社会功能受损害,并持续一定时间(至少两周以上)时,可作为一种病理性情绪对待,应考虑向精神科医生求助。

(二)焦虑

焦虑(anxiety)是一种常见的情绪反应,是一种没有明确对象和具体内容的担心和害怕的痛苦体验。焦虑者常常表现为烦躁和坐立不安,并伴发自主神经机能紊乱,如呼吸心跳加快、血压升高、出汗、四肢震颤、尿频等。

适度的焦虑可以提高人的警觉水平,引起人的紧迫感,促使人采取合适的方式及行动对付应激,以实现预期目的,有益于适应环境和提高效率,如考核前适度的焦虑可提高考核成绩。当焦虑过度时则会影响人的认知能力,妨碍人们准确地认识和考察自己所面临的挑战与环境条件,难以做出理性的判断和决定。例如,战士王某,入伍后表现积极,工作主动,各种训练都非常刻苦。在一次体能训练考核时突发头晕、心慌、胸闷,随后面色苍白而倒地,双手不停抖动。战友将其立即送卫生队查血压、血糖及心电图,均属正常,经输液后很快好转。以后又有多次类似发作,到驻地医院查心脏彩超、脑CT、脑电图等均无异常,最后确诊为焦虑症,给予抗焦虑治疗后再没有类似发作。因此,过度而持续的焦虑应求助于心理医生或精神科医生。

(三)愤怒

愤怒(anger)是当现实与主观愿望相悖时,表现出的极度不满的激烈情绪反应。愤怒除了表达抵抗意向和不满外,常常会激发攻击行为。在愤怒时,人们常常会说一些偏激的话,严重地损害他人情感与自尊,造成人际间难以弥补的鸿沟,有的做出毁物伤人等过激的事,甚至出现冲动行为而犯罪。例如,战士杨某,平日里情绪急躁,常因琐事与其他战友发生争执甚至肢体冲突。一次篮球比赛中,战友李某不小心冲撞了杨某,杨某当即一脚将李某踢倒,导致双方吵骂,被领导制止,并对双方进行了批评教育。但杨某仍怒气不止,于当晚将李某鼻梁打成骨折,杨某因此被记过处分。“冲动是魔鬼。”广大官兵要充分认识愤怒引起的冲动行为所导致的危害并加以克服,学会用更理智的方式来表达自己的不满情绪。

心理生理学研究表明:愤怒对身体的伤害很大,身体出现高度紧张状态,会出现心跳加快、血管扩张、心律失常和血压升高。生活中常常有人因愤怒导致“吐血”“中风”等,因此,愤怒也是健康杀手。

愤怒有时也有积极效应,如使人情感高涨、感觉敏锐,令人勇敢坚强,被认为是战胜恐惧的天然良药。例如,在战场上对敌人的愤怒会激发战士们英勇作战。

(四)恐惧

恐惧(fear)是个体在面临并企图摆脱某种危险而又无能为力时产生

的情绪体验。面对危险时人们会产生不同程度的恐惧情绪，这是人正常的心理反应。但当危险过后持续的恐惧心理难以消除，或对某种事物、情境产生过分的害怕甚至回避而难以自控则是病理性的。例如，战士吴某某，独生子，自幼胆小，15 岁时仍不敢独自睡觉。入伍后非常吃力地度过了新兵训练。分到部队后安排到哨所站岗，每当夜间值班时都感到害怕，周围一有风吹草动就紧张，甚至面色苍白、出汗、全身发抖。最后，领导不得不调整其岗位。此外，人际交往恐惧也是军人常见的恐惧之一。在开班会时发言由于紧张而词不达意；与战友、领导、异性交往时不知所措、面红耳赤、言不由衷；不敢与人的视线相对，甚至回避，等等。作战时，个体面对惨烈的战争环境，会产生焦虑、紧张及恐惧的心理反应，有一部分人甚至发生战场性应激障碍或精神病状态，并因此丧失战斗力。

据报道，第二次世界大战期间美军大约有 100 万人罹患战斗紧张症，其中 45 万人因患精神病而退役，占美军因伤退役人员总数的 49%。苏军在卫国战争中因心理疾病减员达 37%。我军抗美援朝有心理障碍人员占战伤的 25%，1979 年自卫反击战中占 20.7%。海湾战争中，美军采用了多种心理战手段，动摇了伊拉克军人的心理防线，在第一轮大规模空袭后，就有约 1200 名伊军士兵叛逃。由此可见，心理因素在战争中对官兵的影响极大，轻则使人失去正常的心理自制力，重则出现周身无力、体力衰竭，甚至使官兵丧失斗志。

《孙子兵法》说过“攻心为上”“不战而屈人之兵”。现代高技术战争中，武器的杀伤力和破坏力空前提高，战争的突然性、破坏性、复杂性和危险性增大，战场情况复杂多变，战局变化莫测，电子战、信息战和心理战使大量信息真假难辨，参战人员要承受超负荷的心理压力，容易产生恐惧情绪。1986 年美国陆军《作战纲要》指出：在未来作战中，部队心理致伤问题将会更加严重，估计每三名病员中，就会有一名是战争恐惧症患者。因此，部队在平时的军事训练中要贴近实战，加强官兵的心理素质训练，提高广大官兵的心理对抗能力，从而提高部队的战斗力。

二、情绪甄别

情绪甄别就是要对军人的情绪进行判别，即感知官兵的情绪是喜，是悲，是忧，还是怒；是正常情绪，还是异常情绪。这是一种复杂的认知过程。对情绪的甄别主要有五个标准，即经验标准、统计学标准、生理标准、心理测量标准和社会学标准。由于这五个标准均从不同侧面对情绪进行识别，单一的标准难免不够全面，因此提倡综合判断。

（一）经验标准

生活中，个体常常把自己对于不同情绪的体验和经验作为出发点或参照物，来判定自己或他人的情绪状态，这就是以个人经验为标准的方法。比如，脸上泛红，表示羞涩或激动；脸色发青，表示生气、愤怒；面色苍白表示紧张、恐惧；皱眉表示关怀、专注、不满、愤怒或受到挫折等情绪。自然的笑容会让人眼角四周有细纹，而不真诚的笑容只会使嘴的四周出现细纹。经验标准最简便也最直接，但其评判结果与评判者的知识结构、经验和心理状态等有关，难免有失偏颇。

（二）心理测量标准

心理测量（psychological assessment）是用来检测个体的认知、情绪、意志和个性等心理状态的测验程序，即依据一定的心理学理论，使用一定的操作程序，通过科学、客观、标准的测量手段对个体的心理状态进行测量、分析和评价的过程。心理测量能够提供比较客观的数据及信息。它的标准化、数量化和规范化使操作者有章可循，从而减少了判断上的误差。常见的情绪评定量表有焦虑自评量表（Self-Rating Anxiety Scale，SAS）（表 3-1）、抑郁自评量表（Self-Rating Depression Scale，SDS）（表3-2）和症状自评量表（Symptom Checklist 90，SCL-90）（表 3-3）。

心理测量是以心理健康社会常模为标准测试，心理测试的常模标准是动态的，比如过去的测试常模不一定符合当代社会的普遍现象；另外，当事人在心理测试的时候是一种心态，测试以后可能又是一种心态；还有，心理测试题是否恰当、是否有暗示性、被测评者对心理测试的态度、测试答案怎么分析，都是影响心理测试的因素，可见用心理测量判定情绪的正常与否，仍然存在局限性。

表 3-1 焦虑自评量表(SAS)

下面有 20 条文字，请仔细阅读每一条，把意思弄明白，然后根据你最近一星期的实际情况在适当数字上打“√”。

情绪症状	从无或偶尔	有时	经常	总是如此
1.我觉得比平时容易紧张和着急	1	2	3	4
2.我无缘无故感到害怕	1	2	3	4
3.我容易心里烦乱或觉得惊恐	1	2	3	4
4.我觉得我可能将要发疯	1	2	3	4
5.我觉得一切都很好，也不会发生什么不幸	4	3	2	1
6.我手脚发抖	1	2	3	4
7.我因为头痛、颈痛和背痛而苦恼	1	2	3	4
8.我感觉容易衰弱和疲劳	1	2	3	4
9.我觉得心平气和，并且容易安静地坐着	4	3	2	1
10.我觉得心跳很快	1	2	3	4
11.我因为一阵阵头晕而苦恼	1	2	3	4
12.我有晕倒或觉得要晕倒似的	1	2	3	4
13.我呼气和吸气都感到很容易	4	3	2	1
14.我手脚麻木和刺痛	1	2	3	4
15.我因为胃痛和消化不良而苦恼	1	2	3	4
16.我常常要小便	1	2	3	4
17.我的手常常是干燥温暖的	4	3	2	1
18.我脸红发热	1	2	3	4
19.我容易入睡并且一夜睡得很好	4	3	2	1
20.我做噩梦	1	2	3	4

参考评分和评价：此量表是 1—4 级评分。把各题的得分加起来就是总粗分，总粗分乘以 1.25 为标准分。得分越高，提示焦虑程度越重。

(1)无焦虑：标准分 50 分以下

（2）轻度焦虑：标准分 50～59 分

（3）中度焦虑：标准分 60～69 分

⑷重度焦虑：标准分 69 分以上

表 3-2　抑郁自评量表(SDS)

说明：下面有 20 条文字，请仔细阅读每一条，把意思弄明白，然后根据你最近一星期的实际情况在适当数字上打“√”。

情绪症状	从无或偶尔	有时	经常	总是如此
1.我感到情绪沮丧、郁闷	1	2	3	4
2.我感到早晨心情最好	4	3	2	1
3.我要哭或想哭	1	2	3	4
4.我夜间睡眠不好	1	2	3	4
5.我吃饭像平时一样多	4	3	2	1
6.我的性功能正常	4	3	2	1
7.我感到体重减轻	1	2	3	4
8.我为便秘烦恼	1	2	3	4
9.我的心跳比平时快	1	2	3	4
10.我无故感到疲乏	1	2	3	4
11.我的头脑像往常一样清楚	4	3	2	1
12.我做事情像平时一样不感到困难	4	3	2	1
13.我坐卧不安，难以保持平静	1	2	3	4
14.我对未来感到有希望	4	3	2	1
15.我比平时更容易被激怒	1	2	3	4
16.我觉得决定什么事很容易	4	3	2	1
17.我感到自己是有用的和不可缺少的人	4	3	2	1
18.我的生活很有意义	4	3	2	1
19.假若我死了别人会过得更好	1	2	3	4
20.我仍旧喜欢自己平时喜爱的东西	4	3	2	1

参考评分和评价：此量表是 1—4 级评分。抑郁严重度指数＝各条目

累计分/80(最高总分)。指数范围为0.25～1.00,指数越高,抑郁程度越重。

(1)无抑郁:抑郁严重度指数在0.50以下

(2)轻微至轻度抑郁:抑郁严重度指数在0.50～0.59

(3)中至重度抑郁:抑郁严重度指数在0.60～0.69

(4)重度抑郁:抑郁严重度指数在0.70以上

表3-3 症状自评量表(SCL-90)

说明:以下表格中列出了有些人可能会有的病痛或问题,请仔细阅读每一条,然后根据最近一星期以内下列问题影响你或使你感到痛苦的程度,在方格内选择最合适的一格,打"√"。请不要遗漏问题。

情绪症状	没有	很轻	中等	偏重	严重
1.头痛	1	2	3	4	5
2.神经过敏,心中不踏实	1	2	3	4	5
3.头脑中有不必要的想法或字句盘旋	1	2	3	4	5
4.头昏或昏倒	1	2	3	4	5
5.对异性的兴趣减退	1	2	3	4	5
6.对旁人责备求全	1	2	3	4	5
7.感到别人能控制您的思想	1	2	3	4	5
8.责怪别人制造麻烦	1	2	3	4	5
9.忘性大	1	2	3	4	5
10.担心自己的衣饰整齐及仪态的端正	1	2	3	4	5
11.容易烦恼和激动	1	2	3	4	5
12.胸痛	1	2	3	4	5
13.害怕空旷的场所或街道	1	2	3	4	5
14.感到自己的精力下降,活动减慢	1	2	3	4	5
15.想结束自己的生命	1	2	3	4	5
16.听到旁人听不到的声音	1	2	3	4	5
17.发抖	1	2	3	4	5

续表

情绪症状	没有	很轻	中等	偏重	严重
18.感到大多数人都不可信任	1	2	3	4	5
19.胃口不好	1	2	3	4	5
20.容易哭泣	1	2	3	4	5
21.同异性相处时感到害羞、不自在	1	2	3	4	5
22.感到受骗、中了圈套或有人想抓住您	1	2	3	4	5
23.无缘无故地突然感到害怕	1	2	3	4	5
24.自己不能控制地大发脾气	1	2	3	4	5
25.怕单独出门	1	2	3	4	5
26.经常责怪自己	1	2	3	4	5
27.腰痛	1	2	3	4	5
28.感到难以完成任务	1	2	3	4	5
29.感到孤独	1	2	3	4	5
30.感到苦闷	1	2	3	4	5
31.过分担忧	1	2	3	4	5
32.对事物不感兴趣	1	2	3	4	5
33.感到害怕	1	2	3	4	5
34.您的感情容易受到伤害	1	2	3	4	5
35.旁人能知道您的私下想法	1	2	3	4	5
36.感到别人不理解您,不同情您	1	2	3	4	5
37.感到人们对您不友好,不喜欢您	1	2	3	4	5
38.做事必须做得很慢以保证做得正确	1	2	3	4	5
39.心跳得很厉害	1	2	3	4	5
40.恶心或胃部不舒服	1	2	3	4	5
41.感到比不上他人	1	2	3	4	5
42.肌肉酸痛	1	2	3	4	5
43.感到有人在监视您,谈论您	1	2	3	4	5
44.难以入睡	1	2	3	4	5

续表

情绪症状	没有	很轻	中等	偏重	严重
45.做事必须反复检查	1	2	3	4	5
46.难以做出决定	1	2	3	4	5
47.怕乘电车、公共汽车、地铁或火车	1	2	3	4	5
48.呼吸有困难	1	2	3	4	5
49.一阵阵发冷或发热	1	2	3	4	5
50.因为感到害怕而避开某些东西、场合或活动	1	2	3	4	5
51.脑子变空了	1	2	3	4	5
52.身体发麻或刺痛	1	2	3	4	5
53.喉咙有梗塞感	1	2	3	4	5
54.感到前途没有希望	1	2	3	4	5
55.不能集中注意	1	2	3	4	5
56.感到身体的某一部分软弱无力	1	2	3	4	5
57.感到紧张或容易紧张	1	2	3	4	5
58.感到手或脚发重	1	2	3	4	5
59.想到死亡的事	1	2	3	4	5
60.吃得太多	1	2	3	4	5
61.当别人看着您或谈论您时感到不自在	1	2	3	4	5
62.有一些不属于您自己的想法	1	2	3	4	5
63.有想打人或伤害他人的冲动	1	2	3	4	5
64.醒得太早	1	2	3	4	5
65.必须反复洗手、点数目或触摸某些东西	1	2	3	4	5
66.睡得不稳不深	1	2	3	4	5
67.有想摔坏或破坏东西的冲动	1	2	3	4	5
68.有一些别人没有的想法	1	2	3	4	5
69.感到对别人神经过敏	1	2	3	4	5

续表

情绪症状	没有	很轻	中等	偏重	严重
70.在商店或电影院等人多的地方感到不自在	1	2	3	4	5
71.感到任何事情都很困难	1	2	3	4	5
72.一阵阵恐惧或惊恐	1	2	3	4	5
73.感到在公共场合吃东西很不舒服	1	2	3	4	5
74.经常与人争论	1	2	3	4	5
75.单独一人时神经很紧张	1	2	3	4	5
76.别人对您的成绩没有做出恰当的评价	1	2	3	4	5
77.即使和别人在一起也感到孤单	1	2	3	4	5
78.感到坐立不安、心神不定	1	2	3	4	5
79.感到自己没有什么价值	1	2	3	4	5
80.感到熟悉的东西变成陌生或不像是真的	1	2	3	4	5
81.大叫或摔东西	1	2	3	4	5
82.害怕会在公共场合昏倒	1	2	3	4	5
83.感到别人想占您的便宜	1	2	3	4	5
84.为一些有关“性”的想法而很苦恼	1	2	3	4	5
85.您认为应该因为自己的过错而受到惩罚	1	2	3	4	5
86.感到要很快把事情做完	1	2	3	4	5
87.感到自己的身体有严重问题	1	2	3	4	5
88.从未感到和其他人很亲近	1	2	3	4	5
89.感到自己有罪	1	2	3	4	5
90.感到自己的脑子有毛病	1	2	3	4	5

参考评分和评价：此量表是1—5级评分。

(1)总分＝所有项目之和

(2)总均分＝总分/90

(3)阳性项目数＝评分为2～5分的项目数，表示病人在多少项目中呈现“有症状”。

⑷阳性症状均分＝阳性症状总分/阳性项目数

⑸此量表涉及10个因子：躯体化、强迫症状、人际关系敏感、抑郁、焦虑、敌对、恐怖、偏执、精神病性和其他。因子分的计算见表3-4。

表3-4 因子分的题号及题目数

因子	项目														总分	因子分
躯体化	题号	1	4	12	27	40	42	48	49	52	53	56	58			因子总分/12＝
	得分															
强迫症状	题号	3	9	10	28	38	45	46	51	55	65					因子总分/10＝
	得分															
人际关系敏感	题号	6	21	34	36	37	41	61	69	73						因子总分/9＝
	得分															
抑郁	题号	5	14	15	20	22	26	29	30	31	32	54	71	79		因子总分/13＝
	得分															
焦虑	题号	2	17	23	33	39	57	72	78	80	86					因子总分/10＝
	得分															
敌对	题号	11	24	63	67	74	81									因子总分/6＝
	得分															
恐怖	题号	13	25	47	50	70	75	82								因子总分/7＝
	得分															
偏执	题号	8	18	43	68	76	83									因子总分/6＝
	得分															
精神病性	题号	7	16	35	62	77	84	85	87	88	90					因子总分/10＝
	得分															
其他	题号	19	44	59	60	64	66	89								因子总分/7＝
	得分															

（三）统计标准

对军人的情绪进行心理测量，结果通常呈正态分布，即在同年龄段的人群中，多数人情绪的测量结果位置居中，接近平均值，这些人被视为情绪正常者;少数人远离中间,偏于两端,则被视为情绪异常者。因此,要判断一个人的情绪是否正常,可以依据他情绪测量结果偏离平均值的程度来评估。这种以统计学数据为依据来判断个体情绪正常与否的方法,被称为统计标准。该标准提供了心理特征的数据资料,便于比较,较为客观,有一定的实用价值。但也存在一定的不足:①并非所有的情绪都呈正态分布,这就造成判断中的难以把握;即便是呈现正态分布的情绪,远离中间的两端也不一定都是异常,如新兵小王的抑郁严重度指数在 0.40,虽然偏离常模,但却没有抑郁情绪。②情绪异常是从量变到质变的过程,统计学标准只能从横断面显示其当前心理,缺乏纵向追踪结果,可能会影响心理障碍的判断。

(四)生理标准

生理标准又称症状和病因学标准,这一标准源于医学诊断方法,是指运用医学检查、诊断的手段及标准找到引起异常情绪的生物性原因,以此判断情绪活动的正常或异常。通过各种生理、生化和心理学的检查,得到相应的病理指标,即可确诊。当物理损伤、感染、中毒、遗传、代谢和内分泌紊乱等因素使大脑的组织结构和生理功能受到损害时,个体的情绪活动就会受到影响,此时,对其进行相关的生理、生化和病理学检查,对于情绪异常的判断就具有重要的意义。例如某人下丘脑受损伤,那他的快乐情绪就会出现异常,因为下丘脑存在"快乐中枢"。网状结构、杏仁核、海马、扣带回、隔区和额叶均是参与情绪的主要神经结构,一旦受损,情绪将出现异常。

这种评价方法的前提是某些情绪异常可以通过检查找到病理解剖、病理生理、病理生化、遗传基因等方面的异常改变。这些改变是临床症状的直接原因,而这些改变在正常人身上是一定不存在的。但不是所有的情绪异常都能找到生理方面的依据,因此仅依靠生理标准判定情绪异常也有失偏颇。

(五)社会标准

在社会常模基础上,衡量一个人的情绪及其行为是否偏离正常即社会标准，该标准以社会常模为准则来评价人的情绪健康状态。社会常模是人类为了社会共同生活的需要，在社会互动过程中衍生出来，相习成风，约定俗成，或者由人们共同制定并明确施行的。判断人的情绪正常与否的重要标准之一即以社会准则为标准来衡量人的情绪及其行为（愤怒时打人的行为）是否与社会环境相适应，适应者为正常，不适应者为异常，即个体情绪和行为有悖于社会要求，表现怪异、离奇，不为常人所理解，或情绪和行为不符合年龄、地位和社会身份的要求，不为社会所接受，或与自己的一贯表现相违背而判若两人，以致让人们感到困惑，都可视作情绪异常。按此标准，一切严重违反社会常规的情绪和行为不是犯罪就是变态。社会适应标准比较容易掌握，适用范围较广，但往往受到社会文化背景和历史条件的影响，不同国家、地区、民族的风俗、文化各不相同，相应的社会准则必然不同，所以不同环境标准也不一致，因而这个判断标准也不是绝对的。

以上对情绪正常与否的判定标准各有利弊和相应的局限性。现在倾向于将各种标准整合起来判断情绪状态。此外，要判断一个人的情绪是否正常，除了综合以上五条标准外，还要进行纵向和横向的比较。横向的比较是指与其所处的社会文化背景、客观环境中的大多数人做比较，看其情绪和行为能否为常人所理解，有无明显的离奇情绪和行为。纵向比较是指与其一贯的心理状态、人格背景和行为方式相比较，看是否发生了令人无法理解的改变。同时，还要了解每个人的具体情况，看其情绪与外部事件有无因果联系。

第二节 情绪表达

情绪表达是指个体表达自己的情绪与情感的方式。中国人普遍比较含蓄，这其实并不是优点，适当地表达情绪远远好于过度压抑和错误地宣泄。如何以最恰当的方式来表达情绪，如同亚里士多德所言：“任何人都会生气，这没什么难的，但要能适时适地以适当方式对适当的对象恰如其分地生气，可就难上加难。”情绪管理要求个体要适时适地对适当对象以合理的方式表达自己的情绪情感。

一、情绪表达的载体

情绪表达需要一定的载体才能实现，这就是符号系统。符号系统有两类，即语言符号系统和非语言符号系统。可见，军人的情绪可以通过语言和非语言两种符号系统来表达。

（一）语言表达

语言分为口头语言（oral language）和书面语言（written language）。在面对面的情绪表达中，口头语言（说）最常用，而且收效也最快。书面语言（写）不受时间和空间限制，既可以长时间保存，又可以远距离传送。书面语言扩展了情绪表达的范围。

1.说。通过恰当的言语将自己的真情实感说出来。将所有情绪用“说”的方式表达出来，不论向谁说，重要的是说出来。当然也可以用歌唱的方式表现出来。在基层部队，官兵可以通过交心谈心的方式表达。

2.写。可以用书信的方式将自己不便说或不能说的情绪向对方表达出来。但有时我们不知道向谁说，或感觉说出来不好，那么我们可以将它写出来。比如官兵写日记，写信，写诗歌、小说和歌曲等等都是一种很好的表达方式。

语言表达离不开语境，这是因为在表达中除了单词本身传递的意思外，还有第二层含义——弦外之音（metamessage）。它表达了说者的态度和情绪。弦外之音多数是通过语调、音高和修饰语传递的。比如，当连长用升调说“你迟到了”，那么表示是对迟到原因的疑问，或者说明他很生气。由于弦外之音的隐蔽性，有时是许多人际冲突的根源。一句话听起来简单明了，但深层传递的却是敌意和责备。个体很难防御弦外之音传达的愤怒和不满，以至于自己不知道怎么就受到伤害了。当然，弦外之音传递的也不仅仅是负性情绪，官兵要利用它表达自己的积极情绪和情感。

（二）非语言表达

非语言表达是借助动作、表情、实物和环境等来传递信息。美国传播学家艾伯特·梅拉比安（Albert Mehrabian）借助实验把人的感情表达效果量化成了公式，即 100％的感情表达＝7％语言＋38％语音＋55％态势。从中可以看出，非语言表达在情绪传递中起着重要作用，它能弥补、强调、弱化或代替语言信息。

非语言包括无声的非语言和有声的非语言。无声的非语言指的是动态无声的面部表情、肢体语言，以及静止无声的静态姿势、空间距离。有声的非语言是指声量、语速和声调等辅助语言，以及哭笑、哈欠和呻吟等类语言。情绪常常通过面部表情、肢体语言和语调来表达。

1.面部表情。面部表情（facial expression）是指通过眼部肌肉、颜面肌肉和口部肌肉的变化来表现各种情绪状态。如眉开眼笑、怒目而视、愁眉苦脸、面红耳赤和泪流满面等。面部表情有泛文化性，同一种面部表情会被不同文化背景下的人们共同承认和使用，以表达相同的情绪体验。心理学家们经过研究发现，有七种表情是世界上各民族的人都能认出的，它们是快乐、惊讶、生气、厌恶、害怕、悲伤和轻视。不同文化背景的人们都能精确辨认这七种基本表情，5 岁的孩子在辨认表情的精确度上便等同于成人了。不同的面部表情表达不同的内心体验。面部表情识别的研究还发现，最容易辨认的表情是快乐、痛苦，较难辨认的是恐惧、悲哀，最难辨认的是怀疑和怜悯。一般来说，情绪成分越复杂，表情越难辨认。

2.肢体语言。肢体语言（body language）是指头、眼、颈、手、肘、臂、身、胯和足等人体部位的协调活动。人们常常用身体姿态、动作变化来表情达意。如高兴时手舞足蹈，悲痛时捶胸顿足，成功时趾高气扬，失败时垂头丧气，紧张时坐立不安，献媚时卑躬屈膝等。军人的身体姿态也能表达出他们不同的心境。身段表情信息量大，内涵丰富，表现力强，同时比较可靠，但隐蔽性也最小。这是因为人们不善于控制细小的肢体动作，所以它比面部表情能透露出更多的真实情感。弗洛伊德曾描述过手势表情：凡人皆无法隐瞒私情，尽管他的嘴可以保持缄默，但他的手指却会多嘴多舌。

3.语调。语调（intonation）是说话的腔调，就是一句话里声调（pitch）高低抑扬轻重的配制和变化。语调是通过声调、节奏变化来表达情绪的，也是一种副语言现象，如言语中语音的高低、强弱和抑扬顿挫等。例如人们惊恐时尖叫；悲哀时声调低沉，节奏缓慢；气愤时声高，节奏变快；爱慕时语调柔和且有节奏。用不同的语调说“对不起”时可表达出不同的情绪，让人一听就能觉察到是否为真诚的道歉。可见，语言除本身的含意外，其语音、语调、节奏和韵律等等也表达了丰富的情感信息。

总之，面部表情、肢体语言和语调变化成为情绪的有效表达方式，它们经常相互配合，更加准确或复杂地表达不同的情绪。

二、合理的情绪表达

尽管人与生俱来就会表达情绪，如婴儿用哭来表达不适，但是没有人否认情绪表达需要后天的学习。军人需要学会一系列的情绪表达的规则，学会在合适的场合用合理的方式表达情绪，从而能够更好地与人相处并获得他人的友谊。

（一）觉察情绪

一件事情的发生可能会引发个体很多的情绪，因此，个体必须清楚自己当下的感受，到底是担心、害怕、生气、厌恶还是难过。只有当个体觉察到自己的情绪状态，才能准确地表达自己的感受。比如说，当被连长或战友误解时，会很难过或委屈。

（二）适时表达

掌握良好的时机表达自己的情绪很重要。对方只有在空闲和平静的时候，才能聆听你的感受。比如，战士杜某得知父母亲在家吵架闹离婚，心里烦躁，半夜睡不着觉，想找自己的好友林某倾诉，而林某正在值班，当他正在与林某交谈时，被排长检查发现，林某因值班时聊天受到批评，杜某因此又增加了自责和内疚。这就是因为杜某选择的时机不对。

(三)清晰表达

表达感情的有效方式是以平静、非批评的方式叙述自己的感受,描述而不是发泄。表达情绪的语言要清楚、具体,才能让对方知晓。如果单单告诉别人我很生气,他人可能不知道你为什么事情生气。因此,在情绪表达时还要清清楚楚地告诉对方原因,将特定的情景说清楚。

(四)真情表达

表达自己的情绪首先要真诚。真实表达自己有助于让别人了解你的感受,使问题更快得到解决。真实使你更具有亲和力。在人际交往中,恰当的情绪表达不仅有助于释放压力,也可增进彼此理解,培养团队凝聚力,提升战斗力和军事作业绩效。因此,工作中要卸下面具,把自己的真情实感表现出来。

(五)就事论事

在表达情绪时,“就事论事”是重要原则。如果自己的情绪表现与所发生的事情匹配,那么大多数人就能够理解和接受,不会节外生枝。重复牵连其他的事件引起对方和自己新一轮的情绪反应,不利于问题的解决。在表达自己负性情绪时,切忌发牢骚,切忌做评论式的人身攻击。就事论事,说明自己是理性的,而非情绪化。

(六)灵活表达

既能表达自己的不满,也能让别人不会因此而对你产生不好的看法,就需要根据场合和不同的对象灵活表达。在表达时,要客观地描述,这样既能清楚地表达自己,又能避免刺激对方,从而达到表达情绪的最终目的。

总之,善于表达情绪和情感是一个人的必备能力。官兵要在平时的工作训练和日常生活中不断地体验和探索。

第二节　情绪调适

情绪调适是通过对情绪施加积极的影响，以促使自己的不良情绪恢复到良好状态的过程。情绪调适是一种适应社会现实的活动过程。那么，面对不良的情绪，官兵该如何进行调适呢？

一、防御机制

个体在面临压力和对抗本能冲动时，会调动自身的调节机制，以减少不良情绪，维持心理平衡，这被称为防御机制。

（一）压抑

压抑指把不愉快的经历和体验潜抑到无意识中，不去回忆，主动遗忘。例如，空军飞行员小王在执行飞行任务时，因天气恶劣，飞机失事，他成功自救。事后被问及这次经历时，他说：从未害怕，仍然继续飞行。他也许并没有说谎。相反，或许是因为那一幕恐惧让他难以接受，因此将这个经验压抑于意识之外。压抑看似有效，但它却需要付出代价，让自我持续消耗能量，这就使自我没有更多的剩余能量可以运作。没有强大的自我，维护稳定人格的战斗必将失败。后来，当小王得知战友飞机失事，且身亡后，终于崩溃，不得不接受心理干预。

（二）拒绝

拒绝是否认某些事实的存在。与压抑不同，拒绝不是不记得了，而是坚持某些事不是真实的，尽管所有证据都表明是真实的。例如，小李颈部长有一包块，各种检查显示，非良性，但他仍然认为可能是医院诊断错了，不承认自己患有癌症。拒绝是极端防御形式。拒绝得越多，与现实越脱离，心理机能的运作越加困难，甚至会延误疾病治疗。但在很多情形下，自我宁愿求助拒绝，而不让想法达到意识，因为这样会暂时缓解或消除不良事件带来的负性情绪。

（三）合理化

合理化是指个人遭受挫折和失败时，给自己找出一些理由进行自我宽慰的一种防御机制。“酸葡萄效应”和“甜柠檬效应”是典型的合理化。“酸葡萄效应”是指个体在追求某一目标失败时，为了缓解内心的不安而贬低目标的价值，以求得心理平衡。“甜柠檬效应”则是指个体在没有达到较高目标时，转而认同既得结果。“甜柠檬效应”与“酸葡萄效应”有异曲同工之妙，“酸葡萄效应”是贬低得不到的结果，“甜柠檬效应”则是夸大、美化既得结果的价值，从而缓解不能实现目标所导致的紧张。例如，战士小王体能考核没有达标，便说，“这几天感冒了”；而干部小谢失恋后就想“对方这脾气真让人受不了，压根就不适合自己”。这些理由也许不存在、不客观或不合逻辑，但是用这些理由来安慰自己可以减轻或消除心理上的痛苦。

（四）替代

替代是指个人对某一对象的情绪和情感，因无法向其直接表现时，有时会转向另一个比较可以接受的对象身上，以减轻自己心理上的负担。例如，某人受委屈时，如果向相应的目标发泄愤怒是不被接受或可怕的，他会将这些情绪指向可以接受的对象，去打墙、踢凳子或撕书信等等。替代是一种消极的防御机制，但是它可以使消极情绪得以转移、宣泄，暂时缓解或消除负性情绪。

（五）投射

投射是指将自己的愿望与动机归之于某个外部对象，以此来保护自尊心，使自己的心理得到安慰。投射的内容是自己的欲望和动机。宣称世界充满敌意和攻击的人，无意识中承认他自己有攻击他人的冲动。一个自私的人往往说他人自私。投射能让我们利用别人作为自己的“代罪羔羊”，使我们逃避本该面对的责任和由此而导致的负性情绪。此种机制可以使个人内心得以安宁，但会影响个体对事情的正确观察和判断，并易造成人际关系上的问题。

（六）升华

升华是指个体受到挫折后，把压抑的情绪转向社会许可的其他活动中去，使精神有所依托，获得新的、更高的精神满足。例如，德国诗人歌德的名著《少年维特之烦恼》、法国文学家罗曼·罗兰的大作《约翰·克利斯朵夫》及画家达·芬奇的名画《蒙娜丽莎》都是他们失恋或失去爱情后情感升华的结果。军人的攻击冲动直接指向战友，那会使自己陷入困境。但把这些冲动升华为，诸如军事体能竞赛、拳击、橄榄球和篮球比赛等，就能被接受了，甚至会被视为英雄，受到奖励。

个体通过防御机制，能成功防止引起焦虑的事情进入意识。如果不把威胁着自己的想法排除于意识之外，将会导致无休止的负性情绪。因此，任何人都会使用防御机制，但除了升华外，防御机制使用得越多，越会损耗自我能量，甚至使个体脱离现实。

二、认知调适

认知调适是通过自觉调整自己的观念来改善情绪状态。现实中，人们被许多事情困扰并不一定是由事件直接引起的，而是由对于事件的不合理认识和评价引起的，正所谓“天下本无事，庸人自扰之”。如果能主动调整自己的看法，纠正认知上的偏差，积极地看问题，就可减弱或消除不良情绪。例如，战士甲和战士乙同样训练考核失败了，甲能认识到失败是暂时的挫折，从客观和主观上找原因，尽力克服训练中遇到的困难，并多向战友请教，刻苦训练，最后取得了好成绩，成了连队的训练标兵；乙却想，作为军人，军事训练考核都失败，我真无用，真无能，什么事都做不好。因此，乙的情绪反应不仅仅是难过，甚至还会导致抑郁、自卑和一蹶不振。甲、乙两战士的不同想法导致不一样的情绪体验。

（一）调整对自己的不合理认知

对自己绝对化的要求，“全或无”的思维方式，常常导致自我否定，陷入消极情绪的深渊。如，有个战士因违反了纪律受到连长的批评，就认为自己没前途了。合理的认知是：没有任何一个人是十全十美的完人，合理地评价自己，要就事论事，不能因为一件事完全否定自己。

（二）调整对他人的不合理认知

要求别人“必须以我希望的方式行动”。如战士钱某从小家教严格，自认为从来不撒谎，并要求别人必须讲真话，因发现一名战友当面对班长说了谎话后十分气愤，再也不与这位战友来往了。显而易见，在这种认知中存在着对他人的绝对化要求。合理的认知：任何人都无权对他人提出绝对的要求，要求别人按自己的意愿行事是错误的，也是不能实现的。

（三）调整对周围环境及事情的不合理认知

比如，周围的环境与事物“必须符合我的要求。”这同样是绝对化要求。在临床工作中，很多战士来部队不久就对部队感到失望，原因是与电影电视中以及自己想象的不一样。应该明白，要求周围事物都按自己的意愿最终只能碰壁，在生活中遭受挫折，陷入情绪困扰。合理的认知是：世界上的各种事物都有其各自的规律性，不可能为个人意志所左右，个体可以主动改造并适应环境。

现实中，个体往往患得患失，把自己的名利得失看得过重，以至于深陷不良情绪不能自拔。“塞翁失马，焉知非福”，评价一件事的好坏并不在于事物的本身，而在于个体对事物的看法。

三、活动调适

活动调适是指通过从事有趣的活动以达到调节情绪、促进身心健康的一类方法。它包括读书、写作、绘画、雕塑、听音乐、歌唱、舞蹈、演戏、劳动和体育运动等方式。例如，西门豹“佩韦以缓气”，王述“面壁以避怒”，陆游“赏花以消愁”，郑板桥“画竹以解闷”。活动调适能够寓心理调节于娱乐之中，用活动的过程来充实空虚的生活，用活动中的愉悦来驱散不良情绪，通过活动促进对问题的领悟和认知的提高，达到纠正认知偏差，调适不良情绪，促进心理健康的目的。

四、合理宣泄

合理宣泄就是以合理的方式把压抑的不良情绪表达出来，以减轻或消除心理压力，达到调节情绪的目的。宣泄是摆脱恶劣心境的有效手段。合理的宣泄一个总的原则就是：不伤害自己，更不能伤害他人。把握好宣泄“六个一”，即说一说、哭一哭、写一写、笑一笑、动一动和喊一喊。找一个值得信赖的人倾诉和哭诉，将苦闷统统倒出，不仅可以缓解压力，还可以获得理解和支持。把压抑在内心而又不愿与人分享的事情写出来，甚至可以将写的东西撕掉，扔得远远的，以缓解负性情绪。与别人谈笑能放松心情。跑步、打球和打沙袋等能宣泄情绪和舒缓压力。把压在内心的情绪和不愉快的事情等喊出来，也能调节情绪。

情绪调适是我们主动适应环境的过程，也是我们应对压力、调整心理状态的有效方法，广大官兵要根据自己的实际灵活运用。

第四节 情绪干预

情绪干预就是心理咨询和心理治疗师用心理学的方法对官兵进行心理干预，引导官兵把负性情绪在合适的场合以合理的方式宣泄出来，最后达到心理平衡的目的。

一、支持性心理干预

支持性心理干预是指采用劝导、启发、鼓励、支持和说服等方法，帮助官兵发挥其潜在能力，促进身心康复，缓解不良情绪的过程。常用的方法有关注与倾听、尊重与陪伴、解释与建议、鼓励与保证。

(1)关注与倾听：积极关注官兵的痛苦情绪，并认真倾听官兵的诉说，消除官兵顾虑，从而对干预者产生信赖。

(2)尊重与陪伴：充分尊重官兵的人格，有时仅仅陪伴就能消除官兵的孤寂感和无助感，使其内心得到支持。

(3)解释与建议：在建立起良好信任关系的基础上，以通俗易懂的方式，有针对性地对官兵的问题进行解释，并提出解决问题的建议。

(4)鼓励与保证：干预者对官兵潜在的优势、长处进行积极的鼓励，以使其充分发挥主观能动性，激发潜在能力，提高应付危机的信心。保证是干预者对官兵的承诺，常用于多疑和情绪紧张者。保证应恰当、实际，以免破坏官兵的求助信心。

二、合理情绪干预

合理情绪干预是帮助官兵解决因不合理信念产生的情绪困扰的一种心理治疗方法，即通过改变官兵的非理性观念（认知偏差：绝对化要求、过分概括和糟糕至极），培养他们积极的有建设性的态度与观念。认知偏差是对己、对人和对事不当的想法、看法与态度，即认知中存在错误、不合理、片面或偏执的成分。例如，“领导应该公平对待每一个人”，这是绝对化要求；“我没完成好训练任务，一切事情都干不好了”，这是过分概括；“失败了，我无能”，这是糟糕至极。针对非理性观念，可以通过以下方法进行干预。

（1）接纳自我：既要肯定自己的优点，又要接纳自己的不足（如长相、身材），没有必要对自己过分苛求与自责。

（2）培养兴趣：培养至少1～2个健康的兴趣爱好，积极参与社会活动，在与人交往中找到乐趣和自身价值。

（3）学会独立：愿意与人合作，但在追求个人的生活目标时，不企求或依赖别人。

⑷胸襟坦荡：“人非圣贤、孰能无过”，对别人的缺点和过失，不宜过分求全责备，对人无偏见，能够理解和包容他人。

⑸科学思维：遇事能全面客观辩证地思维，而不为主观臆断或表面现象蒙蔽。

⑹积极心态：积极面对困难与挫折，也是个体对待自身、他人或事物的积极、正向、稳定的心理倾向，它是一种良性、建设性的心理准备状态。

⑺敢于担当：自己对情绪困扰负责，而不是抱怨他人和社会环境。

官兵在以上积极人生态度和观念的指导下，能使他们摆脱“钻牛角尖”式的非理性思维给他们造成的困境，建立理性的观念，达到改善情绪的目的。

三、精神分析疗法

精神分析是以潜意识理论为基础，重视来访者的童年创伤和无意识动机。认为症结是在早期性心理发育受阻，因此它强调幼年经历的重要性，重视挖掘领悟幼年情结。精神分析疗法主要通过自由联想、梦的解析和积极想象等技术挖掘患者的无意识动机和欲望以及所遭受的精神创伤，然后进行合理的解释，让来访者领悟到症状的真正意义，体验和感受症状的幼稚与可笑，症状因失去存在的意义而消除，从而调整精神活动，缓解不良情绪，逐渐建立新的行为模式。

四、其他心理干预

（一）反向心理干预

反向心理干预也叫反向思维法，就是遇到困难或逆境时要从积极的方面去思考，极力从不利中挖掘、寻找到令人信服的积极因素，调动自己的积极情绪战胜消极情绪，其关键在于思维方向的“趋利性”。其实，只要你能正视现实，并从中发现事情有利的一面，就可以成功地引出积极心绪，使心理发生良性变化，痛苦就会被愉快所代替。

（二）音乐干预

音乐干预是指让受不良情绪困扰的官兵欣赏优美健康的音乐，达到缓解其不良情绪的方法。音乐的神奇作用早有例证，美国汽车城底特律，以前许多加油站经常排长队，加油者因等候加油而常常心急火燎，发生争执吵闹。自从在各加油站播放古典音乐和轻音乐后，这类吵闹现象大大减少。当官兵受挫后产生不良情绪时，用音乐转移其注意力，例如，产生愤怒、焦虑或惊恐情绪的官兵，可以欣赏节奏稍慢、柔和、幽雅的音乐来调节情绪；产生抑郁、悲伤、痛苦或绝望情绪的官兵，可以欣赏节奏感强、明快、富有激情的音乐，使其精神振奋，增强自信心和希望。

（三）空椅子技术

空椅子技术是指采用角色扮演的自我对话技术。这个技术能够帮助官兵全面觉察发生在自己周围的事情，分析体验自己和他人的情感，帮助他们朝着统整、坦诚以及更富生命力的存在迈进。其方法是：用两把椅子，来访者坐其中一把，扮演事件的一方，然后再换坐到另一把椅子上扮演事件的另一方。来访者反复扮演两个角色使其与对方展开对话，将其情绪和想法全部投向空椅子，实现情绪宣泄，更直接地正视自己的冲突，使情绪以直接的自发的自我暴露方式解脱出来。此方法可帮助求助者了解自己内心深处的情感，并充分地去体验它，从根本上去除自我折磨的情绪困扰。例如，某战士在竞赛中失败了，可以让其先扮演一个“胜利者”，然后再换坐到另一张椅子上，扮演一个“失败者”，以此让他所扮演的两方持续地进行对话。通过这种方法，可使他充分地体验冲突，而由于他在角色扮演中能从不同的角度接纳和整合“胜利者”与“失败者”，因此冲突可得到解决。通过两部分的对话，使军人内在的对立与冲突获得较高层次的整合，即学习去接纳这种对立的存在并使之并存。

从某种程度上讲，情绪管理能力决定一个人是否能充分发挥他所拥有的各种能力，包括他的天赋。军人作为一个特殊群体，战时处变不惊、临危不惧的心理素质和积极乐观的情绪状态是克敌制胜的必备素质，其情绪管理水平不仅关系到自身的安危，而且直接影响到部队的战斗力。在平时的生活和工作中，广大官兵要通过有效的情绪管理，保持积极乐观的情绪状态，不断自我激励、自我完善，使个人能力得到充分发挥，提高自己的生活质量。是否具有较高的情绪管理能力，与后天的培养有着密切的关系。青春期是一个人的黄金时代，也是情绪管理能力培养的重要时期，广大官兵要充分认识到情绪管理的重要性，把情绪管理作为促进自己心理成长的重要课题，要有意识地培养自己的情绪管理能力，努力锤炼自己的心理素质，做合格的时代尖兵，为提高部队的战斗力实现强军梦，提供有力的支撑。

【故事专栏】

制　怒

古西藏有一个叫爱地巴的人，每次生气和人起争执的时候，就以很快的速度跑回家去，绕着自己的房子和土地跑三圈，然后坐在田地边喘气。爱地巴工作非常努力，他的房子越来越大，土地也越来越广，但不管房子和土地有多大，只要与人争论生气，他还是会绕着房子和土地跑三圈，爱地巴为何每次生气都绕着房子和土地跑三圈？所有认识他的人，心里都起疑惑，但是不管怎么问他，爱地巴都不愿意说明。

直到有一天，爱地巴很老了，他的房子和土地已经很广大，他生气，拄着拐杖艰难地绕着房子和土地很不容易地走三圈，太阳都下山了，爱地巴独自坐在田边喘气。他的孙子在身边恳求他："阿公，您已经年纪大了，这附近地区的人也没有人的土地比您的土地更大，您不能再像从前，一生气就绕着房子和土地跑啊！您可不可以告诉我，为什么您一生气就要绕着土地跑上三圈？"

爱地巴禁不起孙子恳求，终于说出隐藏在心中多年的秘密，他说："年轻时，我若和人吵架、争论、生气，就绕着房子和土地跑三圈，边跑边想，我的房子这么小，土地这么小，我哪有时间，哪有资格去跟人家生气，一想到这里，气就消了，于是就把所有时间用来努力工作。"孙子问道："阿公，您年纪老了，又变成了最富有的人，为什么还要绕着房子和土地跑？"爱地巴笑着说："我现在还是会生气，生气时绕着房子和土地走三圈，边走边想，我的房子这么大，土地这么多，我又何必跟人计较？一想到这，气就消了。"

【故事感悟】

冲动是魔鬼，发怒是祸水。发怒是人的本能，无论男女老少，生来就会。然而制怒是人的本事，需要克制忍耐，修炼始成。情绪由我们的内心而生，我们应当做自己情绪的主人，而不是做情绪的奴隶。我们应该以控制自己的情绪(特别是负性情绪)为做人立身的要义。灵长类动物比其他动物多了情感，而人类又比其他灵长类动物多了理智。我们如果不能控制自己的情绪，甚至由情绪左右我们的行为，岂不是和猿猴无异了吗？不以物喜，不以己悲，如果我们能做到不轻易动怒，也不过分狂喜，那么我们的生活必将更加和谐美好！

第四章 战斗意志

古今立大志者，不唯有超世之才，亦必有坚忍不拔之志。就全球来说，21 世纪是充满竞争、挑战、危机和困难的时代，因此也是最需要意志的时代。军人的战斗意志(soldier′s morale)是指军人自觉地确定目的、克服困难，去实现预定目标的心理过程。在一般老百姓的心目中，军人意味着勇敢、果断和坚强，军人几乎就是优良的意志品质的代名词，否则就难称其为军人。事实上也正是如此。我军无论是从军事素质和政治素质，还是心理素质方面，都要求其成员必须具备勇敢、坚韧、顽强、果敢、自制和自觉的良好意志品质。良好的意志品质亦是衡量一个军人心理健康与否的重要标志。但是，良好的意志品质不是天生的，也不是一入伍就具备的，它是军人在长期艰苦、严格的军营生活和军事训练中磨炼出来的，是在血与火的战场上锤炼出来的。本章将介绍“我肯定行、争当第一、勇于亮剑、勇于前行”四种战斗意志。

第一节 我肯定行

军人是一个特殊的职业，军人在成长过程中一定会遇到各种各样的困难和挫折，优秀的战斗意志能够让你克服困难、走向成功。在战斗意志结构中，克服自卑，充分自信，认为我肯定行，是非常重要的心理因素，它能够影响军人的意志和行动。

意志坚强的人能把世界放在手中像泥块一样任意揉捏。 ——歌德

一、我肯定行的概述

我肯定行是意志的基础。每个人不管他是否清醒地意识到，总是在不断地进行自我评价，并以这种评价去对待人生的课题和命运的挑战。自信是一种积极的自我评价，它集中表现为一个人肯定自己、接纳自己和相信自己的态度。这种态度并不意味着把自己看得完美无缺，也不意味着封闭发展自己的途径，而是确信自己存在的价值，确信经过积极的主观努力，终将展示自己的才华，实现自身的价值。你必须信任自己，克服自卑，在你征服高峰，追求成功的时候，强大的自信必不可少。不要相信不可能，永远也不要消极地认定什么事情是不可能的，首先你要认为你能行，然后去尝试、再尝试，最后你就发现你确实能行。

二、自卑的危害

自卑是个人对自己的不恰当的认识，是一种自己瞧不起自己的消极心理。在自卑心理的作用下，遇到困难、挫折时往往会出现焦虑、泄气、失望和颓丧的情感反应。一个人如果做了自卑的俘虏，不仅会影响身心健康，还会使聪明才智和创造能力得不到发挥，使人觉得自己难有作为，生活没有意义。所以，克服自卑心理对个人是非常重要的。例如，小王是一名新兵，入伍两月后自己的体能成绩一直落后，而且工作上还有些笨手笨脚，受过几次领导的批评，甚至在遭受个别战友的冷嘲热讽后，觉得自己根本就不是当兵的料，自甘位居人后，工作和训练积极性明显下降，这就是典型的自卑心理。

自卑是一种性格上的缺陷。意思是低估自己的能力，觉得自己各方面都不如人。同时可伴有一些特殊的情绪表现，诸如害羞、不安、内疚、忧郁和失望等。当人的自尊需要得不到满足，又不能恰如其分、实事求是地分析自己时，就容易产生自卑心理。一个人形成自卑心理后，往往从怀疑自己的能力到不爱表现自己，从怯于与人交往到孤独地自我封闭。本来经过努力可以达到的目标，也会认为“我不行”而放弃追求。他们看不到人生的光明和希望，领略不到生活的乐趣，也不敢去憧憬那美好的明天。自卑常常是性格软弱和事业不能成功的主要原因，许多人一事无成，就是因为他们低估了自己的能力，妄自菲薄，以至于缩小了自己的成就。萧伯纳曾说过，有信心的人，可以化渺小为伟大，化平庸为神奇。

自卑的人往往表现为敏感、失衡和情绪化。前面提到的新兵小王，入伍伊始承载着亲朋好友的希望，自己也期待在新的环境里做出成绩，非常希望得到别人的重视，唯恐被人忽略。但当自己的表现与理想出现强烈反差时，心里便出现较强的挫败感。并过分看重别人对自己的评价，领导的几次批评，个别战友的冷嘲热讽导致内心激烈的冲突，并因此造成心理失衡，从心理上接受自己的弱势地位，错误地将工作出错或者训练成绩不好的原因归结为自己能力低下和头脑愚钝，认为自己不是当兵的料，在方方面面都体验不到自身价值，从而在偏激的自我认同下越陷越深，自暴自弃，自甘位居人后，将落后于他人视为正常，丧失了工作和训练的积极性。长此以往，小王将陷入恶性的心理体验循环之中，走不出这个心理的阴影，就很难摆脱现实的困境。别人欺负他，即使内心不服气，也自认为是正常的。非常认同自己的弱势身份，如果不及时纠正，这将影响其今后的军旅之路。

三、克服自卑的方法

帮助军人克服自卑，要引导他们正确认识自己，提高自我评价，坦然面对挫折，加强心理平衡，广泛地参与社会交往并增强生活的勇气。

(一)正确认识自己，提高自我评价

自卑的人往往注重别人对他的消极评价，而不愿接受别人的积极评价。在与他人比较时，也多半喜欢拿自己的短处与他人的长处相比。越比越觉得自己不如别人，越比越泄气，自然产生自卑感。其实，我们每个人都有各自的优点和缺点。因此，有自卑心理的人，首先要正确认识自己，提高自我评价，要经常回忆自己的长处和自己经过努力做成功了的事例。要善于发现自己的优点，肯定成绩，以此激发自己的自信心，不要因为自己某些缺点的存在而把自己看得一无是处，不能因为一次失败而以偏概全，认为自己什么都干不了。要以发展观纠正自卑者的静止观，

暂时的落后并不代表永居末流。要明白军旅生涯包括漫长的中途跑，还有最后冲刺，绝不会以入伍伊始这一起跑阶段定成败，成败转变的主动权依然掌握在自己手里。

在美国专门研究智力的人，做了一个实验，他们在学校10000名学生里面抽出20名学生，然后召集所有的人，集中在操场上，由校长宣布这是我们国家最顶尖的专门研究天才的科学家经过长期的测试和研究后，发现在我们学校有20位天才，并且把名单公布了出来，然后这20位站出来了，让所有的同学都能看到他们。这20位学生当然很激动，很兴奋，“哇，我们是天才，而且是测试出来的。”20年后，这些人都长大了，这20个当时被称为天才的人究竟怎么样了？最后发现，这20个天才，有的人成为顶尖的企业家，有的人成为最优秀的职业人士，有的人成为行业专家。无论他们在什么领域，都不负众望，表现出超出一般人的业绩，在这10000名同学当中成为最卓越的人群，因为他们走到哪里都会说我是天才。但是我们都知道他们并不是真的经过专业测试出来的。既然没有真正的测试，最后结果怎么会都真成了天才呢？因为他们相信自己就是天才。

(二)坦然面对挫折，加强心理平衡

某个方面有缺点并不代表自己一无是处。同样是两朵花A和B，A花色彩不如B花绚丽，但A花的形状比B花美观。如果A花形状不好，那可能气味比B花浓郁诱人；如果花香也不如，那么或许药用价值会更胜一筹。总之，人各有所专、皆有所长，大家都有优、缺点，不要总拿自己的缺点和他人的优点比，而要多发掘自己的优势，表现出自己的特色，这样才能在竞争激烈的社会中立足。如有的人一直向往当一名军人，但由于种种原因无法实现愿望，借此机会圆个“准军人”梦；有的人因为就业形势严峻，找不到合适的工作，可以在军队工作中积累经验；有的人喜欢军队的工作环境，有安全感，想长期从事较为稳定的工作等等。

(三)广泛参与社会交往，增强生活勇气

自卑的人多数比较孤僻、内向和不合群，常自己把自己孤立起来，少与周围人群交往，由于缺少心理沟通，易使心理活动走向片面。自卑者如能多参与社会交往，可以感受他人的喜、怒、哀、乐，丰富生活体验。通过交往，可以抒发被压抑的情感，增强生活勇气，走出自卑的泥潭；通过交往，可以增进相互间的友谊和情感，使自己的心情变得开朗，自信得到恢复。

消除新兵的自卑心理，离不开排长、班长和骨干的配合。首先，骨干应对这类新兵重点帮带，对他们适当放宽要求，设立现实而可行的阶段性目标，并结合其特点量身制定最行之有效的努力途径，使他们在不断的自我超越中感受到成功的喜悦，重拾信心。其次，要营造团结友爱的集体氛围，杜绝嘲讽、挖苦等不良现象，使新兵在互相鼓励和互相帮助中不断进步。第三，带兵人要善于捕捉这类新兵身上的闪光点，并提供有利平台，使他们充分发挥特长，实现自我价值。

总之，自信是一根柱子，能撑起精神的广漠天空；自信是一片阳光，能驱散迷失者眼前的阴影。告诉自己“我肯定行”，让自己成为一名有灵魂、有本事、有血性、有品德的“四有”军人。

第二节　争当第一

争当第一，就是崇尚荣誉。荣誉是军人的第二生命。崇尚荣誉，就是要自觉珍惜和维护国家、军队和军人的荣誉，视荣誉重于生命，自觉践行社会主义荣辱观，弘扬革命英雄主义和集体主义精神，提高素质，全面发展，争创一流，建功立业，贞守革命气节，严守军队纪律。

美国军事学院是美国陆军一所初级军官学校，因为位于风景如画的哈德逊河谷，距纽约市约80公里的军事要塞西点，又被人称为西点军校。它是由美国第三任总统托马斯·杰斐逊，根据美国开国元勋、第一任总统华盛顿的遗愿于1802年创建的，距今已有200多年历史。西点军校自建校之日起，就以“培养美军的‘领导者’、社会的‘拱顶石’”作为学校的追求目标。他们认为一个合格的领导者必须具有高尚的品格和强烈的荣誉感与责任感。为此,西点军校高度重视军人荣誉观念的培养。从1817年阿尔弗雷德·塞耶·马汉担任西点校长创建"荣誉制度"开始,逐步建立起了以"荣誉准则、环境教育、奖惩制度"为主要内容的荣誉培养体系,并随着历史的前进不断丰富发展。200多年来,西点人始终坚持"荣誉立校,名誉为本"的教学理念,以培养"一个无敌的战士,一个忠诚服务于国家的仆人,一个掌握技能的专业人才,一个有品德情操的领袖"为教育理想,高度重视军人荣誉观念的培育,为美国造就了数不胜数的英雄、领袖、权贵和战士。因为崇尚荣誉,西点军校在不断书写辉煌的过程中,终将自己也写进了辉煌的历史中。

一、军人荣誉的内在本质

荣誉是心理学中人类高级需求的重要内容。马斯洛的"基本需求层次理论",将人类的需求划分为生理、安全、社交、尊重和自我实现等五个层次。很显然,荣誉作为受人尊重的基础和个人成功的标志,归属于最后两个层次。马斯洛同时指出人的需求是刚性上升结构,即:只有低层次需求得到满足后,高层次需求才会显现主导作用。而这却难以解释古今中外的军人为了荣誉赴汤蹈火、万死不辞的现象。继马斯洛之后,美国耶鲁大学的克雷顿·奥尔德弗提出了更贴近实际经验的需求层次理论——"ERG理论"。"ERG理论"将人类需求归并为生存、相互关系和成长发展三个层次,认为人的需求并非完全的刚性上升结构,各个层次的需求往往同时发生作用,在低层次需求无法满足的情况下,高层次需求仍可显现主导作用。这对于解析军人荣誉的内在本质有着重要意义。军人作为自然人和社会人,首先要受到各种低层次需求的影响和制约。但作为执行政治任务和军事任务的特殊职业人,军人更加强调信念、荣誉等高层次需求。在长期的灌输和养成中,荣誉逐渐超越各种低层次需求,成为军人的精神支柱,激励和感召他们不惜以任何代价去完成使命任务。比如,志愿军116师参谋长薛剑强烈士在日记中写道:"谁都不愿死,谁都希望活,然而荣誉却有时推翻这个规律,荣誉使人勇于和死神接近"。从"基本需求层次理论"讲,军人荣誉是军人的高级需求,而从

“ERG 理论”看，军人荣誉则是军人内心主导的高级需求。

二、官兵荣誉感教育的方法

当前，由于受社会不良风气、奖励竞争机制不健全等方面的影响，使得一些青年官兵荣誉感趋向淡化，过去那种见荣誉就争的良好风范在他们身上也逐渐削弱。因此，如何培育当代青年官兵崇尚荣誉的价值追求就成为一个亟待关注的新任务。

(一)加强荣誉教育

加强教育引导，提高理论素养，纠正认知偏差，是强化军人荣誉意识的首要问题。一是，在主题教育中强化军人荣誉认同感。要坚持从打牢思想根基、强化精神支柱入手，使官兵深刻领会崇尚荣誉的科学内涵、精神实质和实践要求。要教育引导官兵正确处理好义与利、得与失、乐与苦、生与死的关系，不断追求正义与崇高，从情感上强化荣誉，使之形成强大的内在力量。要教育引导官兵坚持严要求、高标准，努力崇尚荣誉、争创荣誉和维护荣誉，在实践中把崇尚荣誉转化为立身做人和建功立业的自觉行动。二是，在自我教育中强化军人荣誉认同感。当代青年官兵多数是“80 后”“90 后”，富有理想、思想开放、个性张扬、民主意识强，精神世界既丰富多彩又复杂多变。强化当代军人荣誉意识，必须遵循这一规律特点，在抓好主题教育的同时，辩证看待个性追求，因人而异、因势利导组织官兵进行自我教育。要围绕“为什么当兵、怎样当好兵”“怎样当好英雄部队的传人”“珍惜生命、学会感恩”等话题组织官兵展开深入讨论。鼓励官兵走上讲台，开展“实话实说”“今日话题”等战士喜闻乐见、贴近现实生活的自主教育。广泛开展新闻点评活动，让官兵在激烈的思想碰撞中明辨是非界限、端正价值取向、强化荣誉意识。三是，在纠正偏差中强化军人荣誉认同感。社会多元化思潮冲击，必然对当代革命军人荣誉感带来冲击。由于受社会不良风气和错误思想的影响，一些反动的、腐朽的、有害的思想观念、价值取向也会渗透到军营。应积极帮助官兵澄清模糊认识，端正对待荣誉的态度，促使官兵在多元中立主导，在多样中谋共识，确立和强化为党、国家、人民和军队的利益而英勇战斗的荣誉意识,形成永争第一的精神。

(二)健全荣誉机制

军人荣誉意识的生成与体现,必须牢牢抓住制度建设这个根本,努力建立健全长效机制。一是,健全荣誉导向机制。荣誉是一面旗帜,设立荣誉要体现时代特色和要求,同重要工作和重大任务相对应。当前,要把崇尚荣誉与贯彻落实科学发展观、大抓军事训练、加强党的先进性建设、完成急难险重任务等联系起来,增大"四会"优秀政治教员、"优秀指挥员""爱军精武标兵"、先进党组织和优秀党员等政治荣誉的含金量,切实把官兵的思想、精力吸引到当前部队正在完成的重要工作和重大任务上来,防止荣誉过多、过滥,导致分散官兵注意力。二是,健全荣誉激励机制。注重完善维护军人合法权益的政策法规,保障官兵在转业安置、家属随军、伤残优抚等方面的权益。进一步完善评功评奖、提拔升迁等方面的政策规定,让成绩突出的官兵得到应有的荣誉,素质过硬的官兵得到优先提拔重用,使躬身践行当代革命军人核心价值观的官兵得到国家、社会和军队的充分认可。三是,健全荣誉评定机制。适应计划经济向市场经济的转变,将荣誉评定的标准量化、程序细化,用一把尺子裁定单位和个人的功绩,纠正分配荣誉的不良倾向,坚持倡导通过竞争取得荣誉的良好风气。充分尊重群众公论,下放各项荣誉评定权利,把保典型变为选典型,切实使评选出的典型更具感召力和生命力。四是,健全荣誉共育机制。军地应联手大力宣传对部队建设做出突出贡献、获得重大荣誉的单位和个人,使之家喻户晓,在全社会形成崇拜部队英雄、崇尚军人荣誉的舆论环境。

崇尚荣誉,自觉珍惜和维护国家、军队、军人的荣誉,视荣誉重于生命,是当代革命军人核心价值观的重要内容,也是我军思想政治建设的基础工程。在新的历史条件下,积极探索强化军人荣誉意识的有效途径,对于教育并引导官兵崇尚荣誉、争创荣誉、维护荣誉,具有重要意义。

第三节 勇于亮剑

抗战题材一直是我国影视剧题材的重要组成部分，从表现全国人民团结一致抗日的经典黑白电影《地雷战》和《地道战》，到体现共产党人坚贞不屈的革命信念和献身精神的《烈火中永生》，抗战题材影视剧层出不穷，一方面激发了全国人民的爱国情感，另一方面也缅怀了为国献身的先烈，但其中也有很多滥竽充数、粗制滥造的作品，评价并不高。但2005年，一部名叫《亮剑》的抗日题材电视剧，自从登录中央一套黄金档播出以来，短时间内，火遍了大江南北，还催生了“嫁人就嫁李云龙，娶人就娶杨秀芹”的网络语。而短短6年之后，《亮剑》重拍上映，仍然取得很高收视率，那么，《亮剑》这强大的魅力在哪里呢？《亮剑》一方面好在导演和演员的表现上，这里没有手扔手榴弹炸飞机、没有飞刀消灭敌重炮、没有手撕鬼子、没有青春偶像，它体现了一个字——“真”。另一方面，更为重要的是这部剧的主角的鲜明个性吸引着观众，它是这部剧的实质内容。按主角李云龙自己的话说，他这一生“面对强大的敌手，明知不敌，也要毅然亮剑。即使倒下，也要成为一座山、一道岭”，这就是“亮剑”精神，一种敢于战斗、善于战斗的精神，一种自强不息、主动出击和锲而不舍的行动力，一种敢于负责、压倒一切的霸气。“亮剑”精神不但是一种勇往直前的精神，更是一种人性的升华。凡事争取就有百分之一的希望，不争取，成功的概率就只能为零，这正是军人“有血性”的体现。“有血性就是英勇顽强、不怕牺牲”“血性就是战斗精神，核心是一不怕苦、二不怕死的精神”。血性，历来被兵家所推崇。古代兵法讲“合军聚众、务在激气”，孙武提出“夺气”“攻心”为上，左宗棠认为“打仗以胆气为贵”，这个“气”就是军人的锐气、虎气、豪气、霸气、勇气和胆气，就是军人的血性，是新一代革命军人必备的职业素养。

一、军人有血性的重要意义

准备打仗是军队的基本职能，培养战斗精神，让军人具有血性对战争结果极其重要，这是一个永恒的话题。

(一)有血性是打赢战争的重要因素

战争从来是实力和士气、精神的较量，战斗精神是对战争胜败起决定性作用的主要因素。我军素以有强大的战斗精神闻名于世，创造了许多辉煌战绩。80 多年来，我军战无不胜、所向披靡，一个重要原因就是具有一不怕苦、二不怕死的血性胆气，这是我军取得辉煌战绩的重要法宝和特有优势。红色江山是党领导军队靠血性打出来的，人民军队的军威是用血性铸就的，将来打仗依然要靠这种血性来制胜。

(二)有血性是完成使命任务的精神利刃

俗话说“养兵千日、用兵一时”，随时准备遂行多样化任务是职业常态。使命任务是锤炼血性胆气的最好舞台，有血性的军人往往能在完成使命任务中迸发升华。不过有一些现象值得警惕，有的人叫着“刺刀见红”，但遇到险难危局却畏首畏尾、裹足不前；有的“敢打必胜”喊得震天响，关键时刻却上不去、掉链子；有的标榜“首战用我、用我必胜”，实战化训练演练却让位于面子、彩头和位子等等。这些假象是影响和制约完成任务的大敌。

军人更多的时候是在平凡的岗位上体现价值。作为一名普通官兵，我们面对的或许只是三尺哨楼和枯燥的重复。我们应该善于从单调的直线方块中寻找乐趣，敢于从重复的瞄准击发中追求极限，勇于从普通的站岗放哨中超越自我，积累培育血性胆气的底蕴。平时多吃苦，战时得胜利。在日常工作生活的严格要求中，一点一滴地锻造精神之刃，确保在急难险重任务面前能给党和人民交上一份合格的答卷。

有血性不仅是军魂的体现，还是个人发展壮大的精气神。在生活中，这种战斗精神也会帮助我们展现自我，直面问题，迎难而上，做出成绩，走好我们的军旅之路。

二、缺少血性的原因

在当今社会背景下，活动范围明显拓宽，活动能力显著增强，思想和心理在转型期的社会文化、社会意识的震荡和重建中受到了很大的冲击，呈现出复杂、多元的特点，以及积极面与消极面共生的现象。

（一）责任意识相对较弱

当代年轻人具有强烈的时代感，他们勤奋学习、追求新知、独立思考、锐意进取，对新时代的变革能做出快速响应并积极参与，对各种信息具有较强的捕捉能力，成为时代前进的一支生力军。但同时也出现了责任意识明显减弱的现象，表现在有的缺乏社会责任感，有的对国事漠不关心，有的缺乏艰苦拼搏的精神。责任意识淡薄，就谈不上奉献牺牲和勇于担当的责任感。

（二）辨别能力相对不足

大多数青年思想进步，积极参加社会活动，有着强烈的进取心。但在一些重大问题上，不少人缺乏辨别能力，难以自我把握，做不到自强不息和锲而不舍。

（三）实践能力相对欠缺

大多数青年人的认识与社会主流是相符的，愿为构建和谐社会，实现中华民族伟大复兴做出自己的贡献。但他们往往忽略了自身的素质修养，缺乏认真履职的精神，认识与实践容易脱节，口号也就成了空架子。现在有的官兵危不施训、险不练兵，面对岗位的枯燥，不是默默坚守，而是选择逃避。面对训练的艰苦，不是迎难而上，而是选择逃避，缺少军人的血性。

（四）集体观念相对薄弱

大多数青年人具有远大的理想和抱负，但是他们在价值取向上出现了从群体本位向个体本位转移的偏向，往往强调自我的意识较强，集体观念较为淡薄，全局意识更为缺乏。一旦一个人对团队精神缺乏深刻认识，在学习工作中往往就不能摆正自己的位置，就不会崇尚荣誉、爱护集体。

正是这些能力的缺失，造成了他们在面对困难时退缩，面对挫折时心灰意冷，面对使命任务时毫无动力，何提守家卫国！

三、军人血性的培养

血性的培养，关系到强军目标的实现，关系到军队战斗力的形成。

（一）提高使命意识，激发爱国热情

我国自然资源丰富，名山大川、海洋湖泊风景优美，令人惊叹。正是在这富饶的资源下，我国是四大文明古国中唯一挺立至今的，创造了辉煌的华夏文明。五千年悠久历史里有服章之美，有礼仪之大，有著书立说的学者，有逐鹿天下的英雄，有忧国忧民的老者，更有才华横溢的青年。这些独特的历史培育了我们中华民族勤劳善良的优秀品质和不屈不挠、英勇顽强的民族个性，怎么不值得我们用生命守护？

正因为如此，在屈辱的中国近代历史上，无数爱国志士和民族英雄，特别是共产党人，在长期反帝反封建的斗争中，艰苦奋斗，英勇顽强，不怕牺牲，敢打必胜，形成了伟大的革命精神。他们都是有血性的爱国志士，我们要从中全面继承战斗精神，结合新的军事实践进一步发扬光大。新中国成立，特别是改革开放以来，我国社会发生了翻天覆地的变化，到处呈现出一派欣欣向荣的景象，取得了举世瞩目的成就，更值得我们骄傲，值得我们守护。

（二）提高集体意识，激发荣誉意识

事实证明，一支具有优良传统的部队，往往具有培养英雄的土壤。英雄或是优秀军人的出现，往往是由集体形式出现，而不是由个体形式出现。理由很简单，他们受到同样传统的影响，养成了同样的性格与气质。军人的性格和气质给部队注入了灵魂。从此不管岁月流逝，人员更迭，这支部队灵魂永在。这是什么？这就是我们的军魂，我们国家进行了 22 年的武装斗争，从弱小逐渐走向强大，我们靠的是什么？我们靠的就是这种军魂。纵然是敌众我寡，纵然是身陷重围，但是我们敢于亮剑，我们敢于战斗到最后。一个手指没有力气，凑成拳头，就是力量。不管是什么任务，什么困难，团结在一起，就能击碎它，穿过它。

(三)提高决心毅力,激发必胜信念

信息化战争,是指科技战、人才战和智能战,但战争的对抗性、危险性和残酷性并没有丝毫减弱,发挥人的作用特别是勇武精神,仍然是基本的制胜之道。随着建设现代化军队的步伐加快,基层官兵的物质文化生活条件不断改善,但这些并不意味着艰苦奋斗的本色要改了,吃苦耐劳仍然是军人职业的本质特征。只有强化不怕苦累、牺牲奉献的精神,砥砺平时忘我、战时忘死的胆气,才能树好革命军人应有的样子。武艺练不精,不是合格兵。军人更多的时间在准备打仗,最多最大的实践就是习武练兵。要自觉把目光、精力、身体投在训练场上,用今天的精武迎接未来的战争。增强军事训练的真实性、检验性和适应性,从难、从严和从实战需要出发,锤炼战斗作风,砥砺战斗精神。通过闻鸡起舞,冬练三九,夏练三伏,练技能、练智能、练体能,人人有一招制敌的硬功,个个有一枪毙敌的真功。要加强心理教育和心理行为训练。增强战场适应能力、稳定能力和承受能力,在生与死、血与火的考验面前临危不惧、处变不惊。崇尚和弘扬"狭路相逢勇者胜"的决心、意志和精神,才能铸牢军队战斗力之魂。

练兵先练胆,铸剑需砺锋。只有这支部队有了血性,有了亮剑精神,才能担负起保卫祖国的重任,才能完成党和国家交给的各项使命任务,才能称得上是一支能打胜仗的军队。

第四节　勇于前行

勇于前行是军人必备的优秀品质。勇于前行,就是要敢于接受一切党和人民赋予的使命和任务,做到招之即来,来之能战,战之必胜。这也正是在实现中华民族伟大复兴、强国梦和强军梦的征程中,党和人民对英雄的人民军队赋予的历史使命。

一篇短文叫《继续赶路》,内容是讲一名少年背着砂锅前行,绳子断了，砂锅碎了，少年却头也不回继续前行。因为少年知道，碎了就是碎了，回头看也是没有用的。是啊，人生难道不是如此吗？不要因为失误而懊悔不前，因为后悔已经于事无补。我们要面对的是明天，过去的已经过去，时间不会因为我们的悔恨而停滞不前，流逝的岁月是再也挽回不了的。“是非成败转头空”，以前的辉煌和失败已经成为历史，现在我们能做的只是：继续前行，去创造更多的辉煌！成功，它不是在小小的失误后悔中得来的，它是你无数次冲击新的人生目标，辛勤努力的结果。

在社会生活中，没有一个人能够什么事情都一帆风顺，每个人都会在人生旅途中遭遇挫折。挫折对人的影响有消极的一面，也有积极的一面。它既可以使人产生焦虑、悲伤、冷漠的情感和攻击性行为，也可能激起个人的斗志，磨炼心性，更好地适应和改造环境。

挫折对人的影响究竟是积极的还是消极的，取决于个人对挫折的认识、态度和方式。对有的人而言，一个小小的挫折可能是灭顶之灾，而对别的人而言，挫折和灾难却是人生的一笔宝贵的财富。

一、挫折对心理健康的影响

在军旅生涯中，难免会遇上挫折。有句话“什么是路，路是从没有路的地方走出来的，是从有荆棘的地方开辟出来的。”一帆风顺的人生很少，大多数成功的人生都是从挫折中产生的。只有战胜挫折，梦想才可能实现，成功才可能属于我们。

（一）挫折对心理健康的消极影响

挫折对心理健康的消极影响主要表现在：(1)挫折使人处于紧张状态：当我们受到挫折后，就会觉得自己对环境有一种不适应。这种不适应使我们处于无所适从的焦虑和紧张状态。(2)挫折使人产生消极情绪：人的情绪活动一般包括积极的情绪和消极的情绪（正面情绪和负面情绪）。挫折是指人们的需要得不到满足、目标不能实现时的心理状态和情绪反应。因此，伴随挫折产生的几乎都是消极情绪反应。(3)挫折影响自我观念：过多的挫折会影响个体对自我的看法，让人失去自信心，导致自卑和自我厌恶。这些消极的自我观念又让人懒于行动，自暴自弃甚至自责轻生。

(二)挫折对心理健康的积极影响

挫折对人的心理健康也有积极效应:(1)挫折使人能动地认识世界。面临挫折,人们会重新考虑达到目标的主客观条件,分析挫折的原因,从而找到排除挫折的方法。人类认识上的每一次飞跃都是建立在一定挫折的基础上的。没有挫折,就没有认识上的进步和飞跃。(2)挫折让人反省自身。挫折可以增长经验,经验能够丰富智慧。人们对自身的认识是伴随着挫折而发展的。在挫折中,人们对自己的个性特点、行为能力、行为动机等都会有更深入的了解,从而学会适当地自我评价和自我控制。(3)挫折让潜能发挥。挫折是对个体潜能的挑战,面对挫折,个体会最大限度地动员身心潜能,使自己的知识经验、智力水平和心理状态达到最佳状态,从而冲破障碍,实现目标。

二、应对挫折的方法

在人的一生中,会遇到不计其数的挫折,这些大大小小的挫折在程度和持续时间上不尽相同,有的短暂,有的持久,有的轻微,有的强烈。

面对挫折,不同的人会有不同的挫折耐受力。挫折耐受力是指个人遭受挫折时,经受打击或承受挫折的能力。能经受挫折的打击,以良好的心态适应环境和人际的变化,坦然面对挫折,保持正常的心智活动,是心理健康的标志之一。

(一)分析挫折种类

当我们遭遇挫折时,首先应学会分析挫折的种类,再选择适当的方式来战胜它。青年军人中较常见的挫折有环境适应的挫折、健康的挫折、学习训练的挫折、自我完善的挫折、恋爱的挫折和人际交往的挫折等等。这些挫折的产生有的是外部原因引起的,如自然灾害、家庭环境、教育程度、生活待遇、亲人离别、疾病困扰、人身攻击等,有的是内部原因引起的,如个体差异(自卑、紧张、抑郁和孤僻等)、应对经验不足和自我评价不当等。例如,小李是班里非常出色的一名战士,无论是军事训练还是文体活动,他都表现出极大的兴趣和较高的能力。为了迎接一年一度的投弹比赛，小李练得更勤了，别人休息了他还在偷偷练习。谁知，比赛那天，平时各方面都不如小李的小张却得了第一名，小李连名次都没有。为此，小李想不开了，他觉得特别丢脸和失望，在别的战士面前抬不起头来。这就是典型的学习训练的挫折。

（二）积极看待挫折

军人应以积极的态度看待各种挫折。不同的心态，会对发生的同一事件产生不同评价，也会对今后的人生之路产生重大影响。遭受挫折时，积极的心态能使人保持正常的智力水平，产生良好的情绪反应，选择正确的应对方式；消极的心态使人悲观失望，意志消沉，稍遇不顺心的事就自暴自弃、万念俱灰，不能正确地分析和处理事件。

只有拥有充分自信、乐观和积极的心态，我们就会发现，挫折其实是人的一笔财富！例如，病房里躺着两个美丽的女病人，她们都因为难产而接受了剖腹产手术。手术使得她们的腹部留下了一道永远不会消除的难看伤痕。一个女人是时装模特，她非常伤感，常常泪水涟涟地说："这可恶的伤痕使我不再完美，我的一生就此完了，我讨厌这个孩子，他毁了我的事业！"而另外一个女人却笑盈盈地对人说："我感谢这伤口，它使我拥有了两个美好的生命——我的生命和我孩子的生命。看到这个伤口，我就想起我那可爱的孩子，我感谢它！"可见，积极看待身边的每一件事，对个体具有正效应。

（三）换个角度看挫折

挫折不过是让你知道某种方式不能达到某种目的而已。常言道：吃一堑长一智，经过一番挫折就会长一番见识。对锲而不舍、坚持不懈的人而言，每一次失败都意味着他离成功又近了一步。所以如果换一种角度去看待挫折，你就会发现获得成功的新方法。例如，有个年轻人为贫所困，便向一位老者请教。老者问："你为什么失意呢？"年轻人说："我总是这样穷。"长者道："你怎么能说自己穷呢？你还这么年轻。""年轻又不能当饭吃。"年轻人说。老者一笑："那么，给你一万元，让你瘫痪在床，你干吗？"年轻人说："不干。"长者说："把全世界的财富都给你，但你必须现在死去,你愿意吗?”年轻人道:“我都死了,要全世界的财富干什么?”老者说:“这就对了,你现在这么年轻,生命力旺盛,就等于拥有全世界最宝贵的财富,又怎能说自己穷呢?” 年轻人一听,又找回了对生活的信心。

(四)走出情绪低谷

当遇到挫折时,我们常常会感到心情烦躁、郁闷和沮丧。这些不良的情绪状态会影响我们的判断力,使我们低估自己,从而使得我们在工作、训练和生活中产生畏难的情绪,变得萎靡不振,惧怕困难。其实,遭遇挫折并不可怕,可怕的是我们对待挫折的消极态度。我们只要走出失败的阴影,坚定必胜的信念,积极采取相应措施,就没有什么困难克服不了,就没有什么挫折不可以战胜。

人人都有处于人生低谷的时候,关键在于努力把握自我。岁月是一棵枝干纵横的大树,而生命是其中飞进飞出的小鸟。即使有一天,我们遭遇了人生的冷风冻雨,我们的心已经不堪承受,那么,也请我们等一等,要知道,这棵大树正在生活的背风处,为我们站出一种春天的气象,一点一点地靠近我们。是的,只要我们肯去等一等,生活的美好总会在我们不经意的时候,盛装莅临。

当挫折到来时,如果我们认为它是一种灾难,那么就会心灰意冷,陷入万劫不复之地;如果我们认为它是一种考验,那么就会振作起来,以勇士的姿态向着美好的方向前进,做一名勇于前行、不畏艰险的新时代军人。

【故事专栏】

宁死不屈的卢象升

1638 年,清军进攻明朝首都北京,形势极其严峻。而此时明朝政府能够调动的部队只有还在为父亲服丧的将军卢象升和他的五千残兵。此去凶多吉少,然而,卢象升依然义无反顾地率领着手下的将士出征。

来到战场，卢象升发现自己面对的是十倍于己的八旗精兵，粮草充裕。而自己仅有只够维持三天的粮草和五千残兵。弄清眼前形势的卢象升，走出了大营。他召集所有的部下，对他们说了这样一番话：我作战多年，身经几十战，无一败绩，今日弹尽粮绝，敌众我寡，而我决心已定，明日出战，愿战者随，愿走者留，但求以死报国，不求生还！

次日，卢象升率领五千人，向前进发，所部皆从，无一人留守。出发的时候，卢象升身穿孝服，这意味着，他没有打算活着回来。前进时遭遇清军主力部队，作战开始。面对强敌，卢象升毫无畏惧。他列阵迎敌，与清军展开死战，双方从早上，一直打到下午，战况极为惨烈，卢象升率部反复冲击，左冲右突，清军损失极大。在这天临近夜晚的时候，卢象升明白，败局已定了。他的火炮、箭矢已经全部用尽，所部人马所剩无几。但他依然挥舞马刀，继续战斗，身中四箭、三刀。他因负伤力竭而死，尽忠报国而死。卢象升殉国之时，才刚满四十岁。他死的时候，身边的一名亲兵为了保住他的尸首，伏在了他的身上，身中二十四箭而死。

【故事感悟】

卢象升虽是几百年前的人物，但他代表了我们中国军人的形象。我军进行了二十二年的武装斗争，从弱小逐渐走向强大。我们靠的是什么？我们靠的就是我们军队广大指战员的战斗意志。纵然是敌众我寡，纵然是身陷重围，但是我们敢于亮剑，我们敢于战斗到最后一人。一句话，狭路相逢勇者胜。亮剑精神，就是我们这支军队的军魂。剑锋所指，所向披靡！

第五章 人际交流

人际交流(interpersonal communication)是人与人之间进行信息和情感互换的过程。军队是为政治目的服务的正规武装组织,是国家政权的主要成分,是对外抵抗、对内巩固政权的主要工具,是执行政治任务的武装集团。军队人员在执行各种任务中,信息的传递是完成任务的重要保障,为此,人际交流的畅通与和谐就成为军队做好各项工作的基石。了解人际交流的基本知识和掌握人际交流的方法、技巧对于构建有执行力的和谐军营、帮助官兵健康成长和发展进步具有重要意义。

第一节 交流效应

交流(communication)是指个体通过一定的语言、文字或肢体动作、表情等表达手段将某种信息传递给其他个体的过程。交流是为了沟通,而良好的沟通可以帮助我们建立起和谐的人际关系。著名人际关系学家卡耐基对2000多名成功的名人做过追踪调查,他发现一个人事业上的成功,15%取决于专业知识,而85%则取决于人际关系。在平时的心理咨询当中,我们也发现战士们诉说最多的苦恼就是人际冲突。现代社会的人际关系日趋复杂,而现代人对人际情感的需求又较任何时候都更为强烈。因此,人际交往的重要性也就越来越为人们所认识。社会变迁、环境改变、职业选择、工作和生活适应等,对维护身心健康,建立起一个

得不到友谊的人将是终身可怜的孤独者。没有友情的社会则只是一片繁华的沙漠。

——培根

稳定的人际关系至关重要。人际关系是人的一生中不可缺少的重要资源，而要建立良好的人际关系，就需提高人际交流的效应。

一、交流效应的概述

交流效应（communicating effect）就是人与人交流中产生的效果。随着现代社会的发展，交流的方式也越来越多。从古代的飞鸽传书到现在的微信、QQ，交流的形式越来越多元化，这使得人与人之间的沟通越来越便利。但在众多的交流形式当中，最常见、最有效的方式还是面对面的语言交流。因为当我们面对面交流的时候，我们不仅可以听到对方传达的信息、语音、语调，还可以看到对方说话时的表情、肢体动作，这些都可以帮助我们更好地理解对方想要表达的意思。

军营这个大环境相对封闭，大家从五湖四海聚到一个部队里，就不可避免地要在这个大的群体中学会如何与人相处，与人交流。有许多战士反映，部队里大家的相处模式与自己之前在学校或是在社会上的相处模式大不相同。在学校或社会里，我们可以有选择地与别人相处。谈得来就成为朋友，谈不来就当陌生人。而在部队里，我们接触的人相对固定，这在对象选择上会少了很多空间。部队的生活比较艰苦，训练任务和各种公差勤务很多，如果不能很好地融入这个集体当中，遇到困难就会显得更加无助。这个时候，如果有战友可以倾诉，就能更快地帮助我们走出困境。那么，军人应该掌握哪些原则和方法才能有效提升交流效应呢？

二、有效交流的原则和方法

有效交流能创造和谐，赢得人心，它能够凝聚出一股士气和斗志。这种士气和斗志，就是支撑军营大厦的中坚和脊梁。有了这样的中坚和脊梁，必定人心所向，创造佳绩。有效交流也能让战友之间和谐相处，互助互爱。

（一）有效交流的原则

1.尊重。尊重包括尊重自己和尊重他人两个方面。尊重自己就是维护自己的人格，自重、自爱。尊重他人就是尊重他人的人格、感情、愿望、习惯和爱好等。士兵相互尊重，所在集体就会团结，凝聚力就高。军人相互轻视，所在集体就会离心离德，凝聚力就低。

2.理解。理解是人际沟通、人际交往的必要条件。包括了解他人的处境、心情、特点、爱好、需求等，还包括尽量给他人以关心、帮助和方便，多为他人着想，处处体恤他人等。军人间彼此理解，相互谦让帮助，人际关系就会和谐。军人间彼此误会，相互指责怨恨，人际关系就会恶化。

3.真诚。真诚是人际交往得以延续和深化的保证。军人间只有真诚相待，才能使彼此放心，相互信任，才能相互理解，在感情上产生共鸣，使交往关系得以发展。

4.宽容。宽容就是与人交往时在非原则问题上不斤斤计较，对人包容悦纳。军人间要善于从个人私利的小圈子里解放出来，只要心里经常装着集体、想着别人，就能与更多的战友建立真挚深厚的情谊。

（二）有效交流的方法

1.培养成功交流的心理品质。军人人际关系的好坏并不仅仅是一个简单的技巧问题，它是军人综合素质的一种体现。因此，军人平时要注意生活中的一言一行，努力提高自身修养，培养宜人性格。

2.培养积极的交流心态。军人人际交往的心态共有四种，即“我不行，你行”“我不行，你也不行”“我行，你不行”和“我行，你也行”。“你行，我不行”是一种自卑怯弱的心态；“我行，你不行”是一种狂妄的心态；“我不行，你也不行”是一种悲观的心态。前面这三者均属人际交流中的不良心态，均会对军人的人际交流产生消极影响。只有第四种心态“我行，你也行”才是军人人际交流的积极心态，在这种心态下，军人间才会真正做到彼此尊重、彼此欣赏，确立彼此间健康的交往关系。

3.进行敏感性训练。敏感性训练是通过语言交流的方式让参加的军人真实体验“此时此地”的情境，学会理解他人的真实感受，进而改善其人际交流技巧的训练方法。具体做法是，由5～15个人组成，包括一名心理骨干，训练时间为1～4周，活动的主要方式是语言交流。活动刚开始时，军人之间以谈论这种活动的意图为起点，逐渐扩展到想解决的和感兴趣的问题。当活动进行一段时间后，军人之间的信任感增强，大家会撕掉伪装，更真诚地暴露自己。每个军人能够看到自己本来的样子，然后在其他战友的支持和理解下接纳真正的自我。参与者也可以通过战友提供的一些看法、角度，学会更加精确地掌握和理解别人的情绪和行为的意义，并学会如何做出正确的反应。随着沟通的深入，会逐渐了解自己的问题和别人对自己当时表现的真实看法，最终建立起军人间的信任感，并消除他们自己在以往沟通方面所存在的不足。

4.尝试角色扮演法。角色扮演是通过变换角色的方法，让军人能够站在一个新的位置，以新的视角去体验、了解和领会别人的内心感受，进而提高其理解他人的能力，纠正其不当行为的心理训练方法。

连队里经常会组织轮流当骨干的活动，目的就是为了让大家能够换位思考，充分理解班长、骨干工作的不容易。战士小陈是个新兵，他对班长一直意见很大，认为班长管理太严格，要求太多，不近人情。刚好赶上轮流当骨干活动，小陈在一周时间里负责当班长，这可把他乐坏了，他决心要当个人见人爱的好班长。几天下来，小陈发现情况并不乐观。由于他态度比较温和，大家在集合站队时松松垮垮，没有纪律意识。他所在的班级也因为内务和卫生评比太差，被连续批评好几次。这让他很郁闷，也开始质疑自己的管理方式。后面几天，他尝试着班长以前管理他们的方式进行管理，情况大有好转。一周后，当他交接的时候，他找到班长，对他说："班长，真的只有自己当了班长之后，才能理解你的不容易，现在我完全能够理解你的辛苦，以后我会更加努力地配合你的。"角色扮演能够让一个人充分体会到对方的感受。要想与他人和谐相处，不妨从对方的角度去考虑问题，站在对方的立场上去理解和包容。

5.实践利他行为。利他行为是指人际交往过程中，无私帮助他人而不指望得到任何外在奖励的行为。在军人中实践利他行为有助于提高他们所在集体的凝聚力，并能增强他们的义务感，从而坚定信念和树立良好的价值观。

第二节 交流技巧

军队是军人之家，在这个大家庭里，我们不仅要把自己的思想、情感和信息传递给别人，又要解读他人的思想、情感和信息。这种交流是军营生活中提升自我、成长进步和获得成功的一个不可或缺的条件。有效的交流是我们事业成功的一半，军人掌握了交流技巧，并在工作、生活和军事活动中灵活应用，就能更有效地交流信息，表达情感，密切人际关系。交流技巧并非是与生俱来的，因此军人要把握任何一次学习的机会，以下提供一些与交流技巧相关的知识。

一、交流技巧的概述

交流技巧（communication skill）是指人具有收集和发送信息的能力，能通过书写、口头与肢体语言的媒介，有效并明确地向他人表达自己的想法、感受与态度，亦能较快、正确地解读他人的信息，从而了解他人的想法、感受与态度的技能。交流一般需要四个步骤：

（1）倾听。用耳朵听的同时，用你的表情和肢体告诉对方“我在听”；

（2）核对。通过重复或反问来确定你听到的内容，“您的意思是……”；

（3）思考。用大脑思考刚刚听到的信息并组织你要回复的语言；

（4）回复。用准确具体的语言表达你真实的意思。

有效的交流对发送者来说，必须清楚地认识到交流的目的。对接受者来说，则必须学会如何听，不但要听懂信息的内容，而且要能够听出发送者在信息传递中想要表达的感情和情绪。

在一个团队中，要进行有效的交流，必须先明确交流的目标。由于整个团队都着眼于完成同一个目标，这就使交流有了一个基础。在这个基础上，大家各抒己见，在出现交流困难时，一定要注意回归到交流的目的上，也就是团队的共同目标上，这样才可以让整个团队凝聚起来，共同完成任务。

连队里各个班之间经常会开展各类比武,作为集体的一员,我们肯定希望自己所在的班级能够获胜。在比赛前,大家对安排谁来参加比赛这个问题会产生不同的意见,大家都想积极地参与活动,为班级争光。可是参加的人数有限,这时候往往就会产生分歧。出现这种情况时,大家可以考虑一下比赛的目的是什么,是为了班级获胜而不是为了展现个人的能力。为了这个共同的目标,大家就能够理性地思考,选出成绩最优秀的代表参赛,为班级的集体荣誉牺牲自己表现的机会。在一个团队中,出现交流困难时,只要提醒大家团队的共同目标,就可以很好地处理交流上的困难,让大家团结起来,一起为了集体的利益而努力。

你身边一定有这样的战友:他们开朗、活泼,人见人爱,他们不管是和一个人聊天还是和一群人交流,都能够很好地“hold”住场面,各种话题聊起来都游刃有余,他们就像是天生的交流“达人”。其实,交流是有技巧的,只要你掌握了以下的技巧,你也可以做一个交流“达人”。

二、交流的技巧

(一)学会倾听

我们每天都在听别人讲话,但是你真的会倾听吗?倾听是一门艺术,需要我们耐心地去听,听的方式不同,会直接影响谈话的效果。最好的方式是能够站在对方的立场上,投入到对方的情感中,集中精力了解对方的谈话内容,同时要做出适当的反应。谈话时应当表情自然,经常与对方交流目光,适当地用点头,或是微笑来表示你很乐意倾听。这样,别人才能更有信心地继续讲下去。如果有疑问,我们也可以在对方停顿的时候提出,这样对方会感到你在认真地听,并且对他的话很重视。另外,倾听的禁忌是:对谈话内容漠不关心;只听内容,忽略感觉;无故打断对方的谈话。好的倾听是交流成功的一半,所以,如果你想与别人很好地沟通交流,那么,你首先要做一个很好的倾听者。

(二)把握交流内容

在日常交往中常常有人感慨自己不善言辞,口才欠佳。其实,在与人交谈时，要使别人对你说的话感兴趣，还需要掌握一定的技巧。首先，在谈话开始前要选择适当的话题。话题的选择要考虑到对方的年龄、性格、生活环境和文化水平等等。谈话的内容要符合当时的环境，要使话题能够提起对方的兴趣，让你们的谈话可以继续下去。其次，表达要清晰明了，用最简单的语句表达自己的意思，不要反复说同一个意思，让谈话变成你自己的演讲，要给对方发表意见的机会。最后，在交谈时态度尽量谦虚有礼，不要总抢话题。

（三）注意语音、语调

一次成功的交谈不仅仅取决于谈话的内容，而更多的是取决于交谈者的语气。同样的一句话，用不同的语音、语调说出来会有不同的效果。所以我们在交谈的时候要注意语音、语调和说话的语气，尽量使自己的语音、语调和自己要表达的意思一致。不要让对方产生误解。例如，你在表扬对方的时候，语气要真诚，如果你用不屑的口气，或者用讽刺的语气，可能对方就会以为你在挖苦他，这样一来，你想要传达的意思就被对方误解了。一般情况下，柔和的声调表示坦率和友善，在激动时自然会有颤抖，表示同情时略为低沉。不管说什么样的话，阴阳怪气的语气，就显得冷嘲热讽；用鼻音哼声，往往表现傲慢、冷漠、恼怒和鄙视，是缺乏诚意的表现，会引起别的人不快。

（四）关注眼神交流

目光接触是人际间最传神的非言语交流。“眉目传情”“暗送秋波”等成语形象地说明了目光在人们情感和信息交流中的重要作用。交往中，适当的目光接触可表达对彼此的关注。如果在交谈时，你感觉看着对方的眼睛太尴尬，不妨试着将眼神定位在对方的鼻子周围。有研究显示，交谈时，如果将眼神定位在对方的鼻子周围，会让对方觉得你的注意力很集中，同时又避免了直视的尴尬。

（五）了解肢体语言

肢体语言是指通过头、眼、颈、手、肘、臂、身、胯、足等人体部位的协调活动来传达个体的思想，形象地借以表情达意的一种沟通方式。达·芬奇曾经说过，精神应该通过姿势和四肢的运动来表现。同样，在人际交往中，人们的一举一动都能体现出特定的态度，表达特定的含义。人的思想感情会从身体的姿态中反映出来。在交流中，如果身体略微倾向于对方，表示热情和兴趣；微微起身，表示谦恭有礼；身体后仰，显得若无其事和轻慢；侧转身子，表示嫌弃和轻蔑；摆手，表示否定；双手往外推，表示拒绝；挠头，表示困惑；搓手，表示紧张等等。

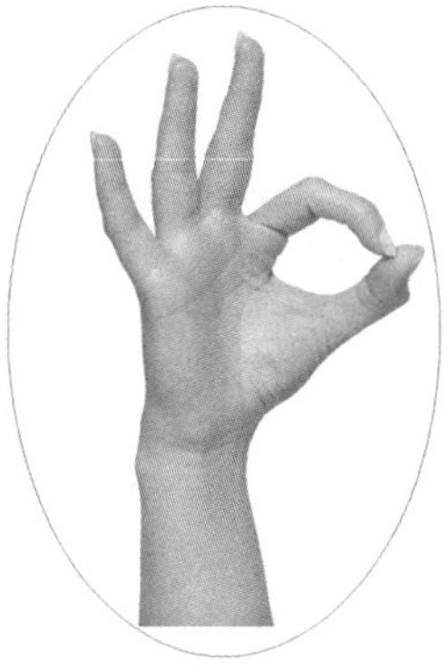
图 5-1 "OK"的手势

在交流中，要注意手的动作，切记不要用手指着对方，这是非常不礼貌的。而和不同的人在一起，肢体语言的表达也要不同。如果和朋友在一起，就可以适当地轻松些，拍拍肩膀等都是表示亲密的意思，而和上级在一起就不能随便地有肢体的接触了。另外，不同国家的人对同一手势的理解也不同，例如对于环形手势"OK"(图 5-1)，西方人和中国人认为是"好的，一切没问题"；法国人认为它代表"零、一无所有或毫无价值"；日本人把它当成"金钱"；土耳其人和巴西人则把它当成一种侮辱性的手势。可见，肢体语言有时也决定着我们沟通交流的成败。

(六)注意服饰穿着

人的衣着在人际交流中也起着传递信息的作用。意大利影星索菲亚·罗兰曾说："你的衣服往往表明你是哪一类型的人，它代表你的个性，一个与你会面的人往往会不自觉地根据你的衣着来判断你的为人。"衣着本身是不会说话的，但是人们常在特定的情境中以穿某种衣服来表达心中的思想。所以，在不同的场合选择不同的衣服也是人际交往中很重要的课题。平时可以穿着休闲舒适、感觉适合自己的衣服。而在正式的场合就一定要选择正式的服饰进行搭配。

(七)调整谈话的距离

心理学家发现，任何人都需要一个能够把握的自我空间，空间的大小因性格、个人背景和环境等的不同而异，并且不容他人侵犯。

有学者做过一个有趣的实验:在空荡荡的大阅览室里,一位读者刚刚坐下,这位学者就坐在了他的旁边。如此实验了80次,结果没有一个人能够接受一个陌生人紧挨着自己坐下,绝大多数都换了一个远一点的位子坐下,有的人甚至直截了当地问:"你想干什么?"

以下四种距离,区分了人与人之间的交往关系。对号入座,会有助你把握与不同人交往的人际距离:(1)亲昵区(私密空间):两人间距不超过0.45米,可谓形影不离;(2)个人区(私人空间):0.46米~1.2米,这种距离看起来也非常亲密;(3)社交区(社交空间):1.2米~3.6米左右,这是我们最常见到的人际交流中的空间距离;(4)公众区(公共空间):3.6米以上,这是面对一个可望而不可即的人,或是面对一个群体的距离。

我们在交往中最感轻松的区域,便是社交区。小于这个距离(1.2米~3.6米),会令我们感到过于暴露、压力过大,而大于这个距离,则可能给彼此交流带来困难。

(八)掌握"三A"法则

美国学者布吉林教授等人,曾经提出一条在人际交往中的"三A"法则,这个法则能有效提升交流的绩效。

1.第一个A(Accept):接受对方

每个人都有不同的个性特征,都有自己的优点和缺点。我们在与人相处时,要能够意识到这点,并且在日常的交往当中以正确的态度对待别人的不同。首先要学会接受,然后你就可以更好地发现对方的优点,以一颗包容的心更好地与对方相处。

2.第二个A(Appreciate):重视对方

在对方说话的时候,要注意倾听,及时给予回复,在表情和肢体上都要表现出你在专心听。如果你没有用心听,你的表情和动作会出卖你,而对方可以感受到你的心不在焉,久而久之,对方也就没有了倾诉的愿望,你们的交流就会不欢而散。

3.第三个A(Admire):赞美对方

任何人都喜欢听到别人的赞美。如果对方在交谈中说到自己骄傲自豪的地方，不要吝啬你的赞美，一句简单的赞美就会立刻拉近你们之间的距离。不过，要注意，你的赞美一定要是发自内心的，不要刻意去阿谀奉承，有时候不真心的赞美比不赞美还要糟糕。

（九）真诚微笑

微笑来自快乐，它带来的快乐也会创造快乐。在与人交流的过程中，微微笑一笑，双方会从发自内心的微笑中获得这样的信息："我是你的朋友"。微笑虽然无声，但是它说出了如下许多意思：高兴、欢悦、同意和尊敬等。如果你想提升自己与人交往的能力，请你时时处处"把笑意写在脸上吧"。

第三节　沟通促进

沟通促进（communion facilitation）是指推动人与人之间、人与群体之间思想与感情的传递和反馈，以求思想达成一致和感情的通畅。沟通既是人际的交流，也涉及组织之间的交流，因此了解沟通促进的影响因素和学会沟通促进的方法就显得尤为重要，否则就会"沟"而不"通"，难以建立起和谐的人际关系。

部队是一个大家庭，官兵之间的和谐沟通，不仅是保障官兵日常工作、学习和身心健康的有效途径，更是战时官兵齐心协力，提升战斗力，保证完成任务的重要保障。

一、沟通促进的影响因素

（一）邻近效应

邻近效应指的是空间距离越近，人与人之间越容易沟通交流，更容易建立情感联系。心理学家扎荣茨等人做了关于纯粹接触效应的研究。在这个研究中，扎荣茨向被试展示了他人的面部照片，有些照片被呈现二十五次之多，而有的则仅仅被呈现一两次。然后，研究者们调查了学生对照片的喜欢程度以及对照片上的人的喜欢程度。结果发现，一个人的照片被呈现的次数越多，被试对这张照片就越喜欢，对照片上的人也越喜欢。如果你想与某人交流，并被他喜欢，不妨提高你在他面前的曝光率。

（二）人品效应

春秋战国时期，伟大的思想家孔子，出身卑微，三岁丧父，十六七岁失母，受到当时贵族社会的排挤。困苦的境遇激励孔子奋发向上。他一面谋生，一面刻苦学习，困知勉行，不耻下问，谦恭知礼。于是很快在社会上包括贵族中获得声誉和尊重。孔子晚年闭门治学，潜心研究礼义，致力于讲学与著述。他的儒学思想赢得子孙后代和世界人民的尊崇。孔子之所以有如此的魅力，有如此众多的弟子追随他，主要是被他那渊博的学识和道德思想所吸引。在人际交往中，一个人是否是人们喜欢沟通交流的对象，不仅与他的相貌、学识、观点和爱好有关，而且也与他的上进、刻苦、自勉和谦逊等人格品质密不可分。军人的真诚、信任、热情、支持、帮助、幽默、宽容和乐于助人的品质，特别是真诚，能促进人际交流。虚伪、不尊重人、自私自利、报复心强、猜疑心重、苛求于人和骄傲自大的品质，特别是虚伪，会破坏人际交往。

（三）犯错效应

你知道吗？小小的错误会使你更有人缘，人们更愿意与你沟通交流，这就是犯错效应。心理学家阿伦森等人的实验证实了这点。在实验中，他们给被试呈现了四种人：①才能出众但会犯错的人；②才能出众但不犯错的人；③才能平庸但犯错的人；④才能平庸但不犯错的人。然后让被试评价哪一种人更有人缘，结果表明，才能出众但会犯错误的人被认为最有人缘。所以，在平时的交往中，不要力求万事都做到完美，有时候犯点小错会让你更有人缘。

（四）相似效应

人与人之间的相似，使彼此之间有更多沟通交流的话题，会引起喜欢、吸引的情绪或态度，这就是相似效应。也就是说，人们普遍都会喜欢那些与自己相似的人，这里的相似包括人口统计特征、文化、个性、态度、信念、爱好、信仰、社会阶级、种族、国籍等多方面的相似。相似性对人际沟通交流起到很大的作用。有句话叫“物以类聚，人以群分”，人们更喜欢与那些在各个方面和自己存在着某种程度相似的人沟通交流。“志同道合”“门当户对”“同病相怜”的人更容易谈到一起，走到一起。军营生活中，球友、技术能手、射击标兵和老乡之间往往有更多沟通交流的话题。

（五）美感效应

亚里士多德说：美丽是比任何介绍信更为巨大的推荐书。毫无疑问，一个好的相貌在人际沟通交流中起到很大的作用，因为人们总是趋向于美、感知美和接触美。可见，外在的美是沟通促进中的重要因素之一。不过泰戈尔也说：你可以用外表的美来评论一朵花或一只蝴蝶，但你不能这样来评论一个人。也就是说，人不仅要有外在美，还应该有内在的美。我们不仅要注重自己的仪表，还要注意修炼自己的个性，使自己成为一个内外兼美的人。

军人应该注意自己的军容军姿，比如：自己的着装、举止、称呼和礼节等，以及站姿、坐姿和走姿。这些反映了军队的精神面貌、军政素质和文化教养，是战斗力的一种表现。军人必须自觉做到着装整洁、举止端正、精神振作、讲文明、有礼貌、守纪律、遵守社会公德、热爱人民、拥护中国共产党和人民政府。良好的军容军姿，对维护军队荣誉和国家尊严，建设社会主义精神文明，具有重要的作用。

（六）互补效应

互补效应指的是双方在交往沟通时所产生的相互满足的心理状态。在交往中，双方的需要和满足途径正好成为互补关系时，双方会产生强烈的沟通意愿，同时，由于报答效应，人们可能从这种相互报答中建立起感情。军营中官与兵之间、老兵与新兵之间，由于年龄、军龄、阅历和经历等的不同，他们之间更多的是通过互补效应搭建了彼此的沟通平台，建立了情感联系。

二、沟通促进的方法

(一)主动沟通交流

根据人际互动原理,别人是没有理由无缘无故对我们感兴趣的,如果想赢取别人的注意力,与别人建立良好的人际关系,就必须克服害羞,主动沟通交流。积极主动地与人沟通,往往会拉近与他人的心理距离,甚至能够化“敌”为友,化干戈为玉帛。

心理学研究发现,人们不能主动沟通交流的原因有两点:一是缺乏自信,害怕自己的主动不会引起别人的积极响应,从而使自己陷入窘迫、尴尬的境地,伤及自尊心。在现实生活中,每一个人都有交往的需求,自己主动而别人不响应的情况是极少见的。一个非常有趣的现象:在硬座火车的“隔间”里有六个人,如果这六个人里至少有一人主动与他人攀谈,那么他们必定会谈得热火朝天,一路上充满欢声笑语;反之,没有人主动和他人交往,那么从起点到终点,他们只能处在无聊的气氛中,最后人人都闭目养神。二是人们对主动与他人交往有很多误解。有的人认为“先同别人打招呼,显得自己降身份”,或“我麻烦别人,人家肯定会烦的”,或“他又不认识我,怎么会帮我的忙呢?”等等。在平时生活中,这些观念会起负性作用,阻碍了人们采取主动交往的方式,从而失去了很多与别人沟通、发展友谊的机会。

想与人和谐沟通,获得友谊,建立情感,你就必须克服以上两点束缚。要知道“尝试是成功的先导,主动是成功的开始”。当你采取积极的方式与人沟通时,你会发现:主动和别人打招呼、攀谈很少不引起别人对你的重视,而沟通交流也就显得如此容易了。

(二)适当自我暴露

“自我暴露会增加喜欢”,这是美国社会心理学家西迪尼·朱亚德通过一系列实践得出的结论。所谓“自我暴露”就是把有关自我的内部信息传递给对方,让别人最大限度地了解自己。而向别人死死封闭自我,其本身就是一种示弱。所以,要想让自己更有魅力,首先要善于向对方敞开胸怀,给别人走近你,了解你的机会。

笔者记得读军校的时候，八个人一个宿舍，大家每天一起吃，一起睡，一起上课，一起训练，可以说是朝夕相处。宿舍的战友来自不同的城市，有着不同的生活经历和不同的生活习惯，大家生活在一起难免会产生摩擦。每当这个时候，如何处理寝室间摩擦就变得很重要。我报到得比较晚，和另一个宿舍晚到的姑娘玩得很好。有一次开寝室大会，我们宿舍人突然提出让我不要和其他寝室的人玩得太好，让我和那个姑娘绝交，原因大概是看那个姑娘不顺眼之类的。会后，我很纠结，我很希望能融入这个寝室里，同时又不想失去最好的朋友。考虑了很久之后，我把自己的顾虑告诉了我的好朋友。谁知道她竟然主动找我们宿舍的人一起吃饭，询问了自己有什么地方做得不好，也承认自己有时候会有小姐脾气，还向大家讲述了自己的生活经历。原来，她从小在外公外婆家长大，父母在边疆驻守，很少回家，所以家里人就比较宠着她，养成了她现在的小姐脾气。最后，她笑着对大家说："我会努力改正的，请大家监督。"那顿饭之后，宿舍里的人都和她成了关系很好的朋友，我也很庆幸能够继续和她做朋友。自发地、有意识地向他人暴露自己真实的信息，是心理健康的表现，更是建立亲密关系的前提条件。不过，习惯于喋喋不休地向他人谈论自己的私密，也会被他人看作是适应不良的自我中心主义者。有学者认为，理想的模式是对少数亲密的朋友做较多的自我暴露，而对其他人做中等程度的暴露。

（三）学会宽以待人

汉光武帝刘秀在河北与占据邯郸的王朗争斗时，因王朗势力较大，刘秀内部有些人与王朗私下往来，以寻求后路。当刘秀消灭王朗之后，缴获不少刘秀部下与王朗私下交往并辱骂刘秀的书信，刘秀故意不去翻阅，让人把那些书信全部烧掉，事后还重用一些的确有才干的人。于是那些与王朗有过往来的人不仅打消了顾虑，而且对刘秀的宽容大量感激涕零，从此便一心一意追随刘秀。这个例子告诉我们，宽容别人是人际沟通不可或缺的要素之一，在处理人与人之间关系时，要有豁达的胸怀，以德报怨，平心容人。刘秀这种对人宽容大量、不加报复之心的举动，正是体现出了宽以待人具有的强大吸引力。

在军营这个大家庭里，彼此之间难免会磕磕碰碰、会有冲突和矛盾，以宽宏大度的态度来对待战友，这不仅包含着理解和原谅，更显示着气质和胸襟、坚强和力量。一个不会宽容，只知苛求战友的人，其心理往往处于紧张状态，从而会导致神经活动紊乱、血管收缩和血压升高，使心理、生理进入恶性循环。耿耿于怀，或是因一次迟到而不能释怀，这些小问题往往容易让友情产生裂痕。所以，宽容是战友之间最和谐的桥梁。

(四)时常换位思考

换位思考就是站在别人的立场上，设身处地地为别人着想，用别人的眼光来看问题，用别人的想法来理解问题。在心理学上又称为同理心。己所不欲，勿施于人，这是同理心的最根本要求。

美国《读者文摘》上刊载过一篇名为“第六枚戒指”的故事，令人回味。美国经济大萧条时期，有一位姑娘好不容易找到了一份在高级珠宝店当售货员的工作。圣诞节的前一天，店里来了一个 30 岁左右的顾客，他衣着破旧，满脸哀愁，用一种不可企及的目光盯着那些高级首饰。姑娘去接电话时不小心把一个碟子碰翻，六枚精美绝伦的戒指落在地上，她慌忙去捡，却只捡到 5 枚，第六枚戒指怎么也找不到。这时，她看到刚才那个男子正向门口匆忙走去，顿时意识到了什么。当男子的手将要触及门把手时，她柔声叫到：“对不起，先生！”那男子转过身来，两人相视无言足有十几秒。“什么事？”男人问，脸上的肌肉在抽搐，“先生，这是我头一回工作，现在找个工作很难，想必您也深有体会，是不是？”姑娘神色黯然地说。男子久久地审视着她，终于一丝微笑浮现在他的脸上。他说：“的确如此。但是我肯定你会在这里干得不错。”他向前一步，把手伸给姑娘。“谢谢你的祝福！”姑娘也伸出手，两只手紧紧地握在一起，姑娘用十分柔和的声音说：“我也祝你好运！”男子转过身，走向门口。姑娘目送他的背影消失在门外，转身走到柜台，把手中的第六枚戒指放回原处。由于姑娘站在男子的立场设身处地考虑了他的想法，理解了他的立场和感受，姑娘没有报警，也没有大喊“抓小偷！”，避免了男子的尴尬和难堪，而是讲述了自己的困境，让男子主动交还了戒指。

军人要学会换位思考，官兵之间、战友之间在沟通交流中要多将心比心，站在别人的角度看问题，将当事人换成自己，设身处地去感受和体谅他人，并以此作为处理军营生活中人际关系、解决沟通问题的基础。

沟通是一门学问，虽然有一定的规律可循，但还需要我们在实践中不断积累和总结经验，选择适合自己特点的原则和方法，反过来指导实践。相信自己，只要用心沟通，用心说话，做到"以诚待人、以情感人、以心交人、以理服人"，所有人都会成为你的朋友。

第四节　人际和谐

人们越来越感到和谐的人际关系对工作、生活的重要性。拥有和谐人际关系的人很幸福，相反，人际关系不和谐的人会很痛苦。无论是古代的大儒还是近代的先哲都告诉我们一个朴素的真理：人是社会生物，个人只有在与他人的交往中才能获得生存和发展。现代社会人际交往的频繁性和复杂性把这一认识更加充分地凸现出来，它迫使我们去思索和寻找破解现代社会人际关系迷宫的方法。也许答案就在人本身，即人不能离开他人而独立生存。心理学家认为，人除了睡眠时间以外，70%的时间都花在人际间的各种直接、间接沟通上。亚里士多德说："能独自生活的，不是野兽就是上帝。"

在军队里，来自不同地方，背景、性格和习惯等各异的人同住一个宿舍，班与班之间紧密相连，你来我往，难免有磕磕碰碰的时候。如果彼此之间少点索取和争吵，多点关怀和相互帮助，那么和谐的人际关系就容易建立。军队就像一个大家庭，有着融融欢乐的和谐氛围，就不会产生孤独感和冷漠感，同时也为各项军事活动提供强大的动力和支持。

一、人际和谐的概述

人际和谐(interpersonal harmony)是指在交往当中达到的一种相对完美的状态，是一种理想的状态。我们都希望能够和人们和谐地相处，但事实是，矛盾是避免不了的。首先，我们要能够以正确的态度对待交往中产生的冲突和矛盾。然后，我们再试着化解矛盾，让人际交往更加和谐、顺畅。

中国古代对君子的要求有“三和”：语柔和、身矮和、心平和。首要的就是话语温软如玉，在表达心意的同时让对方生出欢喜之心。用尖刻语、讽刺语使战友感到被伤害，也在无形之中为自己设置了障碍。想让自己和他人的关系和谐，需要避讳使用哪些词语呢？以下四类词要慎用：

(1)绝对肯定词(应该、必须、一定)：比如“你一定要去”“必须答应我”和“你应该做好这件事”。这样的措辞生硬、居高临下，给人压迫感，让对方产生抵触心理。最好换成“可以这样吗”“我建议”“我觉得”等商量口吻，再解释一下理由，比如“我实在太累了”等。

(2)无可奈何词(不得不)：例如“我不得不跑五公里”。这种表达会给没有生活主动权的自己消极心理暗示。不妨提醒自己：“为了让自己有强壮的体魄，我愿意跑五公里。”事情虽没变，心情却改变了。

(3)绝对否定词(不能、不可能、绝不)：这些绝对否定词就像在别人面前摔上门，让人尴尬，伤人感情，把机会挡在门外。事无绝对，山重水复疑无路，还能柳暗花明又一村呢。不妨用委婉的“可能不行”“可能有困难”等来表达。

(4)生硬拒绝词(闭嘴、讨厌、你别管)：生硬的拒绝带来负面情绪，哪怕开玩笑也别随意讲，言者无心，听者有意，别人一旦当真，就可能造成情感伤害。也别用指责的话。实在不想被打扰，可以单纯表达自己的感受和需要，如：“我现在头很痛，能让我静一会吗?”还可以先表达感谢，“谢谢你的关心，但请让我自己待一会儿好吗?”别人就很容易接受了。

时刻记得用柔和语、恭敬语来待人，这样你尊重别人，别人才会更加尊重你，人际关系就会变得更加和谐。

二、人际和谐的方法

由于性别、年龄、生活背景、教育程度等的差异，导致每个人对问题的看法不同，于是，沟通时就会出现问题。比如，有的战士喜欢在宿舍里聊天，而有的则喜欢在宿舍里安静地看书。宿舍只有一个，这时候，聊天的人会影响看书的人，这就造成了矛盾冲突，出现了人际关系的不和谐之音。

要想妥善地处理人际关系，就要从多角度看待问题，找到有效的方法解决矛盾冲突。如果只站在自己的角度看问题，就会以自我为中心，认为只有自己是对的，别人都是错的，这会加剧矛盾冲突的发生。建立和谐人际关系的方法有：尽量避免冲突、尊重他人意见、以友善的态度开始、尽量给他人表达的机会、学会建设性争吵。

（一）尽量避免冲突

人际关系和谐的最好办法是避免和他人发生冲突。即使我们在冲突中胜了对方，那也只是表面的胜利。实质上，我们已经将之前的和谐局面打破了。有些战士反映自己脾气大，和别人说上几句就要吵起来，甚至有时候就要动手。其实，事后回想当时的场景，会觉得很后悔，因为都是为一些小事而产生矛盾，所以特别不值得。但是在事情发生的时候，情绪爆发，难以控制怎么办呢？脾气比较急的战友不妨试着在和别人交流时调控自己的情绪。当感觉自己情绪要爆发或情绪比较激动时，立刻闭上眼睛，将自己与让自己发脾气的场景隔离开来，在心里默数到十，然后再睁开眼睛。你会发现，自己的情绪在经过十秒的冷静后，已经没有刚开始那么激动了。

（二）尊重他人意见

尊重别人的意见，尽量避免指责别人的错误。因为不管是上司、下属，还是家人、朋友，我们越是否定他们的意见，就越会激怒他们，越是指责他们，就越会让他们与我们“对着干”。要想获得别人对我们的认同，就要尊重别人的意见。如果道理在我们这边，我们应该巧妙地说服别人，婉转地让别人赞同我们的观点，而不是通过否定和批驳对方来证明自己是正确的。如果犯了错误，就迅速坦然地承认。如果在别人责备我们之前，首先承认错误，这比听到别人的批评要好受得多，而且对方很有可能会原谅我们，不再追究我们的过错。试想如果你的战友犯了错，你刚想批评他，结果他向你道歉，主动承认错误，你可能不忍心说出责备的话了。快速、坦率地承认自己的错误，比找各种理由替自己辩护效果好得多。

（三）以友善的态度开始

如果我们一开始就对他人抱有成见，我们就不会接受他人的意见。当两个人发生冲突时，如果我们以敌对、仇视的态度对待别人，别人必然会与我们针锋相对，这会使矛盾不断升级。解决的出路是平心静气地坐下来，找到问题的原因所在。温柔、友善的力量永远胜过愤怒和暴力。我们应该用温和的态度提出自己有力的见解，而不是进行无谓的争辩。

（四）尽量给他人表达的机会

了解别人的想法是站在别人的角度思考问题的前提。我们必须知道对方是怎么想的，才能找到问题出在哪里。因此，我们应该给对方表达的机会，鼓励对方把他要说的话全部表达出来。每个人的观点都应该得到尊重。

（五）学会建设性争吵

在与人相处中，要学会建设性的争吵。那什么是建设性的争吵呢？要知道每一种亲密的关系当中都存在着争吵，在世界上没有一种长久的关系是一直和平的。产生分歧，争吵，又和好是在一种关系当中必经的过程。所以，我们必须懂得，在一段关系当中，争吵是必不可少的一部分，也是促进大家相互了解的一部分。想要维持一段关系，首先要了解争吵存在的必要性，然后，在出现争吵时，才可能以正确的态度去面对和解决。心理学家戈特利布和科尔比对于怎样才能避免破坏性争吵，以及怎样才能使争吵具有建设性，提供了系统性建议（表 5-1）。

表 5-1　建设性争吵的系统性建议

序号	正确做法	不正确做法
1	将自己的想法和感受告诉对方	草率地道歉
2	客观地澄清事实	在出现争吵时冷处理或选择逃避

续表

序号	正确做法	不正确做法
3	了解对方对这件事的看法和感受	用对方的隐私来伤害或侮辱对方
4	在出现冲动的情绪时暂停交流,等待情绪平息后再交流	引入与冲突无关的话题
5	一起商讨问题的解决办法	假装达成一致,其实心存芥蒂
6	提出一些能使对方表达关心的问题	用对方在意的事进行威胁

【故事专栏】

听话听全

美国知名主持人林克莱特一天访问一名小朋友,问他说:“你长大以后想要当什么?”小朋友天真地回答:“嗯……我要当飞机驾驶员!”林克莱特接着问他:“那如果有一天,你的飞机飞到太平洋上空所有引擎都熄火了,你会怎么办呢?”小朋友想了想:“我会先告诉坐在飞机上的人系好安全带,然后我挂上我的降落伞跳出去。”当在场的观众笑得东倒西歪时,林克莱特继续注视着这个孩子,想看他是不是自作聪明的家伙。没想到,接着孩子的两行热泪夺眶而出,这才使得林克莱特发现这孩子的悲悯之情远非笔墨所能形容。于是林克莱特问他说:“你为什么要这么做呢?”孩子的回答透露了一个孩子真挚的想法,一个让所有大笑的人汗颜的想法:“我要去拿燃料,我还要回来的。”

【故事感悟】

当你听到别人说话时,你真的听懂他的意思了么?如果不懂,就请听别人说完吧,这就是听的艺术:听话不要听一半;不要把自己的意见投射到别人所说的话当中;用心体会他人讲话的真正用意;准确无误地听懂他人讲话的实质。

第六章 战友协作

战斗力(fighting capacity)是军队杀敌制胜的关键所在,战友间的共同协作是形成战斗力的源泉。无法相互协作、共同团结的涣散个体组成不能称之为集体,团结协作是一个连队建设的根本所在。狼群之所以令人敬佩和畏惧,不单是它的单个捕食能力,而是狼群的集体生存、分工和服从意识。一个连队战斗力的形成有赖于这个集体每一名成员相互竞争,比肩进步;相互信任、真诚相待;相互合作,齐心协力;相互支持,不抛弃,不放弃,为维护集体的利益而努力。目前,我军一直加强协同作战能力:不同力量,在不同领域,围绕一个共同目标一起作战;同一军种和同一兵种间的协同,甚至是不同军兵种之间的协同。这就要求每个人都要树立协作意识,锻炼协作能力。

第一节 战友竞争

物竞天择,适者生存。物种进化的理论同样适用于人类社会。从古到今,人类总是生存在各种各样的竞争当中,竞争促进了社会生产力的发展。在军营生活中,竞争无处不在,且往往通过竞赛的形式表现出来。如队列会操、卫生评比、体能竞赛、技能比武和球赛等等。在不同的条件下,竞争心理产生的心理效应不同。竞争可能使人充满希望,朝气蓬勃,克服惰性,成为一种强大的精神动力,极大地促进战友们进步的积极性。但也可能使人产生挫败心理,出现心理失衡、情绪消沉和身心疲劳等问

五人团结一只虎,十人团结一条龙,百人团结像泰山。 ——邓中夏

题。可见，竞争既会使人产生积极心理，同时也会带来消极影响。所以，正确认识和对待竞争，尤为重要。

一、竞争概述

竞争心理源于个体最本能的生存、情感以及发展需求，是人的一种本能行为，可以说，它无处不在，无人不有。在个体之间和群体之间，这种心理状态的发生、发展更早于信任、合作和支持。具体来说，竞争(competition)是指个人或者集体与其他人或集体一起活动时，想超过其他人的一种心理状态。从一个人的一生来看，他的每一个人生阶段都体现了与他人的竞争性。学业、事业、交往等等，都难免“竞争”二字。

在连队生活中，为了得到领导、战友的肯定和赞赏等正面评价，时刻与别人比较、严格要求自己；在连队竞赛中，为取得优异的成绩，获得奖励，奋力拼搏打败敌手。这些都是竞争的体现。从而可以看出，竞争具有明显的目标性和排他性。这种性质决定了有竞争就有成功一方，也有失败一方。由此也形成了两种不同类型的竞争心理，即积极的竞争心理和消极的竞争心理。

积极的竞争心理是指具有与其年龄发展阶段相适应的认识水平、高尚的情操、积极的情绪、超越客观现实的意志行动的个性特征。简单来说，也就是建立在健康心理基础上的对外界活动所作出的一切积极向上、奋发进取的个性反应。消极的竞争心理则是建立在与其年龄发展阶段不相适应的认识水平、消极的情绪、薄弱的意志、不良的动机和行为占优势基础上的缺陷性个性特征。

二、竞争的心理效应

既然竞争分为积极竞争和消极竞争，当然，它们各自的作用和影响也是不同的。

(一)积极竞争心理效应

心理学研究表明，在积极的竞争条件下，人的心理会发生明显的变化。所以，积极的竞争心理，可以极大地促进官兵们的积极性、主动性和创造性，一般而言，它具有以下特点：

1.增强个体活动精力。在竞争时，由于官兵们产生了强烈的情绪体验，刺激着肾上腺，分泌激素，血糖升高，从而使全身产生一种紧张感，这种紧张感使人的体力变得更加充沛，精力变得更加旺盛。

2.加强个体动机力量。在竞争条件下，人们的自尊需要和自我实现的需要更为强烈，对所从事的活动发生更加浓厚的兴趣，克服困难的意志更加坚定，争取优胜的信念也更加坚强。

3.提高个体思维效率。在竞争条件下官兵受到奋斗目标的鼓舞，获得优胜的愿望十分强烈，于是产生一种积极的心理准备状态。这种心理状态能使某一部位大脑皮层神经处于最适宜的优势兴奋状态，从而让人的心理活动的各个成分保持着一定程度的紧张和高度的集中。这有助于提高人们认识活动的独立性与创造性。

(二)消极竞争心理效应

竞争会产生比较、带来胜负。不相适应的认识水平、消极的情绪、薄弱的意志等等，都会形成消极的竞争心理，其特点如下：

1.骄傲与自卑。现代社会是竞争激烈的社会，它提供给人们的希望与痛苦并存、绝望与机遇同在等等的选择。这就难免有成功也有失败，有期望也会有失望。军营同样如此，有先进也有落后，而这必然会给官兵的心理带来极大的冲击，如成功导致的自满、骄傲，失败导致的悲观、自卑。过度的骄傲和自卑会使人心理失衡，从而导致个人与社会生活的失调。

2.紧张与焦虑。竞争往往引起训练强度的加大，就个人情绪而言，竞争条件下的人们容易情绪激动、焦虑和紧张，精神负担过重，甚至影响人的身心健康。

3.怨恨与妒忌。赢了沾沾自喜，忘乎所以；输了垂头丧气、怨天尤人。对胜者和实力比自己强的战友心生妒忌，甚至怨恨寻机报复都容易造成人际关系的对立、冲突和不信任。不正当竞争会冲淡战友之间所存有的美好情感。

以上种种，无不体现了竞争条件下官兵心理上的不适应感，由此导致心理失衡、行为偏差、心理障碍等的发生率。

三、合理引导战友竞争

积极的竞争心理极大地提高了官兵的积极性，体现了自我实现的需要，能够达到共同进步、协力发展的效果。然而，消极的竞争心理则导致消极的影响，挫败个体和整个集体的战斗力和凝聚力。如何树立健康的竞争意识，引导一种积极的竞争心理，在军营生活中具有重要的现实意义。

（一）体现竞争的组织性、目的性、公平性

首先，竞争要有组织、有目的地进行。竞争心理以“利益”为驱动力，利益相争的结果有两类：毁灭性的和建设性的。在军营中的竞赛活动，应该以相互激励、共同发展为目的开展，应该是建设性的竞争。只有这样，才能营造出正常的竞争心理，达到预期的竞赛效果。否则一味地不择手段，追求胜负，必然造成毁灭性的后果，形成不良的竞争风气和心理。

其次，竞争要公平。公平竞争是指竞争者之间所进行的公开、平等和公正的竞争。公平性在竞争中发挥着重要的作用。必须制定出明确、合理的竞争规则，防止出现不公平的现象，从而保障官兵在公平的规则下进行竞争。公平性竞争有利于激发竞争机制，从而对官兵的身心健康起到积极的促进作用。

（二）增强竞争能力、提高官兵修养

官兵一方面要在训练中不断加强技能，把竞争带来的压力转化为个人进步的动力，增强个人的核心竞争能力。另一方面，要培养耐挫力。加强挫折教育，不同人面对挫折的承受能力有差异，这就需要官兵对自身有个正确的定位，既不好高骛远，也不妄自菲薄。倘若你想立功受奖，就必须勤奋努力，做出突出成绩；倘若想报考军校，就要刻苦学习，拿出真才实学；倘若要在竞赛中取得冠军，就要凭真本事，奋力拼搏。美国前总统布什曾说：“事业上的竞争与做人是不矛盾的，良好的品格修养只会在竞争中有利于自己。”

（三）适时心理疏导

对于官兵的心理失衡，需要及时采用疏导的方法。现在的基层官兵，尤其是新兵，年纪小，大多是独生子女，在家长的保护下，受到的挫折少，一旦受到挫折，容易产生心理的失衡。这就需要心理工作者或者思想政治工作者及时发觉，并进行合理的引导，充分尊重、维护其人格尊严，鼓励集体竞争，创造良好的心理环境，帮助官兵增强自立意识，这些都能有效地矫正官兵的心理失衡和维护心理平衡，从而勇敢地投入到竞争中去。

1.正视对手，克服嫉妒心理。竞争之中，容不得嫉妒。在竞争中，嫉妒表现为对实力比自己强的人冷嘲热讽，甚至是故意使绊，不让对手超过自己，故意压制对方等等。这是一种心智不成熟的表现，是无能的代名词。而由嫉妒产生的嫉恨和报复心理，则是极端自私的心理表现，如不及时矫正，将有损自己的素质、品行甚至是前途。面对比自己强的战友，应该客观公正地评价，克服作怪的嫉妒心理，取人之长，补己之短。

2.树立自信，激发进取精神。有竞争就有强弱之分，弱者要学会承受住失败的打击。这次在竞争中失利，并不代表将来在竞争中也要失败。在某一方面的失败，不代表事事不如人。自暴自弃心理要不得，失败并不可怕，重要的是要有不甘落后的进取精神。在暂时的失败中收获经验，汲取教训，树立自信，选好努力方向，有目标地前进才是明智之举、正确之路。

3.竞争与合作共存。人的一生充满着各种竞争，成功有先后，胜利有迟早。每个人都应该以乐观向上的态度投入竞争，抱着超越自我、开发潜能、取长补短和共同进步的目的参与竞争。并且，竞争中有合作，两者并不矛盾。竞争与合作是相互促进，相互补充的关系。在军营里，通过互相“切磋”“比武”等形式的竞争，实则是为提高整体战斗力而进行的良性竞争。

军营里二十岁左右的青年士兵占绝大多数，正处于生理和心理迅速发展的时期，涉世不深、血气方刚、不甘落后、竞相争先是突出的特点。

磨炼健康的竞争品质，树立正确的竞争意识，在平时的学习中，不懈努力、锲而不舍，做成才的模范；在工作中，立足本职，你追我赶，勇创佳绩；在训练中，摸爬滚打，勤学苦练，当“打得赢”的标兵。这种竞争是可贵的，不但激发了广大青年士兵奋发向上的热情，更是促进和加强了部队建设。

第二节 信任战友

遂行战斗任务时，连队是一个相互协作密不可分的集体，它需要集体成员之间建立相互信任的关系。信任是协作的基石，没有信任，就没有协作。信任是一种激励，信任更是一种力量。集体成员在承受压力和困惑时，要相互信赖，就像荡离了秋千的空中飞人一样，他必须信任在绳的另一端抓着绳子的人。集体成员在面临危机与挑战时，也要相互信任，就像合作猎捕猛兽的猎人一样，必须不存私心，共同行动。否则到最后，这个连队的成员只会一事无成、毫无建树，甚至将在战斗中全军覆没。

一、信任的含义

信任（trust）是复杂的社会和心理现象，是一种连接人与人之间的纽带，是良好人际关系的基础，更是部队战斗力的体现。

（一）信任是复杂的社会和心理现象

各个学科都对信任进行了相关的科学研究，涉及很多的层面和维度。心理学以微观社会个体的心理为基础，将信任理解为个人的心理事件，仅仅关注信任的认知内容或者行为表现。而社会学认为，信任是社会关系的一个重要维度，是与社会结构和文化规范紧密相连的社会现象。还有学者认为，信任就是相信并敢于托付。

（二）信任是良好人际关系的基础

人与人交往，最基本的就是信任。信任可以让人获得安全感，安全需要是人类最基本的需要。有了这种安全感,人与人之间才有交流,有分享。对他人怀疑、不信任,会使人们不能够与他人很好地合作与共处。所以说,人际信任可以减少人们之间的距离感,是良好人际关系的前提。

(三)信任是战斗力

徐向前元帅曾经讲过一句话:“信任也是战斗力。”在军队中,战友之间的信任是杀敌的必备武器,是制胜的法宝。在战场上,信任来不得半点水分。当战斗打响时,一名战士向战友大喊一声:“掩护我!”然后就冲进枪林弹雨,这样的信任,无异于一种生命的托付,是战友之间生死与共的感情积淀,也是我军战无不胜的宝贵财富。

缺乏信任不仅伤害战友情,还影响战斗力。带兵人对战士不信任时,看到战士有毛病,就认为“觉悟不高”“思想有问题”;看到战士工作积极了,又认为他们“有想法”“动机不纯”。战士对干部不信任时,看到干部关心自己,则认为是防着自己;看到干部处理敏感问题,就认为一定有“暗箱操作”;如果进行“阳光作业”,则认为是“走走过场”。离开信任,集体将变成一盘散沙。

尊重官兵的主体地位和创造精神,要求各级领导干部要相信和依靠广大官兵,调动广大官兵的积极性和创造性,激发官兵的聪明才智,鼓励和支持官兵把部队当家来建,当家来爱,当家来管,充分发挥主人翁精神。这样,才能形成官兵互相信任的和谐氛围,激发出百战不殆的战斗力。

二、信任的力量

信任他人能够给被信任者注入一种巨大力量。信任与被信任是一个统一体,是一种作用与反作用。通过信任,唤起人们的内在动机,使工作、学习等目标变成一种内在需要的行为过程。信任能激发人的活力,调动人的积极性和主动性,发挥人的创造精神和潜能,使其行为朝着有利于组织目标实现的方向发展。通过信任,用统一的目标围绕“轴心”团结一致,紧密配合、互相支持,这样就可以产生集体的凝聚力和向心力。

实践证明,人与人之间的相互信任能够营造出一种互相包容、互相帮助的氛围,有效地提高合作水平及和谐程度,促进工作的顺利开展。

三、信任的建立

提高战斗力的关键就是建立一个相互信任的集体氛围。然而,建立信任并不是一蹴而就的,战友之间信任关系的建立是一个长期积累和发展的过程。人是这个世界上最复杂的动物,也是最敏感的动物,建立信任的过程远比想象中复杂,需要集体成员长期不懈的努力及呵护。

(一)自信是信任建立的基础

古人说:"自信者不疑人,人亦信之;自疑者不信人,人亦疑之。"自信的人不会怀疑他人,人们也相信他;反之,不自信的人怀疑别人,别人都怀疑他。充分揭示了自信是建立信任的基础这个道理。

相信自己,是一种信念。自信是人对自身力量的一种确信,深信自己一定能做成某件事,深信自己的决定。在面对挑战时,总会鼓励自己;当接受任务时,不会畏首畏尾,敢于说我愿意并为之努力;遇到困难时,正视困难,积极寻找解决办法,敢于说我能行。显而易见,这样的人更容易得到他人的信任,也信任他人。

自信不能停留在想象上。要成为自信者,就要像自信者一样去行动。自信意识的来源就是在心理上经常给自己积极的自我暗示,当遇到困难时,不要强调负面内容,不要时刻用失败的教训提醒自己,而是应该多尝试着用一些积极性的暗示。学会积极的自我暗示的头号秘诀就是:经常用肯定句对自己说话。

在生活中,自信地讲话,自信地做事,自信就能真正确立起来。面对社会环境,我们每一个自信的表情、自信的手势、自信的言语都能真正在心中培养起我们的自信。广义地讲,自信本身就是一种积极性,自信就是在自我评价上的积极态度。狭义地讲,自信是与积极密切相关的事情。自信是发自内心的自我肯定与相信。

(二)有效沟通是信任建立的根本

沟通(communication)是人与人之间,人与群体之间思想与感情的传递与反馈的过程,以求思想达成一致和感情的通畅。卡耐基说:"所谓沟通就是同步，每个人都有他独特的地方，而与人交际则要求他与别人一致。"所以，综合来看，沟通就是指人与人之间的接触交流，希望获取情感和思想上的理解和共鸣。有效沟通（effective communication）就是表达者与倾听者同步一致，最终达到双方的一致。

沟通，不仅是一种信息传递的手段，也是一种需要，更是人际关系的润滑油，是人与人之间相互理解、相互信任的根本。

1.有效沟通的基本态度——真诚接纳。战友来自四面八方，每名同志都有不同的性格，不同的家庭环境，不同的生活经历。在训练生活中，遇到同样的事情，会有不同的反应，产生不同的想法，导致不同的行为。每个人都是特殊的个体，在思想观念方面，即使与有着血缘最近关系的父母都不能时时刻刻保持一致，更何况是毫无血缘关系的战友之间。所以要做到有效沟通，基本态度就是真诚接纳。接纳彼此的不同，接纳产生的摩擦，真诚坦率敞开心扉。只有真正接纳，关注彼此的境况和情感，承认和接纳彼此的心情和感受，以真诚的态度对待战友、上下级，才有希望走向情感共鸣，以达到思想上的共鸣。

真诚接纳不是与生俱来的，也要经过不断的学习和训练来掌握，下面提供一些简单高效的技巧，与大家共同学习和探讨。

多使用"我"字句，少使用"你"字句。

多尊重、关爱和肯定，少批评、指责和攻击。

多描述过程，表达感受，少随意评价和重复啰唆。

多说出期望，简洁明确，少忽略情感和讽刺嘲笑。

2.有效沟通的基本原则——关心理解。有了真诚接纳的基本态度，关心理解即是水到渠成。人际间的理解力暗示着一种去理解他人的愿望，能够帮助一个人体会他人的感受。通过他人的语言、语态和动作等语言信息和非语言信息去理解他人的想法和观点。

关心理解离不开积极倾听。如果战友向你倾诉，一定要给予积极的倾听和回应。哪怕是一个牢骚满腹、怨气冲天，甚至最不容易交流的人，在一个有耐心、具有同理心的倾听者面前，常常会被"软化"而改变。在得到积极倾听后，由于自由表达了自己受压抑的情感，心理压力自然得到一定程度减轻，而且通过你的倾听，战友会感到自己被理解，于是精神得到支持和鼓励。在这种情况下，解决任何问题都有了良好的开端，沟通也自然会成为有效沟通。

(三)信息分享是信任建立的助力器

在日常生活中，我们经常遇到这样的情况，和他人分享了自己的故事或者信息，对方也同样会与你分享他的故事或者信息，而这一刻双方都感受到一种亲近感。分享是一种相处的催化剂。不管是快乐还是悲伤，如果你选择了和另外一个人分享，那么对方就会认为你在信任他，或者你重视他的存在，他就会用同样的分享的方式来回应你，如此双方都能相得益彰了。分享还意味着付出，为一份关系的付出越多，那么越容易激发保持和维护的动力。并且，分享的喜悦是加倍的，分担的痛苦是减半的。

在与战友交往过程中，大胆地敞开心扉，和对方分享你的喜怒哀乐，对方也一定能感受到你的真诚。人际间的相互作用神奇而又美妙，及时分享和传递，会成为信任建立的有力助推器。

(四)信守承诺是信任建立的关键

诚信是中华民族的传统美德，千百年流传下来，亘古不变。对每一个人来说，“诚信”是立身之本，处世之宝，是人与人相互信任的基础。信守承诺是我们对自己的一种约束和要求，也是他人对我们的希望和要求。信守承诺就会赢得别人的信任，相反，违反承诺出尔反尔则会导致信任坍塌与信任危机，甚至是信任丧失。

承诺大至一种契约小至各种约定，可能承诺时很轻易，如约定的见面时间，约定的完成工作的期限等等，但是一旦失信，终将变成谎言。当事态发展不合计划时，要尽力做到透明和提前告知，防止违背约定。战友之间必须谨记，许诺要谨慎，信任要维护。

战友之间不能互相信任的军队，是一支没有战斗力的军队。信任对于一个集体而言，具有化腐朽为神奇的力量，能够使集体凝聚出高于个人力量的集体智慧，造就出色的集体表现。战友之间通过自信、沟通、分享和诚信，搭建起信任的桥梁，努力把彼此的信任引入良性循环的轨道，需要大家慎始慎终。

第三节 战友合作

培养有灵魂、有本事、有血性、有品德的新一代"四有"革命军人，是我军血脉永续、根基永固的根本所在。"四有"明确了新一代革命军人应当具备的理想抱负、素质本领、精神特质和道德情操。军队要能打仗，打胜仗，固然要靠体制机制，要靠武器装备，要靠综合国力，但如果没有战略战术，没有战斗精神，光有好的条件，也是不能打胜仗的。战友合作不仅是运用战略战术的前提，也是必不可少的战斗精神。充分发挥合作精神，是锻造一支威武之师、虎狼之师、胜利之师的必备要素之一。

一、合作内涵及意义

合作（cooperation）是指两个以上的个体或者群体一起活动，以实现共同目标的行为。从而可以看出，合作的主要特征：一是强调共同目标。为共同完成某一目标或实现共同利益而合作。二是强调个体间的互相配合和协调。只有依靠个体间的配合和协调才能实现共同目标，缺乏个体间配合和协调的共同工作，并不是真正意义上的合作。三是强调个体目标与群体目标的统一性。合作中，在实现共同目标的基础上，个人目标也获得实现，因此共同利益获得的同时就意味着个人利益的满足。

（一）合作有助于提高官兵的自我意识

自我意识就是自己对自己的认识，具体包括认识自己的生理状况、心理特征以及自己与他人的关系等。正是由于人具有自我意识，才能使人对自己的思想和行为进行自我控制和调节，使自己形成完整的个性。所以，自我意识在个体发展中有十分重要的作用。

合作有助于自我意识的提高，体现为：合作中，官兵能够进行更好的自我观察，关注自我和他人的优势劣势，取长补短；合作中，官兵能够体会到自己在集体中的地位和作用，建立客观的自我评价；合作取得的成功能够提升个体的自我效能感，产生价值感、幸福感、愉快感及满足感，使官兵在积极体验中自我提升。

（二）合作有助于培养官兵的奉献精神

奉献精神是集体责任感的集中体现，人民军队的奉献精神是报效国家，献身使命的责任担当，是为了国家利益和人民利益舍弃个人利益的高贵品质。乐于奉献就是个体利益服从于集体利益，无私付出，尽己所能，这与合作要求官兵必须具备集体荣誉感，必须将个人利益和集体利益紧密联系的理念是一致的，是纠正个人主义、享乐主义的重要法宝。

（三）合作有助于营造和谐的军营环境

“预谋胜败，先谋人和”。密切官兵关系，营造团结友爱的人际氛围，是构建和谐军营的重要内容，也是部队安全稳定和战斗力提高的重要基础。通过合作，融入集体互帮互助的良好氛围，在团结合作中感受集体力量，体会成功的喜悦，有助于官兵形成开朗、活泼、勇敢等积极的良好性格，营造精诚协助、信任、理解和支持的和谐氛围。

二、合作无处不在

本章前言部分提到过狼群。狼是群动之族，攻击目标既定，狼群起而攻之。头狼号令之前，狼群各就其位，各司其职，嚎声起伏而互为呼应，默契配合，有序而不乱。头狼昂首一呼，则主攻者奋勇向前，佯攻者避实就虚而后动，后备者厉声而嚎以壮其威，独狼并不强大，但狼以集体力量出现在攻击目标之前，却表现出强大的攻击力。在狼成功捕猎过程的众多因素中严密有序的集体组织和高效的团队合作是其中最明显和最重要的因素。

不仅是动物世界，人类合作更是体现在方方面面。无论在人际交往还是企业、国家战略中都极其重要。马克思曾说：“一个人的发展取决于和他直接或间接进行交流的其他一切人的发展。”也就是说，人作为社会化的客体，具有社会属性，每个人都在影响着他人，人们是在相互合作过程中求得自我的发展,从而实现创造的。合作是推动社会发展的强大动力,是人与人相互作用的基本方式之一,也是人类长久以来谋求生存的手段之一。企业和国家之间更是不乏合作和竞争关系。清朝闭关锁国带来的沉痛打击和民族屈辱是每一个中国人不能忘却的历史,而现在,政府不断加强对外联系,与世界各国携手,在竞争和合作的激流中互惠互利,共谋发展。中国企业需要更广泛地参与到世界分工中,并在与全球优秀的跨国公司竞争中发展壮大。

在军事领域中,合作的体现更是明显。从部队编制来看,一个连的连长和指导员,一个抓军事,一个抓政工,共同管理连队。如果连长和指导员不和,连队则会失去方向,人心不定,集体氛围受到极大影响。从军事训练来看,相互协作,才能克服困难,完成任务。例如翻越四米的障碍墙,无论个人的能力有多强,也无法徒手攀登上四米高的墙,翻越障碍墙需要团队中每个人的共同努力,团结合作。从战略战术上来看,联合作战要求各军兵种统一指挥,协同配合。从军事科研来看,各学科的密切合作是打造精密武器装备、建立完善后勤保障的根本。

三、学会合作

合作从自然界到人类,从个人行为到群体行为,无处不在并发挥着重大的作用。看起来似乎很简单,而实际上却是一门需要钻研的学问。

(一)培养合作意识

合作意识是合作行为产生的基础和前提。同力而不同心,严格意义上并不能称之为合作。新兵进入基层部队,给部队注入越来越多的新鲜血液,他们个性独立鲜明,敢于拼搏,但合作意识相对淡薄。心态变则意识变,意识变则行为变,行为变则习惯变。内化于心是外化于行的关键一步,改变心态是部队官兵学会合作的第一课。

1.用欣赏的目光看待战友。这个世界上并不缺少美,而是缺少发现美的眼睛。如果用欣赏的眼光看待周围的一切,那么周围的一切就会变得美好;而用挑剔、冷漠的眼光看待周围的一切,则相反。以积极的态度和欣赏的目光看待战友,真诚就会通过友善的眼睛、微笑和语调表现出来，既会增加其他战友的信心和好感，又会向战友传递友好信号，还会直接感染战友，缩短彼此之间的心理距离。然而，如果我们留心观察，不难发现，现在欣赏别人的人越来越少，而以自我为中心，自我欣赏的人却不在少数。别人有了长处，熟视无睹，自己有长处不忘到处宣扬，标榜自己。懂得欣赏战友、赞美战友不仅是一种美德，也是一种能力。在与战友合作中，我们的欣赏目光，将会激发出战友最大的潜能。

2.用谦虚的态度学习战友。“三人行，必有我师焉”。用谦虚的态度学习战友，就是要善于发现战友身上的优点。战友来自不同的家庭、地域，经历、学历不一，特长、爱好有别，性格、志趣不同，每个人身上都有各自的闪光点，理应在相互帮助、学习、训练、执勤和生活的过程中放低姿态，相互学习，共同进步。

3.用感恩的心灵回馈战友。心理学有研究表明，感恩会促进人们做出合作的决策。“战友战友，亲如兄弟”。战友是我们朝夕相处的同伴，是我们生死与共的兄弟。每一个生活在军营里的同志都深有体会，高兴的时候，战友陪我们欢笑；痛苦的时候，战友给我们安慰；彷徨的时候，战友给我们鼓励。正是在一起摸爬滚打，患难与共，才让彼此亲密无间，才让军营生活不再孤单。所以，我们要感谢战友的陪伴。

有了心态上的转变，再加之在管理中渗透合作意识、在活动中形成合作意识、在训练中强化合作意识，那么，合作意识一定可以深深扎根于每位官兵的心灵之土，孕育出巨大的力量。

（二）掌握合作技巧

要成为一支胜利之师，仅仅有合作意识是远远不够的。合作能力是合作意识外化于行的外部力量，如果缺乏这股力量，也将功亏一篑。战友间的合作小到内务卫生、日常训练，大到军事演习、战斗任务，合作技巧的掌握也是非常重要的。

1.合理分工，科学计划。分工是集体里每个人开展工作的职责与范围，是一个集体运行的基本规则，它是基于集体目标而进行的一种责任分解。合作是基于一个共同目标而进行的一项活动。分工是合作的前提，合作是更高形式的分工。合理分工使人各司其职,内部合作有条不紊。

2.有效指挥,相互配合。合作能够提高集体的工作效率,集体内部通过不同分工,高速有序运行。如果说合理分工给集体中的每个人赋予了不同的职责,那么有效指挥就是把每个职责联系在一起,使分工形成一个巨大合力的过程。军队执行战斗任务时,指挥官就是行使这样的职责。调度部队,统一指挥,协同配合。在合作的集体中,不能缺少有效指挥,否则力量是分散的。

3.公平公正,合作共享。合作需要公平,公平是良好合作的前提。公平环境能够使人更好地合作。试想在一个集体中,一方总是承担更多的任务,而另一方则经常承担较少的任务,这样的合作能够长久吗?在和战友合作中,一方总是勤勉进步,一方贪图享乐,谁又愿意和贪图享乐的人合作呢?所以,合作必须公平公正,共同承担,共同分享。

"人心齐,泰山移"。我军几十年来的实践证明,官兵一致,亲如兄弟的战友情,是我军战无不胜的重要法宝和战斗力生成的不竭动力。如果说竞争是集体进步的驱动力,那么合作就是集体进步的聚合力。培养合作意识,掌握合作技巧,从而提高合作能力。因此,要学会合作,做善于合作的人。

第四节 战友支持

支持(support)是一种强大的正面心理力量。军营生活单调,管理训练严格,远离家人有的官兵不免感到孤独、无助和彷徨,这时候,亲密的战友是身边最坚强的依靠。在部队,来自战友的支持,往往比家人、朋友更加直接和有力。

一、支持的含义

你一定记得这样的场景:当疲惫的身躯无法再继续训练时,战友在身旁为你加油打气;当与女朋友吵架苦恼郁闷时,战友陪你谈心解愁;当家人需要自己却又无法挺身而出时，战友拍拍肩膀说：兄弟，我们都会支持你，办法总比困难多，一切都会好的。这都是来自战友的支持，他们或是语言上的鼓励或是无言的陪伴，却在你最孤独无助、最彷徨的时候，给予了最强大的支撑。这是我们直观上的理解，那心理学究竟是怎样定义支持的呢？

战友支持其实是社会支持的一种。社会支持包括家庭与亲友、组织与单位、社会与团体支持。社会支持是个体从所拥有的社会关系中获得的精神上和物质上的支持。它包括情感支持，比如让战友感到有人关心他们，爱护他们，鼓励他们；或者是信息支持，向他们提供有助于他们解决问题的建议；还可以是物质和行动支持，以期减少或消除其紧张和焦虑。根据个体拥有的社会资源情况来看，有家庭支持、朋友支持还有其他支持。作为军人，我们就有了一种独特的社会资源，那就是战友，所以，来自战友的支持是军人特有的支持源。

二、支持对心理健康的作用

战友关系是军人在服役期间最主要的人际关系，同吃同住同劳动同训练，朝夕相处，生死与共，所以战友支持对军人来说具有重要意义，对心理健康具有重要作用。

（一）支持可以消除战友的心理压力

当一个人受挫时，最需要的莫过于他人的安慰、同情与关心。当战友军事考核失利时，我们要及时提供心理和行为上的支持，包括鼓励安慰、献计献策、寻找失利的原因、及时指导、提供克服困难的方法等等。当处于压力状态下时，如果个体知觉到他人会给他提供恰当的帮助，这将会直接减轻压力带来的负性情绪、痛苦水平和生理反应。通过支持性的话语和行为，能够增强战友对心理紧张状态的承受力，能够帮助他们去克服悲观、焦虑、恐惧和失望的心理。

（二）支持可以促进积极心理品质的发展

战友支持的作用不仅体现在压力状态下，在一般情况下也发挥着重要的作用。社会支持理论认为，如果个体能得到或相信他们能得到社会支持，他们就会有更好的精神和健康，且身心功能发挥得会更好。简单来说，就是体验到战友之间的关心、关怀、信任、鼓励以及支持，会让人获得归属感和安全感，更加容易产生积极的心理状态，面对危机时越倾向于勇敢积极地应对，心理越倾向于朝着健康的方向发展。获得的支持越多，个体的积极心理水平越高，相反，获得的支持越少，个体更多地采取消极、回避甚至是抱怨等方式面对人和事件，因此限制了其积极心理品质的发展。

所以说，战友的支持无论在平时还是战时，都能发挥巨大的作用，要学会对待战友如春风般温暖，就要学会支持战友。

图 6-1 战友支持让我能坚持

三、战友支持方式

给予战友心理支持的方式有多种，归纳为三类：认知支持、情感支持、行为支持。认知支持指提供各种信息、意见与知识等；情感支持指安慰、倾听、理解及交流等；行为支持指实际的帮助行动。

（一）认知支持

认知是人对外界事物的认识过程。在认知支持中，重在为战友提供信息、意见和知识，帮助他们改变对既定事件的消极认识，对解决问题方法的认识，从而达到调节情绪的作用。

1.调整认知，正视困难。一个人的情绪来源，并非取决于这件事情本身，而是对事情的看法。就拿日常训练来说，如果班长加强训练强度，让战友们困难增加，有的同志会认为班长故意整自己，从而导致消极悲观，甚至出现抵触和愤怒的情绪，导致对训练不满、对连队不满；而有的同志把这当作是意志磨炼，用积极乐观的心态来对待，并用更加昂扬的斗志投入其中。同样一件事情，为什么会产生两种截然不同的情绪和行为呢？原因就是看待事物的角度不同。挫折并不是一无是处，有时就是一把双刃剑。所以，时刻以积极的角度看待周围的一切，世界将会是真、善、美。在战友遇到挫折困难时，应提醒并帮助他正视问题，走出迷雾。

2.发现资源，利用资源。在对战友提供认知支持时，可以帮助他对自己的内外资源进行分析，看是否最大限度地利用了“资源”来对付面临的心理困难和挫折。资源的范围相当广泛，包括家人与亲友的关心与支持、家庭的经济与背景、周围的生活环境及社会可供给的支持条件等等。当一个人面临心理上的挫折时，往往会忘掉可用的资源，而不去充分利用，经常低估自己的潜力，忽略别人可以提供的帮助。当战友陷入无助时，帮助他认清身边的资源，冷静地寻求处理问题的途径。

（二）情感支持

无言的陪伴、无条件的倾听、无限的关怀、无条件的接纳都是情感支持的主要内容。他们看似简单，实则知易行难。

1.无言的陪伴。有时，并不是一定非要说什么或者做什么才能体现出对战友的关爱。尤其在危机事件后，大多数当事人都有恐惧的心理，此时很多人会认为需要说一些话来安慰他，其实这可能是个误区，因为这时候你所说的话，大部分是为了降低自己内心焦虑的言语，对恐惧者而言则不一定恰当。真正有效的，是你的存在及陪伴。

2.无条件的倾听。让战友一吐为快，是心理干预中一个看似简单、实则最为重要的步骤，让他们说出心里话，像倒垃圾一样把内心深处的负性感受、想法不加掩饰地表达出来，才能引导他们向积极的方面走。无条件的倾听，就是不要试图打断他们，无论他所陈述的内容正确与否，首先让他们尽情释放内心深处最为压抑的情绪。做到这一步，你才能够设身处地地理解战友。无条件的倾听是给战友提供其他帮助的基础。

3.无限的关怀。战友在情绪低落时往往特别渴望关怀和理解，有时一杯温水胜过千万言语，手中感觉热水的温暖及眼见你关怀的动作，这才是他们最需要的。尽你所想，用关怀表达对战友的支持。

4.无条件的接纳。都说男儿有泪不轻弹，但是对于哭诉者，不适当的做法，是叫他们不要难过，不要哭泣。其实正确的处理方法是给他一张面纸，他会感觉被你接纳，终于有人可以让他大哭一场，心中的刺痛便得以疏解。此时还要告诉他，哭泣、悲伤和内疚等都是人在痛苦和委屈时的一种很自然的情感表现，不是软弱，这是正常的。

(三)行为支持

行为支持是实际的帮助行动。所谓实际的帮助行动，当然不是表面功夫，口头承诺。行为支持是在训练场上的协力配合，是在战友需要的时候拉他一把，是在战友执行进攻时的掩护，是在战友口渴时的一杯热水，是在战友饥饿时一碗热腾腾的米饭，这些都是最好的支持。

当然战友支持不是盲目的，无原则的。对错误行为的支持则是纵容，不是帮助战友而是害战友，只会将其推向万丈深渊，以致不可自拔。因此，支持战友，一定要保持原则，坚持是非观念。

可以看出，对战友支持的分类并不是绝对的，三者之间也有很多交叉和相似的部分，没有哪一种方式是单独而存在的，在运用时也不能将他们割裂开来。其实，我们每个人都可以是战友最好的心灵伴侣，不需要太多心理学的技能和知识，对战友的支持最重要的是以心换心。只要真诚，战友一定能够感受得到，进一步将自己的经验和知识分享给战友，并付之以实际行动，一定能帮助战友顺利渡过难关。即使是心理咨询师，也替代不了你的地位。

【故事专栏】

天堂和地狱

从前，有一个幸运的人被上帝带去参观天堂和地狱。他们首先来到地狱，只见一群人，围着一大锅肉汤，但这些人看起来都营养不良、绝望又饥饿。仔细一看，每个人都拿着一只可以够到锅子的汤匙，但汤匙的柄比他们的手臂长，所以没法把东西送进嘴里。他们看来非常悲苦。

紧接着，上帝带他进入另一个地方。这个地方和先前的地方完全一样：一锅汤、一群人、一样的长柄汤匙。但每个人都很快乐，吃得也很愉快。上帝告诉他，这就是天堂。

这位参观者很迷惑：为什么情况相同的两个地方，结果却大不相同？最后，经过仔细观察，他终于看到了答案：原来，在地狱里的每个人都想着自己舀肉汤，而在天堂里的每一个人都在用汤匙喂对面的另一个人。结果，在地狱里的人都挨饿而且可怜，而在天堂的人却吃得很好。

【故事感悟】

合作共赢是通向成功人生的“黄金法则”。生活实践告诉我们，当今社会，一个人难以独立成功，只有团结你的朋友、同事甚至是对手，才有机会实现共赢。

一位团政委曾讲述了这样一个故事：该团有一名干部由地方大学毕业入伍，个人文化层次较高，应该说有一个很好的发展基础。然而，这名干部两年换了三个地方，在任何地方都无法将工作干好。原来，他一直没能和周围同志很好相处，经常因小事与同事发生冲突，陷入苦恼的他提出转业申请。他的情况引起团领导重视，主动找他谈心，帮他剖析自身存在的问题，引导他正确认识自己，正确对待同志。此后，他开始注重处理好同志关系，主动放低姿态，甘当人梯，帮助同事进步成才，结果不但走出了困扰，工作也大有长进。

古人说:“千人同心,则得千人力;万人异心,则无一人用。”足见团结合作在集体生活和个人成长中的重要性,重视了,提升绩效,忽略了,搞砸受损。如果一个单位,心不齐,志不投,战友之间相处相互看不见别人优点和长处,只盯着缺点和不足,相互拆台不补台,分心不拧劲,就会形成内耗,工作难做好,单位难发展,个人难进步。反之,如果大家真诚合作,就一定能够实现共同进步,共同发展。

第七章　心理弹性

心理弹性最早是由美国心理学家 Anthony 于 20 世纪 70 年代提出的。经 30 余年发展，现已成为国际心理学界研究的热点问题。心理弹性(mental resilience)在心理学上不仅指个体在面对逆境时能成功恢复，更强调通过战胜逆境获得良好发展的心理功能。心理弹性是在压力或负面事件的影响下保持良好适应的一个动态过程。

心理弹性既存在个体先天的差异，也受到后天环境、教育与训练的影响，它应视为个体先天与后天的"整合"。一般来说，心理弹性与适应性呈现为一种正相关，即弹性愈大，表明个体对外界环境的调控能力愈强，适应性水平愈高。从一定意义上讲，个体心理发生、发展的过程，即是其心理弹性不断增强的过程，也就是其社会化和社会适应水平日趋提高与完善的过程。心理弹性应视为个体素质结构中的一个核心变量，同时也是个体人格与认知水平的一种综合体现。相关研究表明，社会支持、应对方式、自我效能和感恩与心理弹性密切相关。

第一节　集体力量

集体作为军人社会支持系统中的一个主要组成部分，是影响军人心理弹性提高的非常重要的保护性因素。良好的人际关系是军人面临挫折时适应良好的重要因素。雷锋说："一滴水只有放进大海里才永远不

困难与挫折对人来说，是一把打向坯料的锤，打掉的应是脆弱的铁屑，锻成的将是锋利的钢刀。

——契诃夫

会干涸，一个人只有当他把自己和集体事业融合在一起的时候才能最有力量。”可见，军人要在集体中才能更好地“发光发热”。只有具有高度团结、高水平的整合能力，有集体主义倾向并且有高度组织能力的群体才能称为集体。

集体力量(collective power)是指集体中的每个成员通过共同活动和密切合作，为了实现共同目标所起的作用。军队就是一个大的集体，每个军人都是这个集体中的一员。“一个和尚挑水喝，两个和尚抬水喝，三个和尚没水喝”，“一只蚂蚁来搬米，搬来搬去搬不起，两只蚂蚁来搬米，身体晃来又晃去，三只蚂蚁来搬米，轻轻抬着进洞里”，以上两个看似简单的事却诠释了两种截然不同的结果。三个和尚之所以没水喝，是因为互相推诿、不讲合作；三只蚂蚁来搬米之所以能轻轻抬着进洞里，正是集体成员团结合作的结果。团结合作是一切事业成功的基础，个人和集体只有依靠团结的力量，才能把个人的愿望和集体的目标结合起来，超越个体的局限，发挥集体的合作作用，产生 1＋1＞2 的效果，更好地完成部队的各项训练任务。

一、军人集体

军队是一个高度集中、组织严密的集体，具有完善的组织体系，明确的集体目标，严格的纪律，和谐的人际关系，健康的舆论，共同的理想、信念和世界观。军人集体是为了实现有公益价值的社会目标，按一定编制组织起来的、有严密组织纪律和心理亲和力的群体。

军人集体中成员之间不仅有着共同的目的、利益和活动，而且彼此之间联系密切，具有鲜明的组织任务，成员不仅要认识到集体活动对个人和本集体的利益，而且还要认识到对组织、对整个社会的意义。在军人集体中，军人之间彼此建立有稳定合作和相互友爱的关系。军人集体的特殊性，加速了军人个体的社会化过程，促进了群体凝聚力的形成。

二、军人集体心理对个体的作用

军人个体在军人集体中的心理反应和行为表现要受集体的影响而发生变化，这就是军人集体心理对个体的作用。20 世纪 20 年代，美国心理学家奥尔波特的一系列实验研究证明,一个人若与他人共同从事一项工作,与他独自单干相比,有时效果好,有时效果差。这就说明个体活动要受集体的影响。军人集体一旦产生,就对每个军人形成不同程度的影响。社会心理学在这方面做了许多研究,对我们很有启示。

(一)社会助长作用

社会助长作用是指当战友在场或与战友一起活动时,个体行为效率有提高的倾向。也就是说,在做某一项工作时,个体和别人一起做往往做得又快又好,比一个人单独做时效率高。

1.结伴效应。与战友一起工作和训练,绩效会提高。许多人有这样的体会,干活时,如果和几个人一起干,干劲就大,活也干得快。早在1897年美国学者特里普利斯在现场实验中发现,自行车选手在独自一人骑车时,平均时速24英里,但在结伴不比赛的情况下,平均时速可达31英里。这就是社会助长作用的结伴效应。

2.观众效应。他人在场但不参加某项工作,只是在旁边观摩,被观察者的工作效率也可能有所提高。1904年茅曼最早发现了这种效应。他在做肌肉努力和疲劳实验时无意中发现,当主持实验的人在房间里的时候,被试举重的速度快一些,掷得远一些。另一位研究者达希尔对哈佛大学的学生追踪研究也证明,学生在有观众的情况下做乘法要更快,更好一些。部队可以利用观众效应举办观摩练兵、比武等活动来调动官兵的积极性。

3.竞赛效应。在集体共同活动中,如果明确给双方提出竞赛的要求,双方的活动效率可能会比平时高一些,由此产生的这种现象叫竞赛效应。部队可以开展各种技能比赛、射击比赛和"防空战斗能手"竞赛等活动。

当然,社会心理学的研究结果还证明,并不是在所有情况下,集体对个人活动都产生社会助长作用,有时也会产生社会干扰作用。

(二)集体心理气氛优化作用

集体心理气氛是促进或阻碍集体的共同活动和集体内个人发展的

心理因素的总和。军人人际关系中的相互理解、信任、关心和友爱，会形成良好的集体心理气氛，使每个官兵健康、合理的心理需要得到充分的满足，从而使官兵产生积极乐观的情绪，让其对军营更加热爱，责任感进一步增强，彼此团结合作，自觉使集体保持稳定、融洽、高效而有序的状态。集体具有了良好的心理气氛，官兵就会畅所欲言、步调一致，对部队建设怀有强烈的责任感，对战友的困难和挫折给予帮助，大家就能把注意力集中在工作上，形成彼此之间的最佳配合，增进活动效能，提高战斗力。

（三）心理健康促进作用

军人的交往活动反映了人类最基本的社会需要。如果一个人长期缺乏与别人交往，缺乏稳定良好的人际关系，往往会有诸如压抑、孤寂、苦闷、封闭、冷漠、敏感和难于合作等性格缺陷。心理学研究认为，人的心理危机，大都是与缺乏正常的人际交往和良好的人际关系相联系的。交往的剥夺会对人的心理造成极其严重的伤害。在战场上和战友失去联系时，最令士兵恐惧的不是战场上的炮火硝烟，而是失去同战友联系的孤独。一旦遇到自己的战友，就会感到莫大的安慰，信心倍增，其恐惧就会大大减缓甚至消失。健康的个性总是与健康的人际关系相伴随，与别人交往越积极，心理健康水平就越高，越符合社会的期望，也就越能够很好地理解他人，同情他人，具有给予他人温暖、关怀和爱的能力。

（四）知识信息获取作用

一个人直接从书本上学到的知识是很有限的，大量的知识、信息只能靠与人交往中获得。你有一个苹果，我有一个苹果，彼此交换，每个人只有一个苹果；如果你有一种思想，我有一种思想，彼此交换，每个人就有了两种思想。“独学而无友，则孤陋而寡闻”，古人的这句话，道出了人际关系的建立对学习的重要性。交往比之于从书本获取知识、信息，具有内容更广泛、渠道更直接、速度更快等特点。在军人集体中，军人通过扩大交往范围，加深与战友的友谊，就能从战友那里认识更多的战友，听到更多的事情，交换更多的思想，获得更多的知识信息。

三、军人集体力量的提升

军人集体力量是指军人集体成员之间为实现集体活动目标而实施团结协作的程度。一个人的力量毕竟有限,众人拾柴火焰高,只有大家共同努力才能完成各项重要的任务。

目标一致,是集体力量提升的前提。共同的目标是大家团结在一起的动力和方向。所有成员拥有同一个目的,大家志同道合是集体力量提升的前提。要培育一支奋发有为、忠诚可靠的铁军,靠的是集体力量,而非个人的一时英雄。

团队精神,是集体力量提升的核心。团队精神是大局意识、协作精神、服务精神和战斗精神的集中体现。协同合作的重点是,它反映的是个体利益和整体利益的统一,并进而保证军队的高效率运转。集体力量的提升靠的就是军队中的每个成员在团队精神下齐心协力,拧成一股绳,朝着一个目标努力。

团结一致,是集体力量提升的最高境界。团结一致就是指全体成员在集体中要互相支持和帮助,要有向心力和凝聚力,行动起来像一个人。领导干部要以身作则引导人、影响人和感召人,使广大官兵真心实意地互相关心,和谐相处,团结一致。通过开展篮球、乒乓球、书法、演讲和棋类比赛,文艺宣传等实实在在的举措,以及组织官兵开展理论、体育和宣传等丰富多彩的文体竞赛活动,增强基层官兵的集体荣誉感、成就感和归属感,营造有向心力和凝聚力的军队。

第二节 勇对挫折

挫折(setback)是指军人在有目的的活动中,遇到无法克服或自以为无法克服的阻碍,使其需要或动机得不到满足时的消极心理状态。心理弹性有助于提升军人应对挫折的能力,让他们在面对挫折、困难或者逆境时能有效地应对和适应,并能保持心理健康。有研究显示,海军新兵的心理弹性水平与成熟型应对方式（解决问题、求助）之间存在显著的正相关，即心理弹性水平越高，军人越倾向采用成熟的应对方式来处理问题或挫折。如果军人选用成熟的应对方式解决困境，心理弹性也会得到提升。勇对挫折就是不怕挫折、不畏挫折，面对挫折时能选择成熟的应对方式解决问题或困境。

一、应对挫折的方式

采取不同的应对方式解决问题和消除障碍，成效会各异。个体采用成熟型应对方式能保持好的心态，对自己的身体素质、知识才能和社会适应力等有自知之明，从而能选择更好的策略应对难题，战胜它；采用不适当的应对方式效果则相反。

应对方式（coping style）是军人为了对付超过了个体资源的内外环境要求及其相关的挫折而采用的方法、手段或策略。俗话说：人生不如意事常十之八九。一个人从出生到死亡，时时刻刻生活在矛盾之中，不可能时时称心、事事如意，遇到挫折是在所难免的。当遭遇挫折时，是积极地迎接挑战，以百倍的信心和努力去战胜挫折，还是一蹶不振，悲观失望，这是检验一个人是强者还是懦夫的试金石，也是决定其人生是辉煌还是平庸的一个重要因素。作为革命军人，特别是青年官兵，如何积极地对待挫折，如何顽强地战胜挫折，做生活的强者，这对我们履行职责和实现自身的人生价值都有着极其重要的意义。

二、不良应对方式的危害

在“欲渡黄河冰塞川，将登太行雪满山”的时候，会产生烦恼、忧愁、痛苦乃至绝望的心理感觉。这种受挫的感觉就是心理危机的重要根源。面对挫折，再采取不良应对方式（自责、幻想和退避等），会对个体造成哪些危害呢？

（一）引起心理异常

军人面临挫折时，如果选择了不适当的应对方式，不但没有克服挫折，还会产生阻碍，导致消极情绪。如果一个人长期处在消极情绪之中，就容易产生认识上的偏差，出现多疑、焦虑、忧郁和暴怒等不良心理反应，甚至引发神经衰弱、多疑症、抑郁症、精神分裂症等心理异常。心理异常一旦产生，又会进一步加强消极的情绪状态，从而造成恶性循环，加重病情发展。

（二）导致生理异常

从心身相关的角度看，情绪经常处于消极或失控状态，会引起神经机能的失调，出现恶心、头痛、失眠和心悸等生理反应，严重时还会引起胃病、偏头痛、癌症、高血压和心脏病等疾病。长期的生理疾病折磨，反过来又会加重心理疾病的程度，形成又一种恶性循环。

（三）减弱成就动机水平

成就动机表现为想努力把事情做好的愿望。采用不良应对方式的军人，往往对遇到的困难估计过高，而对自己的能力又估计过低，对挫折感到无所适从，缺乏摆脱或战胜挫折的信心，不能勇敢面对挫折，往往向挫折低头。不能战胜挫折，就没有成就感，即没有战胜挫折的愉快或成功的感觉。另外，一个屡遭挫折的人，很难客观地评价自己的能力和水平，不可能给自己定出符合实际的目标。长此以往，会变得保守、封闭和自卑，丧失自信，降低成就动机水平。

三、勇对挫折的方法

军人肩负着保卫国家领土完整、防止国内外敌对分子颠覆的重任。另外，严格的生活制度、封闭或半封闭的军事化管理、紧张和充满竞争的工作和训练，以及以绝对服从为前提的军事行动，使军人承受着较常人更多的压力。如果再面临入党、提干、考学、转士官、退伍转业、爱情婚姻、下派任职、换岗交流和家庭变故等方面困境或阻碍，要战胜挫折，保持心身健康，选择适当的应对挫折的方法，就显得尤为重要。

人可以被某一次的竞争所淘汰，但却万万不能被生活所淘汰。如果人生是一次航程，那么挫折就是伴随着航程的一次次风浪。当生命之舟驶离温馨的港湾的那一刻，等待着我们的将是风浪中的搏击。我们能体验到航行的艰辛，同时也品尝到在风浪中前进的喜悦。婴儿蹒跚学步的时候，正是因为没有放弃，所以无数次的跌倒之后，他们不仅学会了走路，而且还能健步如飞。你能否认跌倒对于走路的意义吗？即在勇对挫折中前行。

（一）正确认识挫折

1.挫折的普遍性。每个人在人生道路上和现实生活中，由于高考落榜、招工无名、事业不成、身染痼疾、工作事故、信仰破灭、家庭变故、生离死别和自然灾害，以及政治、经济、种族、伦理、道德、风俗、民情和传统等各种影响，再加之个人诸多主观条件的限制，随时都会遇到大小、轻重不同的挫折。更何况在特殊环境中有着特殊使命的军人，对他们而言，挫折是无法避免的，只是程度不同而已，其中有些挫折是暂时的，有些挫折是长期存在的。有时挫折的情境相同，但对每个人所引起的打击与压力，视个体能否应对而异。挫折是社会生活中的正常现象，几乎每个人都无法逃避。能认识到这一点，一旦遇到挫折，思想就会有所准备，不致惊慌失措。

2.挫折的两面性。挫折既有消极的一面，也有积极的意义。军人经受一些挫折，并不完全是坏事，因为挫折可以磨砺人的意识，提高人扭转逆境、克服困难和适应社会生活的能力，进而使人得以成长。每一次挫折的背后都隐含着一次成长的机会，自古英雄伟人大都是能在挫折情境中大放异彩的人。古人说："多难兴才""人激则奋"就是指的这个道理。反之，一个人如果不经历困难和挫折，一生一帆风顺，就犹如温室里的花卉，经不住人生中的风霜雨雪，很容易被一时挫折所压垮，这样的人就难以成才，难以有所作为。

（二）提高抗挫能力

在挫折面前，每个军人抗挫折的能力往往不尽一致，甚至差别较大。比如，有的军人即使接连遭受严重挫折，仍坚忍不拔，百折不挠，拼搏进取；有的军人稍遇挫折就垂头丧气，一蹶不振，甚至自寻短见。实践证明，身体强壮、心胸开阔、常处逆境、意识紧张、有理想、有抱负和有修养的军人，抗挫折的能力强；相反，体弱多病、心胸狭窄、娇生惯养、感情脆弱和缺乏雄心壮志的军人，抗挫折的能力则低。抗挫能力虽然与遗传素质有关,但更重要的是来自于后天的教育、修养、实践、经验和锻炼。在现实生活中,每个军人都可以通过自觉、有意识的锻炼,去培养和提高自己的抗挫能力。

(三)学会应对技巧

凡是经历过磨炼的人,每逢遇到挫折时,大都有一些灵活应变、化险为夷的窍门。归纳起来,大致有以下几种:

1.期望法。遇到挫折时,尽量少考虑暂时得失,多想美好的未来,不断激励自己:"振作起来,一切都会过去,办法总比困难多,问题总有解决的方法。"

2.知足法。在挫折面前,要从已经达到的目标中获得成就感和愉悦感,对一时难以做到的事情不奢望、不强求,同时多看看周围不如自己境况的人。这样,就容易从烦恼、痛苦中解脱出来,为将来的成功创造良好的心理环境。

3.补偿法。古人说:"失之东隅,收之桑榆"。即在某方面的目标受挫时,不灰心气馁,以另一个可以成功的目标来代替,从而不让自己陷入苦恼、忧伤、悲观或绝望的境地。

4.升华法。在遭受个人婚恋失败、家庭破裂、财产损失或身患疾病等打击时,化悲痛为力量,发奋图强,去取得学习、工作和事业的成功,这是应付挫折最积极的态度。

第三节 自我效能

自我效能(self-efficacy)是指人们对自己实现特定领域行为目标所需能力的信心或信念,简单来说就是个体对自己能够取得成功的信念,即"我能行"。一般来说,成功经验会增强自我效能,反复的失败会降低自我效能。自我效能影响着军人为自己设立的目标和愿意冒的风险。军人的自我效能越高,选择的目标越高,在从事目标中的毅力也越强。

相反，那些认为自己缺乏应付生活能力的人容易焦虑，可能采取回避行动，面对逆境时也容易抑郁，在应付不能控制的压力时免疫系统容易受到损害。相比之下，自我效能高的军人能够坚持，不轻易放弃。自我效能与心理弹性呈显著正相关，即军人的自我效能感越高，其心理弹性水平越好，对逆境的应对和适应能力越强。因此，提升官兵的自我效能是增强其心理弹性，提高抗挫能力，从而维护心理健康的有效途径。

一、自我效能对军人的影响

军人自我效能是官兵以自身为对象的一种主观体验，直接影响着军人执行任务时动力心理过程的功能发挥，具体表现在以下方面：

（一）影响行为选择和潜能发挥

完成同一个军事行动任务，可以采取不同的行为。由于不同的行为包含着不同的知识和技能要求，自我效能就决定了他的行为选择。官兵倾向于选择自认为可以掌握其基本技能的行为，而放弃感到难以掌握其基本操作技能的任务。自我效能越高的军人，其行为选择越具有进取性。面临新任务时，自我效能高的军人将其视为挑战加以迎接，往往愿意尝试新的行为方式，学习新的行为技能，而自我效能低的军人则将其视为困难加以回避，这必然会影响个体潜能的开发。

（二）影响目标设定和心像实现

目标设定是人类行为自我调节的主要机制之一。心理学研究表明，目标设定受自我效能的影响，个体往往倾向于选择自认为力所能及的最近目标。面对同样的军事任务，自我效能高的官兵，常主动受领任务，勇于承担责任，设定适合于自己能力水平并且又富有挑战性的目标。自我效能低的官兵，则往往回避有困难的任务，设定的目标常会低于自身的实际能力。

受领任务后，军人会产生心像实现的心理现象。心像实现是一种想象，指个体对即将执行的活动场面或动作流程所形成的生动、鲜明的心理表征，影响着个体心理资源的投向、精神状态和工作实效。自我效能决定着军人心像实现的内容和性质：自我效能高的官兵，倾向于想象成功的行动场景，由此体验到正性的情绪和生理唤起，充满信心地去完成任务。自我效能低的官兵，倾向于想象失败的活动场景，将心理资源投注于任务的困难方面及可能出现的失误，往往体验到担忧、焦虑等消极情绪，进而影响任务的完成。想象成功行为则提高行为成效，想象失败行为则降低行为成效。

（三）影响面对困难的态度和行为

态度是个体基于过去经验对其周围的人、事和物形成的比较持久而一致的心理倾向。作为实施行为的心理准备状态，它支配着个体行为过程中的判断、思考和情绪等心理过程。自我效能影响着官兵面对困难和挫折的态度和行为。自我效能高的军人，富有自信，将困难和挑战视为成长进步的机遇，会不懈努力，锲而不舍地实施行动计划，直至成功。自我效能低的军人，则怀疑自己的能力，面对挑战，行动上犹豫不决，不知所措，甚至将自己有能力克服的困难也视为难以逾越的障碍。军事行动任务的特殊性，决定了官兵将面对更多的困难和挫折，只有自我效能高的军人才能表现出更大的努力和做到更好的坚持，从而有利于军事任务的完成。

（四）影响情绪反应和身心健康

个体面临可能的危险、不幸和灾难等负性情境时，自我效能影响着军人对事件的认知、评估和解释，由此决定军人的恐惧、焦虑和抑郁等情绪反应，以及应激反应的程度。如果应激反应超过了机体的调节范围，就会导致身心疾病。自我效能低的官兵会把情境中本是较安全的部分也视为充满危险，体验到强烈的应激状态和负性情绪，从而对身心有消极影响，而自我效能高的官兵则能够客观评判情境的危险性，泰然处之。

由此可见，自我效能影响着军人面对逆境成功恢复状态、战胜逆境、获得发展以及保持良好适应的方方面面，这些都是心理弹性的关键要素。

二、军人自我效能提升的方法

(一)创设成功体验的机会

培养军人自我效能,应注重为官兵创设成功体验的机会。军事训练中,要遵循循序渐进的原则,科学设置训练目标和进程,使官兵在逐步掌握军事技能的过程中获得成功体验。工作中,要科学设置单位建设的具体细化、短期目标和长远目标的小目标,让官兵在不断完成小目标、逐渐接近大目标的过程中体验成功。布置任务时,要考虑将官兵的实际能力,科学分配,确保官兵能够圆满完成任务,从而获得成功经验。同时,要发挥官兵的特长和潜能,促使官兵在充分展示自己和不断超越自我的过程中获得成功体验,增强自我效能。

(二)提供榜样示范

在为官兵创造成功体验机会的同时,要注意为官兵提供榜样示范,让官兵了解典型人物从平凡到成功的经历,激发其信心和斗志。为此,要从官兵身边的优秀个体中挖掘典型,塑造可信、可比和可学的榜样,让他们在学榜样中成长,获得成就感和自信,以此提高官兵的自我效能。

(三)加强教育引导

要教育引导官兵认清自我效能的重要意义,提高思想认识,增强培育自我效能的自觉性。要帮助官兵掌握军人自我效能的结构要素和内在机制,增强培育自我效能的科学性。通过提供积极的评价反馈,引导官兵信任自身能力。

(四)优化心理素质

注重优化官兵的心理素质。心理素质是人的整体素质的组成部分,是以自然素质为基础,在后天环境、教育和实践活动等因素的影响下逐步发生、发展起来的比较稳定、衍生和效能的综合心理品质。心理素质高的军人,心理承受能力强,面临挫折时能采取成熟的策略,积极应对;心理素质低的人一旦遇到挫折就会很容易想不开而做出傻事,所以优化心理素质对军人的心理成长很有必要。

优化官兵的心理素质,一方面要引导官兵坚持能力增长观,使他们相信能力是可变的、可控的。通过强化矫正、观察学习和团体发展等方法开展归因训练,使官兵掌握正确的归因方式,消除归因过程中的自我轻视,避免将失败经验归结为自己能力的不足,而要将自己的成功经验归因于自身能力或努力,以提高官兵的自我效能。另外,还要培育官兵良好的自我反思,促使他们把心理能量更多地投注于自身行动的成功方面,这样可以更好地增强官兵的自我效能。

第四节 感恩生活

感恩是一项重要的处世哲学,是生活的大智慧。人生在世,不可能事事顺利。对于各种失败和不幸,我们要豁达大度,勇敢地面对,并想办法解决。面对困难,我们是懊恼抱怨,沮丧气馁,陷入绝望,还是对生活满怀感恩之心,跌倒后再爬起来呢?英国著名作家威廉·萨克雷说过:"生活是一面镜子,你对它笑,它也对你笑;你对它哭,它也会对你哭。"如果对生活感恩,你的生命将充满灿烂的阳光;如果一味怨恨,你终将一无所获。

感恩(gratitude)是对别人所给的帮助表示感激,是对他人的帮助予以回报。感恩的拓展构建理论认为:由感恩引起的认知和行为拓展有利于改善个体与外部环境的互动模式,如表现出更多的亲社会行为和体验更多的社会支持。另外,由感恩触发的拓展效应会使个体的认知及行为变得更具适应性。这些适应良好的认知和行为模式会在个体反复体验感恩后得以强化,并进而内化成为个体的"习惯",即成为一种个人资源,帮助个体在未来遭遇逆境时"反弹",恢复身心平衡。

一、军人的感恩

作为军人,应懂得感恩,知恩图报,大爱无疆。感恩班长:当叛逆的我告别家人,我遇到了你——班长!在漆黑的夜晚,当我经过几天的颠簸下了车,是您冒着严寒站在车站迎接我;是您带领我走进温暖的宿舍,走进了一个充满梦想的新环境；是您带领我走上了宽敞的训练场，开启了我军旅生涯的第一页。感恩战友：当我感冒、发烧时，战友们夜里送我就诊，雪花飘扬，凛冽的寒风让人颤抖，但战友的关心让我热血沸腾，让我感受到部队大家庭的温暖，滴水之恩于我，必当涌泉相报。我们来自人民，我们是人民的子弟兵，我们要以感恩之心报答父母，报答祖国。我们要将感恩之情化作报国之志，献身于火热军营之中。

作为新一代军人，历史赋予了我们新的使命，让我们以感恩的心态当兵，以亮剑的精神训练，将对班长和战友的感恩之心化为刻苦练兵的动力，精武强能，守疆戍边。

二、感恩对军人的重要性

学会感恩，才会有一个积极的人生观，才会在生活中发现美好，用微笑去对待每一天，用微笑去对待世界，对待人生，对待朋友，对待困难。懂得感恩对军人有哪些重要的意义呢？

（一）感恩促进战友之情

军人从小时候起，就领受了父母的养育之恩；等到上学，有老师的教育之恩；从军以后，又有领导和战友的关怀、帮助之恩；等到年纪大了之后，又免不了要接受晚辈的赡养、照顾之恩。感恩，说明军人对自己与他人和社会的关系有着正确的认识；报恩，则是在这种正确认识之下产生的一种责任感。在感恩的氛围中，军人对许多事情都可以平心静气；在感恩的氛围中，军人可以认真、务实地从最细小的一件事做起；在感恩的氛围中，军人自发地真正做到严于律己宽以待人；在感恩的氛围中，军人能正视错误，互相帮助；在感恩的氛围中，军人将不会感到自己的孤独……知道感恩的军人，会更友善待人；遇到冲突时，会采取化冰峰为春暖、化干戈为玉帛的策略。这些都有助于良好人际关系的建立。

（二）感恩有助于军人成长

军人要时刻怀着一颗感恩的心，去面对父母、面对班长、面对战友、面对所有的人。因为没有父母的养育就没有我们，没有战友的鼓励与班长的辛勤培育和不断鞭策，就没有我们今天的成长和进步。

(三)感恩是为了军人更好地回馈

人生道路，曲折坎坷，不知有多少艰难险阻，甚至遭遇挫折和失败。在危困时刻，有人向我们伸出温暖的双手，解除生活的困顿；有人为我们指点迷津，让我们明确前进的方向；甚至有人用肩膀、身躯把我们擎起来，让我们攀上人生的高峰……我们最终战胜了困难，扬帆远航，驶向光明幸福的彼岸。那么，我们能不心存感激吗？我们能不思回馈吗？回馈，就是对哺育、培养、教导、指引、帮助、支持乃至救护自己的人心存感激，并通过自己十倍、百倍的付出，用实际行动予以报答。

(四)感恩能提升军人的抗挫力

军人要学会感恩生活带来的挫折与磨难，因为挫折磨炼我们的意志，苦难锤炼我们的品质。军人要学会勇于面对生活的种种考验，怀抱一颗感恩之心克服困难，战胜挑战，不向生活低头，不向命运屈服。如果心存感恩，当我们因没有履行自己的职责而受到领导的批评时，就会虚心接受，因为你知道，领导是真心帮助你；如果心存感恩，当我们因训练考核不及格而接受班长的加班训练时，就会更加刻苦，因为你知道，班长想让你百炼成钢；如果心存感恩，当战友间有了矛盾，哪怕我们再委屈，也会用正确的方法去化解，而不是大打出手，因为你知道，战友不是敌人，要珍惜这份友情；如果心存感恩，当我们要钻纪律的空子时，就会自觉约束自己的不良行为，因为你知道，集体的荣誉要靠每个军人来维护。

三、军人的感恩教育

学会感恩，并不是教军人去找到付出与所得的价值交换平衡点，而是要教他们更懂得珍惜和尊重。感恩教育要取得成效，需要从营造感恩氛围、培养感恩意识、养成感恩的习惯和注重感恩的细节四个方面系统实施。

(一)营造感恩氛围

生活在军营中的每一个军人，不可避免地要受到军营环境的影响。人与人之间和谐相处，互相帮助，互相关心，互相尊重的良好环境会对军人起到良好的熏陶作用。反之，则会给军人带来负面影响。因此，一方面要倡导形成相互施恩与感恩的人际关系体系，另一方面应加大宣传教育力度，通过宣传有关感恩事迹以及树立感恩榜样，来引起官兵的关注，最终为官兵的健康成长营造良好的氛围。

（二）培养感恩意识

部队应从平时生活和训练的点滴入手，从思想上、生活和训练细节上逐步培养军人的感恩意识，让他们体会到战友为他们的成长进步所付出的辛劳，从而让他们在思考问题的时候能考虑他人需要和感受，而不是以自我为中心，让他们更热爱部队、珍惜友情。

（三）养成感恩的习惯

1.养成睡前感恩的习惯。每天睡前闭上眼睛回顾当天的生活，过滤掉那些不快乐的细节，记住那些快乐的点滴，然后开始感恩，感恩今天听到、看到和感受到的小快乐，哪怕是经历了一个大晴天、看到一朵漂亮的花、见到陌生人的笑脸，总之要争取至少找一件事来感恩。有了懂得感恩的心境，才能看到生活、训练中平凡的美好。

2.养成纸条答谢的习惯。如果别人向你寄来一封表达谢意的纸条，你一定会很开心吧。当你表达谢意时，并不需要正式的感谢信（虽然那更棒了），一张小小的卡片（或 E-mail）就可以了，礼轻情意重。

3.养成公开答谢的习惯。在一个公开的地方表达我们对战友的感谢，比方说班会上、在与战友交谈时、在 QQ 上等。有时是语言表达谢意，在适当的时候还可给予一个小小的拥抱。

（四）注重感恩的细节

细节决定成败，即细节上能决定事件的走向。老子说："天下大事必作于细，天下难事必作于易"。意思是：做大事必须从小事开始，天下的难事必定从容易的做起。为此，感恩也不能忽视细节，以免造成不必要的后果和惋惜。感恩时要注意的细节是：感恩对象要明确，以便让战友都清楚是在感谢谁；感谢的事件要具体，否则就会显得抽象空洞；感情色彩要鲜明，致谢需真诚，言语里要充满感激之情，否则会显得虚情假意。

【故事专栏】

人生如茶

一个屡屡失意的年轻人千里迢迢来到普济寺，慕名寻到老僧释圆，沮丧地对他说："人生总不如意，活着也是苟且，有什么意思呢？"

释圆静静听着年轻人的叹息和絮叨，末了才吩咐小和尚说："施主远道而来，烧一壶温水送过来。"

稍倾，小和尚送来了一壶温水，释圆抓了茶叶放进杯子，然后用温水沏了，放在茶几上，微笑着请年轻人喝茶。杯子冒出微微的水汽，茶叶静静地浮着。年轻人不解地询问："泡茶怎么用温水？"

释圆笑而不语。年轻人喝一口细品，不由摇摇头："一点茶香都没有呢。"释圆说："这可是名茶铁观音啊。"年轻人又端起杯子品尝，然后肯定地说："真的没有一丝茶香。"

释圆又吩咐小和尚："再去烧一壶沸水送过来。"稍倾，小和尚便提着一壶冒着浓浓白汽的沸水进来。释圆起身，又取过一个杯子，放茶叶，倒沸水，再放在茶几上。年轻人俯首看去，茶叶在杯子里上下沉浮，丝丝清香不绝如缕，望而生津。

年轻人欲去端杯，释圆作势挡开，又提起水壶注入一些沸水。茶叶翻腾得更厉害了，一缕更醇厚更醉人的茶香袅袅升腾，在禅房弥漫开来。释圆如是注了五次水，杯子终于满了，那绿绿的一杯茶水，端在手上清香扑鼻，入口沁人心脾。

释圆笑着问："施主可知道，同是铁观音，为什么茶味迥异吗？"

年轻人思忖着说："一杯用温水，一杯用沸水，冲沏的水不同。"

释圆点头："用水不同，则茶叶的沉浮就不一样。温水沏茶，茶叶轻浮水上，怎会散发清香？沸水沏茶，反复几次，茶叶沉沉浮浮，终释放出四季的风韵：既有春的幽静和夏的炽热，又有秋的丰盈和冬的清冽。世间芸芸众生，又何尝不是沉浮的茶叶呢？"

那些不经风雨的人，就像温水沏的茶叶，只在生活表面漂浮，根本浸泡不出生命的芳香；而那些栉风沐雨的人，如被沸水冲沏的酽茶，在沧桑岁月里几度沉浮，才有那沁人的清香啊。

【故事感悟】

人生若茶，我们何尝不是一撮生命的清茶？命运又何尝不是一壶温水或炽热的沸水呢？茶叶因为沉浮才释放了本身深蕴的清香，而生命，也只有遭遇一次次挫折和坎坷，才激发出人生那一脉脉幽香。如果你的世界沉闷而无望，那是因为你自己沉闷无望。改变你的世界，必先改变你自己的心态。生命中很多时候，你越是强求，越是得不到，越是害怕什么，往往越是容易遇到什么。多一份洒脱，少一份抱怨，让自己在豁达的心态中，感悟生命，解读生活。让我们坦然愉悦地走过人生的春夏秋冬。

第八章　自我成长

成长(development)是指长大、长成成人,泛指事物走向成熟,摆脱稚嫩的过程。自我成长就是自身不断变得更好、更强和更成熟的一个变化过程。军队是一个大集体、大家庭,更是一座大学校。来自五湖四海的有志青年们投身军营,就如破土而出的幼苗,在绿色的苗圃里茁壮成长。怎样让幼苗健康成长,并开出美丽的花朵,是每一个园丁都需要思考的问题。同样,如何让军人在军营环境中健康地成长为一柄柄国之利刃,也是需要关注的问题。军人健康成长对于部队战斗力的保持和提升有着重要的意义。军人要健康地成长并履行使命,就必须要时刻挑战自我、超越自我、勇攀高峰和自我实现。

第一节　挑战自我

挑战自我是一个很宽泛的概念,总的来说,就是对当下的自己尝试着进行超越。正所谓"不拼一下,你就不知道自己有多么优秀"。人的潜能是无穷的,只有在不断地挑战自我中,才能实现自我的升华。军队作为正规武装组织,更加需要它的成员有着胜于常人的素质,这就要求军人能够时刻挑战自我,臻于至善。然而,在挑战自我的过程中并不总是一帆风顺的。恰恰相反,我们更有可能遇到许多困难,阻碍着我们前进的脚步。那么,主要有哪些困难会成为我们挑战自我道路上的绊脚石呢?我们又应当怎么去避免、解决、克服它们呢?

对自己不满足,是任何真正有天才的人的根本特征之一。　——契诃夫

一、军人成功挑战自我所需要的素质

世界上并没有两片相同的树叶，也没有两个完全相同的人。任何人的成功都是不可复制的，但是，在那些成功地挑战了自我的人的身上，总会有一些共性值得借鉴。

（一）勇于创新的思想

创新是指思维方式和角度的标新立异，是对旧有之物的挑战和挖掘。一味地抱残守缺，认为现状是最好的，就没法有进一步的拓展，更不用提什么挑战自我了。只有看到了新的方向，知道自己应该往哪个方向努力，才会成功挑战自我，完成超越。

（二）积极进取的精神

挑战自我，就是要向自己的现在发起冲击，将其提高擢升。常怀着一颗进取之心，不知疲倦地去寻求发展，自然更容易得到成功。“不要想着我不能做什么，而要想想我能做到什么。”安于现状、止步不前的永远不能感受到挑战的快乐。孟子曰：“生于忧患，死于安乐。”我们每一个人都并非尽善尽美，完美无缺。常怀着进取的精神去对待身边的事物，我们才会使自己更加优秀。

（三）乐观自信的心态

没有一个挑战是没有难度的。既然谓之“挑战”，就必然会有困难、有挫折。在这个时候，切莫沉浸于悲观沮丧之中。阳光总在风雨后，没有谁能随随便便成功。笑对艰难险阻，把每一次所面临的考验都当作自己的试金石。长期被负性情绪所笼罩，自然对成功的信心就会下降，就会陷入习得性无助的“陷阱”之中。有志者，事竟成。有一位登山家，誓要登上珠峰。即使在一次事故中他失去了双腿，他也继续坚持下去。当人家问他为何如此执着时，他只是说：“因为有人能上去，我也可以。”人最大的敌人往往是自己，在遭遇困难时切莫妄自菲薄，要坚信自己一定能行！

（四）永不言弃的斗志

前进的道路上，失败是免不了的。失败者在经历了几次失败后便怨天尤人，转过头去再也不打算继续前进，只会抱怨旅途的泥泞。而真正的赢家则是擦去汗水，好好地反思教训总结经验，为下一次挑战做准备。爱迪生发明电灯泡的故事，自然无须多言。诺贝尔为了研制出好的炸药所付出的心血，也为世人所惊叹。有的时候，离成功真的只有一口气的距离。只要把这口气撑住，我们就能走向成功。

（五）宠辱偕忘的风骨

成也罢，败也好，我们都应当抱着一个正确的态度。得之不喜，失之不悲。取得了成功，自然很好，但是这今日的成功将成为明日要发起挑战的对象，因此该定气凝神，为着下一次的挑战做准备。如果真的因为实力不济而失败了，也不要灰心丧气，找准方向，发现不足，细细分析自己是哪里有问题，以期能获得成功。

二、军人挑战自我过程中遇到的阻碍

军人的生活、工作和环境要比一般人要艰苦很多，而作为一个特殊的群体，军人对自我的要求也比旁人要更高。因此，军人在挑战自我的过程中容易碰到的问题就要比一般人更多，也更复杂。

（一）艰苦的环境

外部环境对人的影响是不可估量的。众所周知，军人所处的环境比正常环境艰苦很多。在艰苦环境下固然容易磨砺人的意志，但也容易对其成长有着掣肘的作用。比如，某部战士小严，想要报考军校，但苦于本人只有初中文化水平，且连队位于高原高寒的偏远地方，相关书籍资料不多，而由于部队性质原因其训练任务又很重，无法抽出很多时间来学习，最终没有考上军校，无奈地与自己的理想挥手作别。可见，艰苦环境客观上固然有着锻炼人的作用，但也会在很大程度上增加主体成功的难度。

（二）单调的生活

绿色的军营，比不上外面花花世界般繁花似锦，相对来说是单调甚至是寂寞的。对于大多数军人来说，他们都正处于青春期和成年早期，长期过着这样的生活会对其意志产生消耗。许多“兵油子”“兵混子”就是在部队服役期间过长，身上的锐气已被打磨干净，早已失去了进取之心，更不用提什么挑战自我了。因此，如果不能正确调试好自己的心态，积极地去面对单调乏味的生活，挑战自我将无从谈起。

（三）旁人的影响

周边人际对个体的影响是无处不在的。如果身边人都是积极向上、要求进步的，那么个体就会不自觉地产生紧迫感，也会主动地寻求上进；反之，倘若身边人都是碌碌无为、“当一天和尚撞一天钟”的类型的话，个体也可能会逐渐和他们一样变得怠惰和慵懒起来。来自同一地区的同一批新兵分下去后，在“英模连”“钢铁连”服役的士兵素质普遍较高，而在一些相对闲散单位的人员的作风则显得有些软。所谓“近朱者赤，近墨者黑”，就反映了这一现象。

（四）意志的不坚

除了外部因素的影响之外，个体的意志力薄弱也是其无法成功挑战自我的重要壁垒。自身意志薄弱，无法完成计划，尚未达到真正极限便轻言放弃，挑战自我便无从谈起。同时，在外部大环境较为艰苦的条件下，个体更容易产生习得性无助，即在一次次的失败打击下，失去了对挑战的渴望。如小刘长跑成绩一直不好，自己也想着要加练体能以便尽早提高，但在每次训练时他都怕苦怕累，身体稍感不适便萌生退意，训练时从未认为自己可以突破，时间慢慢过去，而其长跑成绩并无显著提高。

（五）过高的目标

“挑战自我”既有“挑战”，亦有“自我”。也就是说，在挑战自我的时候要量力而为，树立过高的目标反而实现的可能性不大。比如，新兵小宋身子单薄，体能成绩一直在及格线左右徘徊，他想着在三个星期的时间内将自己的成绩提高到优秀水准。结果由于训练强度过大，加上训练方法不够科学，不到半个月就因训练伤病被送进医院。挑战自我所挑战的对象是自我，就应当以当下的自我水准作为参照，不宜过分追求卓越，反而使得挑战失去意义。

这些问题在军旅生活中是普遍存在的，而又是亟待解决的。在实际生活中，应当对士兵加以正确地引领和指导。青年官兵的三观（世界观、价值观和人生观）正处于形成期的最后阶段，此时应当注意对其施以支持性心理干预，即施以积极正能量的影响。发现问题要及时处理，防止对其整体认知产生不良影响。比如，在战友的意志发生动摇、打起退堂鼓的时候，我们应当及时鼓励他，必要时还可以助上一臂之力，帮助其完成自我挑战。

三、军人挑战自我的方法

（一）用理智去克服恐惧

勇敢是军人的本色，而恐惧却是人类自我保护的本能。正常的恐惧有利于个体在危险环境里生存，而过度的恐惧反应则会引起反应过度、注意范围狭窄、焦虑、抑郁、愤怒、自闭或攻击行为等。将恐惧限制在正常的范围里，会让我们的战斗力更加勃发，有着更加旺盛的精力去挑战。

（二）用坚忍去磨炼意志

坚强的意志是军人克服一切困难和执行遂行作战任务的根本保证。意志的强弱主要表现在克服困难的大小上：任务越重，困难越大，条件越差，越是能坚持下来，则表明意志越坚强；反之，遇到困难就退缩动摇，则是意志薄弱的表现。咬一咬牙，也就过去了。不抛弃，也不放弃。让自己在一次次的淬炼之中磨砺出最坚毅的意志吧！

（三）用挑战去增强自信

自信是军人完成任务的前提。自信，即相信自己，是对自身能力素质的再认识。每个人身上都蕴藏着巨大的潜能，这在平时不易被发现。只有当我们挑战以往我们认为不可能的事情并顺利完成时，才能发现自己的潜能，正确地认识评判自己。

挑战自我是我们成长的必由之路。这种挑战使我们更加成熟，更加优秀。一切事物都是在不断地发展着的，不会停滞不前。军人应该不断进行挑战自我的训练，例如，攀岩、负重奔跑和在泥泞中摸爬滚打。人如逆水行舟，不进则退。既然如此，何不试着去拼一把，看看自己的极限到底在哪里？也许，你的五公里还可以再快一两分钟；也许，你的准星还可以再高几环；也许，你的极限还远没达到。军队的战斗力正是在这种不断地挑战自我的过程中得到提高的。趁着年轻，何不多闯一把，多拼一把？也许，下一个经天纬地之才，就在你的一念之间产生。

第二节　超越自我

在挑战自我之上，还有一个更高的层次，那就是超越自我。如果说挑战自我是对自己潜能挖掘的话，超越自我就是超越自身潜能，进入到所谓“超我”的境界。超越自我不仅仅是指在个人生理层面上的伟大进步，它更加侧重于整个人在精神上的前进。

弗洛伊德的人格结构理论中，有“三我”之说，即本我（id）、自我（ego）和超我（superego）。本我代表着本能的欲望即潜意识，受意识的压制，遵循的是“享乐原则”；自我代表着大部分意识，负责处理现实世界的事情，遵从的是“现实原则”；超我属于意识部分，是道德良心和自我理想，遵照的是“道德原则”。有学者认为，超我（superego）是自我发展的最高阶段，超我是博爱的我，超我是信仰中的我，超我是完善的我。

一、军人超我的体现

（一）忠诚

我军是党的武装，是人民的力量。因此，革命军人的首要职责便是忠诚于党、忠诚于国家和忠诚于民族。

（二）服从

军人以服从命令为天职。军队是一个需要绝对凝聚力、绝对协调统一的单位，不能无限制地讲所谓的个性化。身为军人，要时刻注意服从意识的养成。有些命令可能是不易理解的，但是依然需要服从。这可能会和人的个性中追求自由的成分发生冲突。

（三）责任

作为社会的一分子，每个人都需要承担一定责任，这是毋庸置疑的。但是军人所需要承担的责任要比普通人更加重大，这是由军人这一社会角色的特殊性和重要性所决定的。其他社会角色尚可以逃避或推卸责任，但是军人却不能推卸。军人的光荣和伟大也正在于此。

（四）坚忍

艰苦的环境、乏味的生活，以及各种可预知或是不可预知的考验，都是军人必须面对的。在享乐原则之下，本我是不愿意接受这些痛苦磨难的。但是军人之超我要求我们必须坦然地承受。无论是体能训练，还是各项军事任务，对于普通群众来说都是难以承受的，而军人却要克服各种困难和险阻去完成自己的训练和任务。

（五）勇敢

军人是一种特殊的职业，随时都可能面临着各种各样的危险，甚至是死亡。面对危险，恐惧是人的正常表现。但是，即使心怀恐惧，军人也必须战胜它。必须表现出来的勇敢和人们本能的恐惧必然是相矛盾的，但是军人必须勇敢克服恐惧，因为我们肩负着人民的希望。

（六）奉献

军人为战争而存在，有战争就必然有流血，有牺牲。人都是有着趋利避害的本性，从本我的角度出发都是不愿意奉献自己的。中国人民解放军的优良传统正是要牺牲自己，服务人民群众。从董存瑞到黄继光，从狼牙山五壮士到“南京路上好八连”，都是我军无私奉献的真实写照。长沙保卫战前夕，记者采访一位军官，问道：“战斗结束后你有什么打算吗？”军官说：“那时候我肯定死了。”记者吃惊地问：“那你为什么还这样坦然？”“因为我是军人。”军人常抱必死之决心，因为他们的肩上挑着千钧之重担。也正因为有着这些优秀的军人在抛头颅洒热血，我们才能长享太平。

二、当代革命军人向超我迈进的方法

对我军而言，“四有军人”就是超我的具体化阐释。习主席在新古田会议上所提出的这一概念是我们前进的风向标，也是我们超越自我的重要参考。

（一）有灵魂

有灵魂，就是坚定信念，听党指挥。有“魂”方能立命，方能固本，方能正向。听党指挥是强军目标的灵魂。魂是一个根本，一个方向。一个人有了灵魂，才能把握正确的人生航向。有灵魂是拒腐防变、经受考验的信念支撑。理想信念是共产党人精神上的“钙”。一些落马干部在政治上变质、生活上腐化、道德上堕落，说到底就是信仰、灵魂的缺失。

（二）有本事

有本事，就是素质过硬，能打胜仗。抓住了人才培养，也就抓住了部队战斗力生成的核心和关键。当前，国家面临各种现实的安全威胁，必须具备过硬的素质本领，才能坚决完成各项军事任务，有效履行军队使命任务。关键时刻要能拉得出、打得赢，这是检验部队战斗力的硬尺度和硬标准。

（三）有血性

有血性，就是英勇顽强，不怕牺牲。战争不仅仅是军事实力的对抗，也是军心士气的较量。职能使命催生血性，血性支撑职能使命。明确新形势下我军的使命任务，弄清“为谁扛枪，为谁打仗”。身为革命军人，就是要时刻准备好为了革命事业而拼尽全力，甚至牺牲自己也在所不惜。

（四）有品德

有品德，就是情趣高尚，品行端正。人品官德是衡量个人党性修养的一把尺子，更是做人为官的资格和条件。中华民族历来崇尚道德建设，把道德看作是建国之基、强国之本。身修而后家齐，家齐而后国治，国治而后平天下。军人要自觉践行当代革命军人核心价值观，即忠诚于党、热爱人民、报效国家、献身使命和崇尚荣誉，并能模范遵守基本道德规范，自觉提高思想政治觉悟，做一个高尚的纯粹的人、脱离低级趣味的人和有益于人民的人。

中国人民解放军是一个崇高而伟大的集体，从它诞生之日起就一直肩负着崇高的历史使命。革命军人不仅仅要做到能够克敌制胜、决胜千里，更要提高自身素质、本领，加强政治觉悟建设，在精神和肉体双重意义上都成为国家和人民所信赖的力量。“我们来自五湖四海，为了一个共同的目标，走到一起来了。”我们的队伍由学生、社会青年、军校毕业生和农民等多个阶层组成，受身边所处环境以及周围人的影响，思想势必会有一定局限性，如自私、吝啬和胆小等。军人可以有自己的想法，但是却需要与集体利益保持步调一致。自身的一些陈旧观念在军队的环境中是明显不和谐的，这就需要我们通过不断的政治学习，以及对周围环境的内化来使自己融入军营。在日常的生活中，我们要注意向榜样学习，逐步由服从走向同化，最后到内化的阶段，使自己成功超越自我，迈向超我的境界。实现超我的难度也许很大，但军人依然应当为之努力，将自己塑造为一个更加高尚、更加优秀和更加有意义的人。

第三节　勇攀高峰

勇攀高峰是指不畏艰险勇敢地攀登高山的顶峰，比喻克服各种困难取得训练和工作上的巨大成就。理想激励军人勇攀高峰。理想是军人成功路上的一盏明灯，有了这盏明灯，我们就不会迷失方向，就会向着成功的方向一步一步前进，就会勇攀高峰。诸葛亮曾说：“夫当志存高远。”即我们应当树立远大理想，并努力去实现它。那么，理想又是怎么树立和实现的呢？在确立和实现的过程中，影响因素又有哪些呢？

一、理想激励军人勇攀高峰

崇高的理想信念是共产党人坚定的思想基础，是推动党的事业前进的强大精神力量，也是我军战无不胜的力量源泉。邓小平同志曾经指出：过去我们党无论怎样弱小，无论遇到什么困难，一直有强大的战斗力，因为我们有马克思主义和共产主义的信念。有了共同的理想信念，也就有了勇攀高峰的内在动力。

理想是人们在实践过程中形成的、有实现可能性的、对未来社会和自身发展的向往与追求，是人们的世界观、人生观和价值观在奋斗目标上的集中体现。满足眼前的物质和精神需求，又憧憬未来的生活目标，期盼满足更高的物质和精神需求。对现状永不满足、对未来不懈追求，是理想形成的动力源泉。树立理想应当立足自身，理想不是空想，是要能够付诸实施的蓝图。要明白自己能做到什么，需要做什么，还有哪些不足，什么是自己想要的，才能树立起真正切合实际的理想。在理想确立之后，就要将它付诸实施。在实现自身理想的时候，一定要时时刻刻把握住理想，并且有清晰的计划来将它实现。在实现理想的过程之中，会有许多事物来扰乱我们的心绪，甚至会使我们忘记自己最初的理想。"不忘初心，方得始终。"紧紧抓住自己的理想，才能将它践行。理想的树立就是为了实现，在实现它的过程之中，要保持一颗恒心和充足的毅力。理想是一种追求，是对梦中的自己，亦可谓之"超我"的追逐。"好事多磨"，军人在理想的感召下勇攀高峰，在竭尽全力地追求后实现理想。

二、成就动机推动军人勇攀高峰

理想树立后，就需要去实现它。而从理想的树立到实现，都需要内部有着足够的成就动机去驱使。成就动机（achievement motivation）是个体追求自认为重要的有价值的工作，并使之达到完美状态的内部动力，即一种以高标准要求自己，将取得活动成功作为目标的驱动力。它的基本特征是：(1)人的活动总是指向一定的目标，总是力图在某些方面取得成就的；(2)在克服障碍和困难的过程中，成就动机使人正视所遇到的挫折和失败，表现出极大的韧性和毅力，不达目的决不罢休；(3)成就动机具有复杂的多级性，从幼儿、儿童、青少年、成人到老年，出现许多不同情况；(4)人的成就动机是整个动机体系中的一种动机，它与求知、自我提高、创造以及赞誉、遵从和归属等动机交织在一起，相互渗透，相互作用。成就动机强的军人，对工作和训练非常积极，善于控制自己，尽量不受外界环境影响，充分利用时间，并能刻苦训练，积极挑战自我，勇攀高峰，经过不懈努力，战胜工作和训练中的种种困难和障碍，取得佳绩。

这对勇攀高峰和实现理想有积极的促进作用。

军人要克服艰难险阻到达顶峰，就需要有强大动力（成就动机）为助推器。影响成就动机的因素有：①成功诱因值，即对实现目标的价值判断，目标的吸引力越大，成就动机越大；②在任务中成功的可能性大小，即风险和成败的主观概率，毫无胜算的事不会激发高的成就动机；③成就需要，即主体追求成功的动机强度。可见，为了培养军人勇攀高峰的意志品质，就要辅助军人拟定经过努力可以达到的目标，而不是模糊抽象和高不可攀的目标；另外，军人在前进中遇到困难，一时达不到既定目标时，要帮助他们分析已有的进步，即肯定他们并让其明确自己已经取得的成就，以增强他们达到目标的信心和勇气；再者，军人在获得成功时，往往感到满足，这种满足可以起到自我强化的作用，使他们攀登更高的顶峰。

人生的职责通常繁多，甚至比你自认为能够完成的还要多。人生的道路通常崎岖坎坷，人生的山峰更是看似不可越过。但请始终铭记，前方的山峰绝不是看上去那般险峻。怀揣信念，即刻启程，勇攀高峰，追求理想。军人的理想是崇高的，又是切实的。让我们在中国梦和强军梦的带领下，将自己的理想在军队之林中完美地绽放！

第四节　自我实现

成长的过程是丰富多彩的，情景各异。但是我们成长的最终方向都是殊途同归的，那就是自我实现。“自我实现”是由美国心理学家亚伯拉罕·马斯洛 1943 年在《人类激励理论》论文中首次提出的。自我实现(self-actualization)是指人都需要发挥自己的潜力，表现自己的才能。只有当人的潜力充分发挥并表现出来时，个体才会感到最大的满足。

一、自我实现者的心理特征

马斯洛在其《需要层次理论的回顾》中，提出了自我实现者的心理特征是了解并认识现实，持有较为实际的人生观；悦纳自己、别人以及周围的世界；在情绪与思想表达上较为自然；有较广的视野，就事论事，较少考虑个人得失；能享受自己的私人生活；有独立自主的性格；对平凡事物不觉厌烦，对日常生活永感新鲜；在生命中曾有过引起心灵震动的高峰体验；爱人类并认同自己为全人类之一员；有至深的知交，有亲密的爱人；具有民主风范，尊重别人的意见；有伦理观念，能区分手段与目的；绝不为达到目的而不择手段；带有哲学气质，有幽默感；有创见，不墨守成规；对生活环境有时时改进的意愿与能力。

马斯洛认为自我实现是人格发展成熟的标志，是人性发展的理想阶段或最高阶段。自我实现者具有鲜明的人格特征，自我实现的动机来自于人的内在需要，并且指出了实现自我，塑造健康人格的途径。马斯洛的自我实现，从肯定人性积极方面的崭新的视角来研究人，这对于启发军人积极向上，勇于挖掘创造潜能，塑造健康人格具有重要意义。

二、军人的自我成长

军人保家卫国，守土有责，身上的担子更重。从集体角度来说，“听党指挥，能打胜仗，作风优良”的强军目标是我军奋斗的方向，而作为个体，成为一名合格的“四有军人”又是我们每一个人的奋斗目标。因此，军人的自我实现便与集体的目标有着密不可分的关系。

(一)融入社会，创造价值

人都是社会的一分子，不可能脱离社会而独立存在。自我实现并不单单只是为了自我的心理满足，也应当为社会做出贡献。军队虽然对于社会整体来说相对独立，但却是军人的全部，军人要在不断适应军事环境、自然环境和人际环境的过程中，融入军营，实现自我价值。

(二)认清自己，把握方向

认清自己就是要了解自己的优势和不足。看似容易，做起来却难。因为多数人看到的是自己的毛病。我们认识自己的缺点固然是件好事，可以清楚地知道自己不足在什么地方，然后加以改正，使得我们今后的工作做得更好！但是如果我们一味看到自己的缺点和消极面，而忽视了自身的优点和能力，人生就会变得悲观，自我价值感和自信心就会下降。这势必会给自己的军旅生涯带来很大的负面影响，让自己错过很多机会！所以，要正确全面地认识自己，不要轻视自己。这样才能拟定适合自己的目标，为实现目标不断前行。

（三）努力奋斗，不忘初心

“世上无难事，只要肯攀登。”在确立了人生目标和理想之后，我们就应当努力披荆斩棘，为自己的目标奋斗。没有哪一条通往成功的道路是平坦的。不管前路有多么艰辛，我们都应当紧紧抓住自己的理想，为了将它实现，倾尽自己的汗水也是值得的。

人，最宝贵的是生命，生命对于我们每个人来说只有一次。我们的一生，是一段充满考验与冒险的旅程。“树林里分开了两条路，而我选择了人迹更少的一条。”选择了军旅之路，注定了我们人生之路的不平凡。成长是一条很奇妙的路。我们会收获一些幸福，感受一些快乐；也会尝到一份酸楚，体会一份孤独。然而七尺男儿，戎装加身，我们在军队的大集体中应当树立正确的价值观和人生观，努力地将自己做好，把自己培养成一位优秀的军人。当我们回首往事时，不会因为虚度年华而悔恨。在这火红的军旅生涯里，我们在强军目标的伟大旗帜下，为尽快实现中国梦而不懈奋斗！

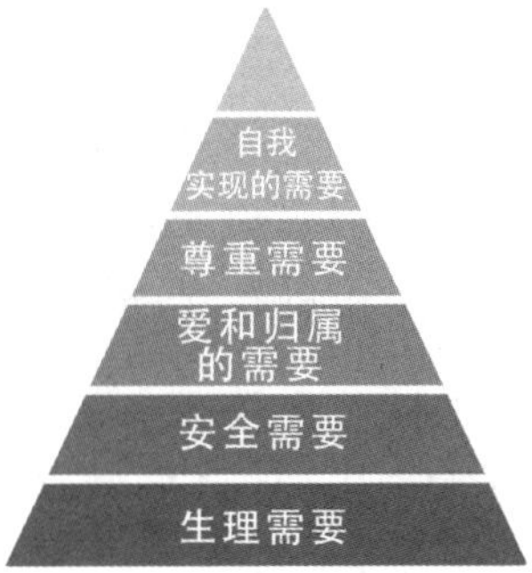

图 8-1　马斯洛的需要层次

三、军人的自我实现

马斯洛将人类需求依次由较低层次到较高层次排列，分为五种：生理需要、安全需要、爱和归属的需要、尊重和自我实现的需要（图 8-1）。自我实现的需要是最高层次的需要，是指实现个人理想和抱负，发挥个人的能力到最大程度。达到自我实现境界的人，接受自己也接受他人，解决问题能力增强，自觉性提高，善于独立处事，要求不受打扰地独处，完成与自己的能力相称的一切事情的需要。

对那些希望自己的人生也能臻于自我实现境界的人，马斯洛提出了以下的建议：把自己的感情出口放宽，莫使心胸像个瓶颈；在任何情境中，都尝试以积极乐观的角度看问题，从长远的利害做决定；对生活环境中的一切，多欣赏，少抱怨；有不如意之处，设法改善；坐而空谈，不如起而实行；设定积极而有可行性的生活目标，然后全力以赴求其实现；不能期望未来的结果一定不会失败；对是非之争辩，只要自己认清真理正义之所在，纵使违反众意，也应挺身而出，站在正义之一方，坚持到底；莫使自己的生活僵化，为自己在思想与行动上留一点弹性空间；偶尔放松一下身心，有助于自己潜力的发挥；与人坦率相处，让别人看见你的长处和缺点，也让别人分享你的快乐和痛苦。

马斯洛的自我实现指的是个人的全部才能和力量的完全自由的发展、发挥，是一种能动的追求，是一个有自觉目的的社会实践过程，即人在劳动中获得主动支配权，获得自我本质力量的对象化或物化，获得真正的自由。他把个人的自我实现与集体的自我实现联系在一起，二者互为条件。他认为，个人的自我实现，只有通过社会和集体，通过不断的实践才能达到；只有把个人的自我实现与社会的需要统一起来，为社会做出贡献，自我价值才能得到社会的承认，人的自我实现才具有真实的价值和意义。总之，人的自我实现必然是社会性和实践性的辩证统一，人的发展离不开社会和实践的发展。

借鉴马克思和马斯洛关于自我实现的理论，指导军人自我实现的实践。结合军人的思想现状对他们进行教育和自我教育，使当代军人深刻认识到自我实现的过程是倾向于服务社会而不是专注于自我的过程；自我实现的主要途径是工作、训练和完成各项任务，是为社会创造物质和精神财富，是保家卫国的具体行动；通过各种活动实现自我潜能的过程，也是为社会做出贡献的过程。要坚持实现自身价值与服务祖国人民的统一，坚持树立远大理想与进行艰苦奋斗的统一。在发展自身和完善自身的过程中，使个人的需要与军队发展的需要相一致，把个人利益与国家、军队和社会利益的实现统一起来。在促进国家、军队和社会发展的前提下，实现个人的合理发展，满足个人的合理需要。

总之，军人应该立足部队的训练、工作和任务等，不断挑战自我，挖掘自己的潜能，设定适合自己又有挑战的目标，坚定理想信念，克服前进中的各种险阻障碍，向顶峰攀登，达到自我实现的要求，成为能打仗、打胜仗的钢铁战士。

【故事专栏】

生命必须承受之痛

一个男孩独自在草地上玩，突然他发现了一个蛹，他觉得很有意思，于是就把它带回家了。

过了几天，他发现蛹上出现了一道小小的裂缝，里面还有一个小小的东西在蠕动着。

又过了几天，裂缝大了一些，他才看清，原来里面是一只蝴蝶！他在一旁耐心地看着蝴蝶在里面挣扎，已经挣了好几个小时了，它的身体似乎被卡住了，一直出不来。

看着蝴蝶在蛹内痛苦的样子，小男孩急了，也有些于心不忍，于是，他拿来一把剪刀，轻轻地把蛹壳剪开，蝴蝶脱蛹而出。小男孩轻轻地松了口气。

可是，这只蝴蝶的身体没有经过挤压，显得臃肿不堪，翅膀也很干瘪，根本飞不起来，不久就死去了。见状，小男孩傻了眼。

【故事感悟】

“不经历风雨，怎么能见彩虹？”成长的过程中，不可能总是一帆风顺，总是要吃些苦头，受些磨难，才能见到那朝思暮想的成功。面对成长过程中的“拦路虎”，我们应当正确地对待它们，积极主动地迎难而上，在一次次的磨难里把自己锻造得更加成熟而强大。强行消除掉那些本应成为我们上升台阶的磨砺，最后可能只是弄巧成拙。

第九章 军人荣誉

“荣誉从来伴军行”。军人荣誉感的强弱，意味着士气的高低，制约和影响着军队战斗力的提升。崇尚荣誉是当代革命军人核心价值观的重要组成部分，也是践行忠诚于党、热爱人民、报效国家、献身使命要求的重要基础。在和平安定、以经济建设为中心的大背景下，军人头上的荣誉光环悄然黯淡，冲蚀着军人对自身价值的内心确认。在意识形态领域斗争日益复杂，全社会价值取向多元、价值目标趋利、价值尺度模糊的现实面前，教育引导官兵树理想、铸军魂、修品行，培育当代军人荣誉感的任务比以往任何时候都要迫切。军人荣誉感的培育是一个系统工程，它不仅包括对军人荣誉的正确认知，还应促进军人对荣誉的内、外两个方面的需要与动机，同时要引导他们有科学的价值判断，形成对待军人荣誉的正确态度，并最终在军事行为及日常生活中，外化、体现出军人荣誉。

第一节 荣誉认知

在军人荣誉的心理结构中，荣誉认知是基础，也是起点。因为只有在认知的基础上，才能产生价值判断，继而形成对军人荣誉的相应态度。同样，也只有在荣誉认知的基础上，才能够厘清它是否符合军人的需要，从而激发出相应的动机，并最终在外显的行为中得到满足和体现。

还有比生命更重大的，就是荣誉。 ——席勒

一、荣誉概述

荣誉，即指一定社会或集团对人们履行社会义务的道德行为的肯定和褒奖。个人因意识到这种肯定和褒奖所产生的道德情感，通称荣誉感。在中国，孟子最早从伦理方面使用荣辱概念：“仁则荣，不仁则辱。”荣誉既属于社会历史范畴，也属于心理学范畴。不同的社会或不同的阶级对同一行为的褒贬不同，甚至相反。荣誉的获得与履行道德义务密切相关。忠实履行对社会、阶级或他人的义务，是获得荣誉的前提。荣誉可分为集体荣誉和个人荣誉。在社会主义时代，这二者从根本上来说是一致的。个人荣誉是集体荣誉的体现和组成部分，集体荣誉是个人荣誉的基础和归宿。

从心理学角度，荣誉包括四个层次内容。其一，是对荣誉的认知。例如，什么样的行为，或者什么样的士兵是光荣的，是值得肯定和赞赏的。军队是与战争联系在一起的。即便是和平时期，军人的存在也大多是与准备战争和制止战争相联系的。这就要求军人必须勇敢、顽强和无惧牺牲。军人履行使命的环境和条件常常比较艰苦。与之相应，就要求军人具备超乎常人的吃苦精神和坚韧不拔的意志，战胜困难的勇气等。符合这些条件和要求，就是合格的、光荣的。其二，荣誉是一种需要。马斯洛的“需求层次理论”将人类的需求划分为生理、安全、爱与归属、尊重和自我实现五个层次。很显然，荣誉作为受人尊重的基础和个人成功的标志，归属于后两个层次。对荣誉的崇尚和追求，不仅是军人获得党和人民尊重与肯定的外在需要，还是革命军人自我实现与自我发展的内在需要。其三，荣誉是一种态度。价值判断，是荣誉态度的核心。即，荣誉对于军人有没有价值，决定着军人对荣誉的态度。由于军人在参军入伍之前所处的环境与教育条件不同，他们可能具有不同的价值观，所以在面对荣誉时，军人可能会产生不同的态度。同时，人生观、世界观等高层次意识，对态度也起着重大的影响作用。最后，荣誉还体现在外显的行为上。荣誉不是天上掉下来的，不是熬日子熬出来的，不是靠不正当手段得来的。荣誉之花需要军人在自己的本职岗位上用汗水和鲜血去浇灌，在完成党和人民交给的各项任务中去创造，在经受考验和诱惑中去升华。总之，军人荣誉来自于军事实践活动，又通过军事实践活动来展现。

二、荣誉的重要性

军人荣誉培育，不仅仅限于荣誉认知，但荣誉认知起着基础性作用。只有在认识到荣誉的重要性，体会到崇尚荣誉的必要性的基础上，才能更好地进行当代军人荣誉培育。

（一）治军强兵需要荣誉

德国军事理论家克劳塞维茨指出："在一切高尚的感情中，荣誉心是人的最高尚的感情之一，是战争中使军队获得灵魂的真正的生命力。"崇尚荣誉已成为当今世界各国对军队和军人的普遍要求。美国西点军校把"责任、荣誉、国家"作为校训；俄罗斯军队提出"荣誉、形象、责任、纪律、勇敢"的十字核心价值观；印度的则是"荣誉、责任、智慧、灵魂、克制、自尊"。这些军事强国都把崇尚荣誉作为军人核心价值观的重要内容，高度重视培养军人为荣誉而生、为荣誉而战、为荣誉而死的道德情操。这充分说明，崇尚荣誉是古今中外治军强兵普遍遵循的一条铁律。我们大力培育当代革命军人核心价值观，必须把崇尚荣誉摆在十分重要的位置并抓紧抓好。

（二）荣誉激励官兵创佳绩

我军是一支具有强烈革命荣誉感的军队，历来就有崇尚荣誉的光荣传统。从诞生之日起，我军就非常重视开展群众性的"立功创模""争先创优"活动。通过崇尚荣誉来激励官兵为党、祖国和人民牺牲、奋斗的大爱大勇。土地革命战争时期颁发的红星奖章，记录着红军将士对中国革命的历史功绩；抗日战争中掀起的英雄主义运动，创造了誓死报国的民族精神；解放战争和朝鲜战场上广泛开展的杀敌立功运动，催生了邱少云、黄继光等一批又一批震古烁今的英雄模范。我军的发展史就是一部创造荣誉的奋斗史，一部用不朽荣誉铸就的光辉篇章。崇尚荣誉已经深深地刻在了这支军队的脊梁上，融进了这支军队的血脉里。新的时代条件下，人民军队创造新业绩、续写新辉煌，必须继承和弘扬这一光荣传统，不断激发和强化官兵珍惜荣誉、创造荣誉的荣誉意识和进取精神。

（三）荣誉是军人的力量源泉

朱德同志曾说："部队中人人精神振奋，你也想立功，我也想立功，这样就会打胜仗。"因为崇尚荣誉就是崇尚英雄、崇尚崇高和崇尚胜利。事实证明，强烈的荣誉感是催人奋进的精神源泉。有了这种荣誉感，就有高昂的士气，就有无私奉献的宽广胸怀，就有赴汤蹈火的英雄壮举。官兵的血管里流淌着崇尚荣誉的血液，就会为荣誉而战斗到底。心田里播下了崇尚荣誉的种子，就会为荣誉而英勇献身。只有崇尚荣誉的军队，才能成为战无不胜的军队；只有崇尚荣誉的军人，才能成为不辱使命的军人。崇尚荣誉，对于激发官兵斗志、鼓舞部队士气、巩固与提高部队战斗力具有极为重要的作用。新世纪新阶段，我军担负的使命任务更加艰巨繁重，有效应对多种安全威胁，完成多样化军事任务，迫切需要通过崇尚荣誉，来催生强大精神力量。

（四）荣誉是军人的精神需求

荣誉是道德的最高奖赏，是价值的最好证书，更是军人的第二生命。我军军人历来视荣誉重于生命，这是由革命军人的精神需求决定的。革命军人以牺牲奉献为己任，身系国家民族安危，时刻面临生死考验，最能体现大忠大义，最能彰显大荣大辱，因此也最为崇尚荣誉。人民军队作为荣誉史中表现最多的组织，荣誉对军人有强烈的召唤力和吸引力，已经成为革命军人血液里不可或缺的营养成分。当前"80后""90后"的青年军人逐渐成为部队建设的主体。一方面他们实现自我价值的愿望和要求更加迫切，另一方面又缺乏对革命战争年代，我军军人对革命荣誉自觉的理解和认同。这就要求我们积极适应青年军人的思想和行为特点，切实倡导形成崇尚荣誉的鲜明政治导向，帮助军人树立正确的荣誉观，引领军人在保卫祖国、建设祖国的岗位上争创一流业绩，为军旗增辉，为人生添彩。

三、正确认识新时期军人荣誉

目前，世界大局是和平与发展。在这样的历史背景和现实条件下，除了认识到荣誉的重要性和崇尚荣誉的必要性之外，还需要正确认识和平时期军人的荣誉特征，这样才能确保军人荣誉观与时俱进。

在和平时期，国家的主要任务是经济建设，社会的主要舞台在经济和科技文化领域，社会对国防和军队的关注度不如战争年代高。其次，军队和军人已不在战场，而在训练场，军人没有战争的威逼和战斗的砥砺，难免产生一些松懈思想。为此，军人的价值和荣誉在和平时期有被忽视和遗忘的危险。那么到底应该如何看待和平时期军人的价值和荣誉呢？

1.社会民众方面。应看到和平是战争的结果。今天的和平安宁是军人浴血奋战所换来的，不能忘了那些曾经牺牲奉献的军人的功勋。和平是战争的间隙，不忘曾经牺牲奉献过的军人的价值和荣誉，是鼓励军人在未来作战中继续牺牲奉献的强大精神动力。其次，应充分认识到今天和平局面的维持，是以强大的国防和军队的存在为后盾的。正是军人时刻保持警惕，刻苦训练，保持强大的威慑力，才使敌人不敢轻举妄动，换来国泰民安的和平时代。军人赢得战争，应给予荣誉，军人赢得和平，同样应给予荣誉。

2.军人方面。不能以战时军人价值彰显之时的军人荣誉，来苛求今天的军人；不能幻想今天仍享有战争时期的荣誉，毕竟战时的牺牲要多于平时。更要看到，战争时期，虽是军人大显身手之时，价值彰显之时，英雄辈出之时，也是军人大获殊荣之时。但战争时期，也是国家民族危难、人民受苦受难之时。那时的荣誉和奖章中，有军人的血，也有人民的血。应该说，换来和平、捍卫和平和维护和平，才是军人最高的价值和荣誉。而对军人荣誉在和平时期的这种变化特点，军人应该欣然、泰然处之。

第二节　荣誉需要

荣誉,本身就是军人自发存在的一种需要。但这种需要存在的特点,在每一名军人身上有不同的体现。军人的荣誉需要会产生荣誉动机,并最终推动军人实施荣誉行为,去满足这种需要。在这样一个连续过程当中,每一环节都会影响最终的结果。因此,本节在对荣誉需要和荣誉动机的分析基础上,讨论如何通过这两个环节,来增强军人荣誉培育的效率。

一、需要与荣誉

需要是指个人由于缺乏某种生理或心理因素而产生的某种不平衡状态,它通常以欲望、愿望和意向的形式被人体验。从这个界定来看,军人的荣誉需要,显然就是军人在荣誉感这个心理因素上的缺乏或不平衡状态。

前文已经提及,从马斯洛需要层次论来看,军人的荣誉需要主要归属于自尊需要和自我实现需要两个层次。但是,马斯洛同时指出人的需要是刚性上升结构,即:只有低层次需要得到满足后,高层次需要才会显现主导作用,而这却难以解释古今中外的军人为了荣誉赴汤蹈火、万死不辞的现象。继马斯洛之后,美国耶鲁大学的克雷顿·奥尔德弗提出了更贴近实际的“ERG 理论”。该理论将人类需要归并为生存、相互关系和成长发展三个层次,认为人的需要并非完全的刚性上升结构,各个层次的需要往往同时发生作用,在低层次需要无法满足的情况下,高层次需要仍可显现主导作用。这对于解析军人荣誉的内在本质有着重要意义。军人作为自然人和社会人,首先要受到各种低层次需要的影响和制约。但作为执行政治任务和军事任务的特殊职业人,军人更加强调信念、荣誉等高层次需要。在长期的灌输和养成中,荣誉逐渐超越各种低层次需要,成为军人的精神支柱,激励和感召他们不惜以任何代价去完成使命任务。例如,志愿军116师参谋长薛剑强烈士在日记中写道:"谁都不愿死,谁都希望活,然而荣誉却有时推翻这个规律,荣誉使人勇于和死神接近。"从"基本需要层次理论"讲,军人荣誉是军人的高级需要,而从"ERG理论"看,军人荣誉则是军人内心主导的高级需要。

二、动机与荣誉

我们知道,军人荣誉行为的出现不是偶然的,必然是有其原因的,这个原因就是动机。什么是动机呢?动机是一个人发动和维持活动,并导致该活动朝着一定目标进行的心理倾向,是驱使人们有目的行为的内部动力。

军人的荣誉需要是荣誉动机产生的前提和基础。当军人产生了荣誉需要而没有得到满足的时候,心理上就会处于一种紧张状态。这种心理上的紧张状态就会成为一种内在的驱动力,形成荣誉动机。随后会发生选择或寻找荣誉目标的心理趋向。当荣誉目标找到之后,就可以满足荣誉需要,使得军人的心理紧张消除,继而产生新的荣誉需要。如此看来,军人的荣誉动机在这个周而复始的循环当中起着中介、桥梁的重要作用。而与军人的自尊、自我实现两个主要的荣誉需要相对应的,则是军人的成就动机。

在军营中,我们会发现军人在不同的情况下会有强弱不同的成就动机。某个军人可能对某些荣誉拼命追求,但对另外一些荣誉则浅尝辄止,甚至中途放弃。心理学研究对这一现象做出了相应解释,这便是心理学家艾特肯逊所提出的心理向度理论。这个理论主要是说,在成就动机形成过程中,在意识上有两个方向彼此相对的心理作用:一是希望成功,二是害怕失败。这两种心理作用彼此相对抵消的结果,就形成了个体的成就动机。依此而论,成就动机高的军人,必定是希望成功向度上所产生的趋向力,远远大于害怕失败向度上所产生的逃避力量。这提示我们,可以从军人所选任务的困难程度上,去推测他成就动机的高低。因为成就动机高的军人,内心对成功的希望大于对失败的恐惧,因此他敢于选择比较困难的工作,以期获得成功和荣誉后的快乐。反之,成就动机低的军人，内心对失败的恐惧大于成功和荣誉的希望，所以只好选择相对容易的任务，以避免失败的痛苦。

三、荣誉的需要、动机激励

(一)需要的满足

马斯洛的需要层次理论中，对人类需要的分析和解释值得我们重视，并合理应用到军人荣誉感的培育和激励中来。

人类的基本需要按优势或力量的强弱排成等级。一种需要一旦满足，就不再具有支配的力量了。此时，将会有另一种需要取得支配的优势。这告诉我们，在军人荣誉感教育中，应该根据每个军人的具体情况，因势利导。比如，有的军人的优势组合模型是生理需要、安全需要占优势。对于这样的军人，若直接对他们进行荣誉感教育或许效果不大。因为他们的需要结构中，荣誉追求所属的需要层次处于弱势状态。因此，应把主要着力点放在满足他们这两个层次的需要上。当这两个层次的需要得到一定程度的满足，它们将不再具有支配力量后，自然会有更高层次的需要。这时，我们的荣誉培育工作将事半功倍。

高层次的需要不像低层次的需要那样迫切，但若能得到满足，会引起更合意的主观效果(幸福感、宁静感和内心生活的丰富感)。对于这种解释，我们可以通过实例来理解。例如，当一名战士接受了两周的荒岛求生训练，或许他迫切的愿望是好好吃一顿，美美睡一觉。当这样的愿望得到满足后，他将产生心满意足的快乐感觉。但这种感觉仅仅只能称之为快乐，属于较表浅的层次，并且持续时间也不会太长。一两天之后，这种快乐的感觉便逐渐消散。而当一名战士进行了为期几个月的严苛、艰苦训练，参与了纪念反法西斯战争胜利七十周年阅兵式，并在阅兵式中表现优异，在党和人民的考验中交上完美的答卷并获得表彰时，所产生的骄傲、荣耀的感觉，将会如潮水般汹涌于战士的内心世界，并持续较长的时间。而这样的“更合意的主观效果”还会在战士今后的生活中，持续地影响他的认知和情感世界，感召其继续为这样的荣耀时刻而努力奋进。这提示我们，应该尽可能地创造机会，去满足军人的高层次需要。

因为这会给军人带来更大的幸福感。而这些高层次需要得到满足之后，会继续激励军人产生新的高级需要，激发动机，产生行为，并形成一个良性循环。

（二）合理调控成就动机

与需求结构一样，每一位军人的成就动机水平也不一样。我们应充分尊重每位军人的实际情况，借鉴心理学的研究成果，合理调控军人的成就动机。

1.帮助军人正确认识自己。根据心理学家艾特肯逊的研究，个人成就动机的强弱，实际上取决于个人面对任务时的主观看法。但是个人的主观看法有时未必正确。军人在面对条件不明、成败未卜的任务时，有可能高估了任务的难度，低估了自己。但也可能高估了自己，低估了任务难度。因此，个人动机将随多次的成败经验而有所调整。这在对军人的训练过程中也颇具意义：既让军人在任务中经历到成功，也经历到失败，使他们从成败经验中，建立起知己知彼的明确的自我观念，从而形成适当的成就动机，才不至于做出过分高估自己，或者过分低估自己的行动。

2.巧用自卑引导选择。心理学家阿德勒认为，自卑和超越是人类固有的两种基本动机。正是人的自卑感使人产生了对卓越的渴望。但阿德勒并不认为人的自卑感越重，就愈会奋发向前。他认为正常的自卑感产生了成就的需要，对人的发展起着一种激励的作用。也有些人被沉重的自卑所湮没，这种变态的“自卑情结”是阻碍个人发展的绊脚石。那么为何有些人虽自卑，但是经过补偿，成了难得的人才，而另外一些人却形成自卑情结而一事无成呢？阿德勒认为，其差别在于选择。在他看来，遗传与环境只是人类个性发展的原材料，至于自己成为什么样的人，怎样发展，则完全是自己选择的结果。如此看来，我们在军人荣誉培育过程中，就应该充分利用自卑动机，加大对战士做出选择时的影响和引导力度，帮助军人在大大小小的选择中，为追求崇高的荣誉而不懈努力。

（三）营造军营荣誉观文化氛围

军营的氛围对军人成就动机具有深远的影响。心理学家麦克利兰的研究结果显示，一个社会环境形成的高成就动机氛围，有益于个人成就动机的提高。鉴于此，加强军人荣誉观培育，必须营造一个积极健康、生动活泼的军营荣誉观文化氛围，从而使广大官兵在日常的训练和生活中，时时刻刻感受到浓厚的军营荣誉氛围，自觉加强思想道德修养，树立正确的荣誉观，视荣誉如自己的生命，自觉地去珍惜荣誉和追求荣誉。

营造良好的军营荣誉观文化氛围应该坚持社会主义核心价值体系和军人核心价值观的理论导向，使军人荣誉观的内容渗透并植根到广大官兵的灵魂深处。具体有下面几个方面的建设内容。

1.加强理论宣教。要积极发挥军队政治课的教育功能，通过政工课堂全面深刻地阐述军人荣誉观的内涵和基本要求，在广大官兵中大力开展爱国主义、集体主义和社会主义教育，不断强化当代军人的革命精神和战斗精神。同时，要充分利用好军队报刊、广播、网络、黑板报和宣传栏等媒介，大力宣传树立军人荣誉观的重大意义，积极宣传报道各军各部门开展荣誉观教育的典型做法和先进经验，深入挖掘和宣传身边的践行军人荣誉观的典型人物和先进事迹，营造树立军人荣誉观的浓厚舆论氛围。

2.加强硬件环境建设。要下大力建设好基层连队的荣誉室和队史馆，通过展示连队的历史沿革和光荣传统，激励广大官兵为连队的建设发展增光添彩，通过悬挂张贴革命先烈的先进事迹和格言，引导官兵树立正确的荣誉观。同时，还要加强营区的环境建设，通过悬挂政治标语横幅，在公共场所布置蕴含军人崇高品质的雕塑、名言等，陶冶官兵忠党爱国、热爱人民的高尚情操。通过绿化和美化军队营区环境，为当代军人树立军人荣誉观营造一个身心愉悦的外在环境。

3.加强文化环境建设。军人荣誉观培育要融入军营的文化活动中，才能贴近官兵、深入官兵，才具有鲜活的生命力。为此，我们要把军人荣誉观的教育内容融入官兵的日常训练、体育竞技和文娱活动之中，使广大官兵在参与活动的同时，接受教育和熏陶，达到寓教于乐的目的。例如，我们可以通过荣辱观知识竞赛、演讲和辩论赛等形式，加强官兵对军人荣誉观内涵的认识和把握；通过看电影和读书会的形式加强军人荣誉观的熏陶；通过军营仪式化活动和部队荣誉史教育的方式激发官兵追求荣誉和捍卫荣誉的意识。

第三节 荣誉态度

人们常常说“态度决定一切”，可见态度的重要性。军人对待荣誉时的态度，既包括军人对荣誉的认识、价值判断，也包含军人对待荣誉的情绪、情感体验，还包含对待荣誉时的心理倾向。它是军人是否发展外显的荣誉行为的决定因素。荣誉态度是什么？它是如何形成的？我们有些什么办法可以改变荣誉态度，是本节将要分析和讨论的内容。

一、荣誉态度概述

军人的荣誉态度，是指军人对荣誉以一定的方式做出反应时所持有的评价性和较稳定的内部心理倾向。具体来说，军人的荣誉态度有以下几个特点。

首先，荣誉态度是一种内在的心理倾向。一般我们认为，态度总是显露在面部表情、谈吐与外部行为中。比如发表肯定或者否定的意见，表现出喜欢或者厌恶的表情，做出接近或排斥的行为。但事实上，态度可以表现于外，也可以不以外显的形式表现出来。有些甚至深藏于心，一辈子都不表露。军人的荣誉态度是军人个体根据自己的经验或观点，对军人荣誉在内心进行意义估量，或者凭直觉做出如何对待的一种心理倾向。它是一种尚未表现于外的内心历程或潜在的心理状态。

其次，荣誉态度具有价值判断的成分和感情色彩。军人的荣誉态度是军人对军人荣誉的意义性或重要性进行估量、评价后产生的某种看法、体验或意向。如重视或轻视、肯定或否定、赞同或反对、趋向或回避、接受或拒绝，以及处于上述两个极端之间的一种中间过渡状态。荣誉态度，不论是通过直觉还是通过分步思维过程而产生，它总是关于军人荣誉对自己有多大利害关系的一种价值判断或情绪评定的结果。

最后，荣誉态度具有一定的稳定性与持续性。当荣誉态度一旦形成，就将持续一段时间，不轻易改变，这便是荣誉态度的抗变性。这个特点之所以出现，是由于荣誉态度的形成具有深层的原因：即它是军人荣誉的特性和军人个体已经有的种种需要、习惯、经验、理念交互作用并建立较稳固联系的结果。要改变荣誉态度，就要涉及整个或部分联系系统的改造，这并不是一件轻而易举的事情。

二、荣誉态度的形成

关于态度的形成，心理学有诸多研究和理论，这里以学习论中所涉及的原理来讨论军人荣誉态度的形成。

霍夫兰等学者认为，态度同其他习惯一样，是后天习得的，是个人通过强化、模仿获得有关信息和情感的过程，加上评价组成的。这说明，"强化"对军人荣誉态度的形成有相当重要的作用。当军人个体对待荣誉的态度（如崇尚荣誉、珍视荣誉）得到周围环境和社会的认可、赞许，它就得到了强化，否则就得不到强化。荣誉态度的强化更多地依赖赞许。普通士兵处于青年期，对于他们来说，来自同伴的赞许，其强化力量不容忽视。因此要培养青年士兵形成正确的荣誉态度，注意培养军人群体健康舆论颇为重要。

模仿，是通过对榜样人物形象的示范而产生的联想反应，即初级学习形式。如果榜样是强有力的、重要的或者亲近的人物，引起模仿的作用更大。甚至在没有榜样言语教诲的情况下，也是如此。因此我们在塑造军人荣誉模范时，如果条件允许，可以注重就近原则。如在同一个班、同一个连队当中树立模范人物。军人对荣誉模范人物的模仿将经历三个阶段。

第一，顺从。指在社会影响下，军人个体仅仅在外显行为上表现与模范人物一致。这时还谈不上有多深刻的认识和情绪成分。这种荣誉态度是表面的、外控的，也是暂时的。

第二，认同。指军人个体因为喜欢，认可某荣誉事件、荣誉模范或荣誉集体，乐于与其保持一致或采取与其相同的表现。这种荣誉态度带有较多的情绪、情感成分，它虽然谈不上有多深刻的认识作为基础，但已经比较主动了。

第三，内化。即军人个体把情感认同的东西跟自己已有的信念、价值观联系起来，给予理智上的辨认，做出是非判断。这是一种认知成分占主导地位的荣誉态度，它已经成为军人人格的一部分，因此一经产生就比较持久，不容易改变。

三、荣誉态度的改变

对军人荣誉态度的改变分为两个方面。一是程度上的改变。例如，对自己祖国的忠诚和热爱，这是军人本有的一种态度。我们要使得军人对祖国忠诚、热爱的程度加深、加强，这种改变叫作一致性改变。二是态度方向上的改变。例如，某个新兵战士从前在家娇生惯养，不愿意吃苦，并不认同军人的艰苦奋斗的精神。这个时候，让他认同艰苦奋斗的精神，其改变就是方向性的，叫作不一致性改变。对于军人荣誉态度的改变，我们提出以下途径。

（一）劝说宣传

这是一种借助语言、报纸、杂志、广播、电视、电影、广告和新媒体等各种媒介来传播信息，影响军人，使之荣誉态度发生改变的方式，是一种极为常见和广泛使用的方式。有关这方面的研究，基本上来自霍夫兰及其领导的“耶鲁学派”。采用这一方式来改变军人的荣誉态度，是把整个劝说宣传过程看成一个信息传递沟通的过程。

（二）角色影响

角色影响是指让军人进入某个角色，通过这个角色所具有的约束和影响，来改变其荣誉态度，这种途径和方式是以角色理论为依据的。角色理论的核心原则，即个体的行为应与其所承担的角色相一致，应该符合这一角色身份的要求。无论是什么角色，客观上都包含着标志这一角色的各种象征（如权利、地位、待遇）和符号（如称呼、头衔、级别），包含着这一角色所特有的行为规范、准则及他人对这一角色的期待。对于军人个体而言，担当起某一角色，也就意味着要使自己的内涵与角色的内涵相吻合，使自我与角色协调一致。一方面意味着军人个体的变化和发展，另一方面则意味着军人个体被约束和受制约。例如，选择一名士兵作为连队的内勤示范标兵，那么当这名战士担当了这一角色，他就会自觉地按照内勤标兵的标准和规范来约束、要求自己。也许以前在整理内务的时候，军被叠得并不算连队最快、最好的，现在在这一角色的约束和压力下，他就会不断努力，提高叠被子的能力，以起到在整个连队里的标杆作用。

（三）团体影响

团体影响就是团体通过团体规范和准则，来对军人个体施加影响，从而有效改变军人的荣誉态度。团体规范和准则是一种无形的约束力。它使得团体内的军人成员的一言一行，都要符合团体规范的要求。通过对军人成员的符合规范之行为进行接受、赞同和承认，来确定其在团体中的位置；通过对破坏团体规范的军人个体进行拒绝、否定和打击，来惩罚和孤立他。例如，在电视剧《士兵突击》中，在钢七连光荣连史的“钢七连没有一个孬兵”口号的激励下，许三多坚持做了300多个单杠空翻；伍六一不顾伤病，挑战生理极限参加军事比武，拼死捍卫钢七连的荣誉，就是团体影响的结果。

我军在成长过程中，每个部队都有着光辉、荣耀的历史，如红军师、坚守英雄连、硬骨头六连、尖刀七连、百将团和塔山英雄团等。这些有着光荣历史和优良传统的部队的历史荣誉之沉淀，自然形成了该团体军人的团体规范和准则。例如“塔山守备英雄团”，解放战争时期三保本溪、四保临江。1998年抗洪救灾，该团官兵突破体能极限，出色地完成了许多急难险重任务，涌现出李向群等英雄人物。我们应珍视这些历史荣誉，加强这些历史荣誉对部队团体规范、准则的影响作用，激励团体的军人成员赢得新荣誉。

（四）团体讨论

经由团体讨论决定，引导多数成员向一个新的态度转变时，团体对于信息传播效果起着很好的促进作用。著名心理学家勒温在这方面进行过实验研究：由于第二次世界大战期间食物短缺，政府希望人们多用动物内脏做菜。勒温向第一组被试讲解动物肝脏做菜的好处，并赠送每人一本烹调菜谱；而对于第二组被试，勒温组织他们进行讨论，并由营养专家亲自进行烹调。结果发现，第一组被试只有3%的人改变了态度，而第二组被试有32%的人改变了态度。勒温指出，团体讨论中的态度改变经历了三个过程：(1)“解冻”了原有的抵制改变的团体态度；(2)建立起新的态度；(3)“凝固”了新的态度。

勒温的实验提示我们，在促进军人荣誉态度转变的时候，要充分利用军人团队内自发的力量，多创造出这样的机会和氛围，态度转变的效果会事半功倍。因为参加团体讨论的军人成员是主动的，较可能产生自我卷入。而且他们在讨论中有可能觉察其他军人态度改变的行为，受到和他人互动的影响，而产生态度的改变。

（五）活动参与

社会心理学家费斯廷格的研究证实：通过活动参与，能够有效地改变态度。因此，引导军人积极地参与有关活动，能达到转变军人荣誉态度的目的。但同时也应注意，活动参与对军人态度改变的程度，会受到一些因素的影响。如，军人参与活动时的自愿程度或感受到的压力大小。如果军人参与一项活动是自觉自愿的，其态度改变就会大一些。如果是出自自身之外的某些原因，如奖励或惩罚，感受到了某些压力，如权威和团体的压力，则即使其参加了活动，态度也未必会发生很大的改变。

此外，军人参与活动事件的时间长短，也影响着活动中军人荣誉态度的改变。如果参与的活动是经常性的、较长久的，则态度改变相应更大、更持久；反之，如果只是一次性的活动或者短期的活动，则态度改变的效果就不很明显也难以持久。

第四节　荣誉行为

无论是对荣誉的正确认识，或是对荣誉需要、动机的激发，还是端正荣誉态度，都会起到塑造荣誉行为的作用。因为这几个方面本来就是同一过程的不同阶段，它们彼此联系，相互影响，不可分割。而加强军人荣誉感的培育，最根本的是要躬行实践，见诸外在行为。

一、荣誉行为概述

一切正确的思想都从实践中产生，并在实践活动中得到检验。美国军事社会学家佩里格林认为："绝大多数真正的职业者在他们的职业生涯中不断实践，以掌握更多的专门知识，树立更强的责任感和整体感为其理想，并为之奋斗不已。"军事实践，是军人情感内在本质的对象性体现。通过较多的参与军事实践，官兵能够不断调整价值观念和自我形象，进而不断增强军人职业意识，激发军人荣誉感。具体来说，军人应从三个平台上进行荣誉行为塑造。

（一）日常生活

古人云："不积跬步，无以至千里；不积小流，无以成江海。"一个成就伟业的人，一定要从小事做起。军人荣誉行为的塑造，需要从小处着手、从小处用力，无论是说话办事还是集合站队，无论领导在与不在，无论是在军营还是在营外，一举一动、一言一行，都应规范得体。

（二）本职岗位

本职岗位是培育军人荣誉感的有效平台，要把培育工作渗透到大量而具体的岗位学习、工作和训练中。根据实际，广泛开展"岗位成才、岗位建功"主题实践活动，强化"小岗位牵动大事业""小岗位也能大作为"等理念，引导官兵在尽职尽责中感悟崇高使命，砥砺革命精神，升华价值追求。

（三）重大任务

参加抗洪抢险、抗震救灾、大型阅兵、航天发射和撒手锏装备研制等重大任务，既是全面检验部队战斗力的大考场，也是培育军人荣誉行为的大课堂。为此，要充分利用完成重大任务的契机，促进荣誉感的熔铸与升华。

二、荣誉激励行为

瑞士心理学家荣格曾对荣誉情结有这样的描述："情结由一个居中的或核心的心理要素所组成，围绕着这一心理因素而聚集着一大批次要的联想。这个居中或核心的心理要素就是荣誉。"没有什么能比荣誉更能制造出惊人的举动了。也就是说，荣誉本身，就是荣誉行为的激发器和加速器。下面，我们就通过古今中外的案例，来体会荣誉对行为的巨大激发作用。

公元前325年，马其顿国王亚历山大面对军队内部的突发事变，对即将哗变的士兵们说："你们当中有谁会真正感觉到，他为我受的苦和累比我为他受的还多呢？我的全身，至少是前面，没有一个地方没有伤疤。这一切都是为了你们，为了你们的荣誉，为了你们的财富。"荣誉和财富，挽狂澜于既倒，感化了士兵，制止了这场哗变。

乾隆三十六年间，万里返回祖国的蒙古土尔扈特部，为了得到回归祖国的荣誉，不惜蒙受巨大的牺牲，行程万余里，回到了祖国。19世纪的一个外国学者惊叹到："从有历史记录以来，没有一桩伟大的事业，能像上个世纪后半期，一个鞑靼民族跨越亚洲无垠的草原，向东迁移那样轰动于世和激动人心的了。"

1941年11月，德国法西斯的军队逼近莫斯科，苏联红军的最高统帅斯大林部署并指挥莫斯科保卫战。狭路相逢勇者胜。为了鼓励苏军的战斗意志，斯大林于11月7日在红场举行了盛大的阅兵仪式，并在阅兵后做了慷慨激昂的演讲。他对参战的士兵们说："全世界都注视着你们，把你们看作能够消灭德国侵略匪军的力量。处在德国侵略者压迫下的被奴役的欧洲各国人民都注视着你们，把你们看作他们的解放者。伟大的解放使命已经落在你们肩膀上，你们不要辜负这个使命。你们进行的战争是解放战争、正义战争……”斯大林讲演一结束，全体受阅士兵振臂高呼：“乌拉！”全副武装的苏联红军，迈着雄健的步伐，从红场列宁墓前走过，开赴前线。斗志高昂的苏联红军，以钢铁般的意志和勇敢的战斗精神，顽强顶住了德军的进攻，并迅速转入反击，使莫斯科转危为安，并因此扭转了苏联红军在卫国战争初期的被动局面。

三、荣誉行为塑造

前文已从认知、需要、态度三个方面对如何塑造、增强军人的荣誉行为进行了讨论。在此，我们将结合国内外军队的相关经验，对荣誉行为的塑造，做几点补充讨论。

（一）准确、公正的荣誉事实评判

军人荣誉的事实判断，是指相关机构或人员依据军人荣誉的定量标准和定性标准，对荣誉评价对象的行为事实进行甄别、衡量与比对，从而确定荣誉评价对象是否能够获得荣誉，以及能够获得什么样的荣誉的过程与活动。军人荣誉的事实判断是一个去伪存真、去粗取精的过程。只有做到准确公正，才能使军人荣誉具有较大或最大价值。客观地讲，军人的牺牲奉献并不一定是为了荣誉，但准确公正地对做出牺牲奉献的军人授予荣誉，却是每个国家和军队义不容辞的责任。更为重要的是，军人荣誉始终与部队的军心士气、凝聚力和战斗力息息相关。正因为如此，军人荣誉只有在事实判断上做到准确公正，才能使付出青春、热血和生命的军人获得实至名归的荣誉，才能避免出现英雄“流血流汗又流泪”的令人痛心疾首的事件，使弄虚作假者、营私舞弊者和沽名钓誉者无处遁形，有效地保护军人荣誉的神圣性与纯洁性，进而最大限度地凝聚军心、提振士气，增强和提高部队的战斗力。

（二）物质、精神奖励相结合

美军全军统一的勋章就有近 20 种，各军兵种还有反映不同专业特点的各类奖章，多达 60 多种，几乎覆盖了整个军旅周期和全部军事生活。美军尤其侧重对参战军人进行表彰。比如，只要参加军事行动满 30

天，即授予纪念章；最高等级的国会荣誉勋章，只能授予参战的杰出个人；对为国捐躯的军人，会颁发由总统签名的荣誉殉职证书，并归葬国家公墓或树碑立像给予殊荣。俄军同样把精神奖励作为体现军人荣誉、重振军队士气的重要手段。除了向各种级别的英雄模范人物授予各种勋章、奖章外，还奖励带签名的手枪、佩剑和手表等。

除了精神激励，军队一般还利用优厚的物质待遇，强化军人的责任感和荣誉感。美军强调，“要保持世界上最高质量的军官和士兵队伍，就需要对他们的生活质量做出持续不断的承诺”。因此，美国军人无论服役期间还是退役之后，都享有较高的经济收入和完善的生活娱乐条件，为此还设有专门的服务机构。美军还向军人及其家属提供各种特殊待遇，例如，到特定的机构购买特价商品、享受公费医疗和公费教育等。

（三）重视社会资源利用

外国军队非常重视通过与地方政府、新闻媒体、社会团体及普通民众的互动，宣传军队成就和军人形象。如美军建立了“新闻发布卡”制度，当官兵取得突出成绩或受到表彰后，军方会填写新闻发布卡寄给地方媒体并公之于众，让其家乡的亲朋好友同享荣誉。这既激发了军人的荣誉感和责任感，也增强了地方人员对军队的了解与热爱。美军对军人的家庭作用格外关注，他们设有“全国家庭周”“军人配偶节”“军人子女月”等，动员全社会的力量为军人及其家庭提供情感关怀与实际帮助。美军还邀请军人家属参加每年为重大节日或入伍退役、晋职晋衔、立功受奖、职务交接、参战迎送等重大时机而举行的隆重仪式或纪念、庆典活动。借助社会资源，使军人的荣誉得到了强大的民众支持保障，在民众中也种下了崇军尚武的种子。国情不同，培育的方法途径也会不同。但外国军队荣誉激励措施中的合理成分仍然值得我们重视与借鉴。

【故事专栏】

荣誉诺曼底

第二次世界大战中，盟军准备在诺曼底登陆。为打好欧洲战场反法西斯战争生死存亡的这一仗，盟军总司令蒙哥马利元帅通过广播进行政治动员以激励官兵士气。他在广播中深情地说："你们在干一件无与伦比的伟大事业。世界将通过你们完全变一番模样，世界的历史将为你们树立一座丰碑，写上：你们是迄今最优秀的军人！这是世界上从未有过的'拔河比赛'。那些即将开辟第二战场的军人所负的责任，是成功地执行自己的任务，并最后作为一个自豪的人，回到家里与家人团聚。"蒙哥马利元帅将获得战争胜利同国家荣誉联系起来，极大地激发了官兵的斗志。士兵们听了广播，士气高涨，斗志昂扬，军官们更是主动请缨，在随后的残酷战斗中舍生忘死，一往无前，并最终夺取了诺曼底登陆战的伟大胜利。

【故事感悟】

在战争实践中，以荣誉激励战斗精神，无不对官兵的战斗精神起着巨大的提振作用。就像拿破仑说的那样："只要给我足够的勋章，我就能征服世界。"荣誉是一个人对自身价值的评估，同时也是他卓越行为得到社会的赞赏与认可。纵观古今中外，无不把荣誉作为军队战斗精神的核心和支柱。如中世纪骑士精神的内涵就是"荣誉、效忠、美德、风度"。其中，对荣誉的崇拜则是骑士精神的灵魂。荣誉可以凝聚军心，可以培养崇高的精神。无论英勇、忠诚，还是慷慨，最终都是为了荣誉。诚如一位将领所说："一个人不会把生命出卖给你，却会为了一条彩色绶带把生命奉献给你"。荣誉可以坚定理想和信念，而且对理想、信念的荣誉感一旦确立，它就如种子一样，雷击不动、风袭不摇、火融不化。巴顿将军的话，可作注解："我遗憾地注意到，人们一旦荣获这两种勋章中的一种，往往会因奋勇作战而流血牺牲。"

只有崇尚荣誉的军队，才能成为战无不胜的军队；只有崇尚荣誉的军人，才能成为不辱使命的军人。军人有了对荣誉的向往和珍视，就会不惧艰难，不畏牺牲，勇往直前！

第二篇　军人心理训练

军人心理训练又称为军人团体训练、拓展训练、团体辅导和团体咨询等。它实质上是一种特殊的教育过程，是在心理学的科学原理和方法的基础上，根据身心互动理论设计和组织的一系列活动，通过团体内人际的交互作用，促进个体成员认识自我、探索自我、接纳自我和完善自我，同时调整和改善与他人的关系，促进对军营环境的适应，提升应对和克服困难的能力。训练激发思考，思考改变认知，认知改变行为，行为改变绩效。在这个训练过程中，个体能够学习到积极的态度与行为方式，从而达到生理、心理和精神之间关系的平衡与良性发展。

第十章　相识军中

人都会在一定的社会环境中生活和成长。在人的一生中,社会环境会不断发生改变,有时我们是无法调控的。个体能否适应不断变化的社会环境,并能维持心态平和,标志着这个人心理健康的水平。有的人在生活环境发生变化时,例如参军入伍、退伍回乡和工作岗位变动等,能及时调整心态,适应这些变化的社会环境;有的人却滞留于以往的环境中,难以适应新环境,导致各种负性情绪和不适当行为。新入伍战士来自五湖四海,大家彼此都不太了解,因此帮助他们认识和适应新的环境,提高其适应能力,促进他们以积极心态应对环境变化,是迈出军旅生活的第一步。通过“相识军中”的心理训练能让新入伍的战士达到“破冰”陌生、了解战友、记住战友和建立友情的目的。

第一节　创设名片

一、训练目标

1.将自己想与他人分享的信息简洁明了地展示出来,学会推荐自己。

2.通过“创设名片”的活动,既可以锻炼自己的创设能力,又可以让战士之间彼此尽快熟悉。

二、训练时间

需要 20～30 分钟。

世间最美好的东西,莫过于有几个头脑和心地都很正直的真正的朋友。

——爱因斯坦

三、训练道具

每人 1 个胸牌及 1 张胸牌大小的纸，彩色笔若干。

四、训练流程

1.战士围坐一圈，每个战士发 1 个胸牌和 1 张胸卡，彩色笔放场地中间公用。

2.每个战士在纸上为自己创设一张“个性名片”，将其插入胸牌中，并别在胸前。

3.“个性名片”要求：(1)涵盖姓名、单位等 5 条以上个人信息；(2)形式多样，颜色多样。

4.小组交流，集体分享：(1)请 1 位战士选出创设最好的名片；(2)让被选出的战士谈谈感想，甚至可以让没被选中的战士谈谈感悟。

【训练扫描】

1.将“个性名片”归类

(1)姓名类：姓名——昵称——网名——外号

(2)个性类：内向——热情——勤奋——好动

(3)外貌类：体型——身高——体重——肤色

2.训练者要强调：着重介绍战士自己的名字，让其他战友能记住自己。

3.战士感悟引导

(1)引导战士接受表扬，推进其优势发展。

(2)启发战士对中性和负性信息的认知、辨析，促进其行为调整。

(3)启迪战友们探索这个活动给大家相识相知、交流沟通带来的益处。

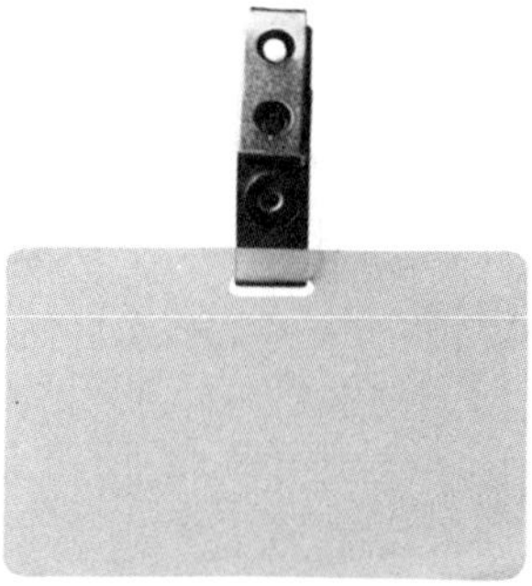

图 10-1　胸牌

图 10-2　胸牌挂于胸前

【深度阅读】

踏进军营，面对各个陌生面孔，如何尽快相识相知，建立良好的战友情？第一步就是要学会自我表达(self-presentation)，即个体努力控制自己给别人留下的印象。要想留下积极印象，有自我提升和奉迎两种方法。自我提升就是传达自己的积极信息，要么借助自己的积极行为，要么通过讲述自己的积极事件。奉迎是谈论一些关于听者的积极事件。自我提升者希望自己看上去更有竞争力，而奉迎者希望能被别人喜欢。无论是自我提升还是奉迎都需要借助语言和非语言两种沟通方式。“创设名片”的训练主要是借助名片(书面语言方式)进行自我提升，即“推销”自己，给战友留下深刻印象，留下有趣、友善、聪明和热心的印象。

第二节　缘之军营

一、训练目标

1.借助活动让战士找到有缘的战友，学会主动交往。

2.让战士在交往中记住战友，发现志同道合、情趣相投的朋友。

二、训练时间

需要20～30分钟。

三、训练道具

1.多种形状、多种颜色的小方形纸若干(或者扑克牌),每张纸分别剪成大小、形状不同的彼此相互切合的两块。

2.多首欢快的背景音乐。

四、训练流程

1.战士围坐一圈,在欢快的音乐中每个战士选一张自己喜欢的纸片。

2.根据自己纸片的颜色和形状,在战友中寻找自己的另一半,即能找出与自己纸片切合的“有缘人”。

3.两人坐在一起,彼此介绍自己,通过交流找到彼此的共同点,并能记住对方的5个以上特点。

【训练扫描】

1.提示一张小小纸片在主动交流中的意义:彼此陌生的战士,如何主动交流,认识其他战友?“缘之军营”的活动利用了小道具——一张不规则的纸,让战士们借助这种小纸片,努力寻找“有缘人”,跨出主动交流的关键一步。

2.分享“缘分”的感悟:通过彼此交流,发现自己与“有缘人”有不少共同点,甚至有的令人惊奇——两个有缘人,来自同一单位,或同年同月生,或家乡相同,或曾经就读于同一所学校,真是不可思议。在生活中,一个“微笑”“致意”或“点头”都会起到小小纸片的作用,在彼此陌生的战友中遇见“有缘人”。好好珍惜彼此,这会是一份美好的友谊。

图10-3 切合扑克牌

【深度阅读】

语言是最常用的信息渠道。语言分为口头语言(oral speech)和书面语言(written speech)，即语音符号系统和文字符号系统。个体除了通过书面语言的方式推荐自己之外，还可以借助口头语言的方式自我表达，传递信息，沟通思想和交流情感。在面对面的交流中，口头语言是最常用、简便易行、灵活迅速和收效最快的信息传递载体，还可以伴有手势、体态和表情等，增强信息传递的效果。“缘之军营”是通过口头语言方式介绍自己，让有缘之人更多地了解自己，减少陌生感，增进熟悉度，为进一步发展战友情奠定基础。

第三节　军营相知

一、训练目标

1.通过深度沟通交流，进一步了解有缘人。

2.彼此看到对方的优势，夸夸战友，建立友情。

二、训练时间

需要 20～30 分钟。

三、训练道具

切合纸片、笔。

四、训练流程

1.任意选一张切合纸片，将两人的名字写在上面，彼此再进行 3～5 分钟的交流，了解彼此情况。

2.将写有名字的纸片交于训练者，让战士随机抽取一张纸片，请出纸片名字上的两个战友，让他们彼此说出对方 5 个以上特点，并彼此夸一夸对方。

3.不能说出他人特点的战士，表演节目。

【训练扫描】

1.分享深度交流感悟：刚认识的战友，通过进一步交流沟通，不熟悉的战友开始相互了解，彼此熟悉，这对团队交流有很好的促进作用。

2.分享夸别人和被夸的感想：怎样能恰如其分地夸战友？当被战友夸奖时，有何感想？

【深度阅读】

面对面的两个人沟通交流，除了借助语言传递信息外，非语言符号系统(non-verbal sign system)的利用也是非常重要的。非语言符号系统就是在人际知觉和沟通过程中，进行信息传递所凭借的动作、表情、实物和环境等。人们更多重视语言的沟通作用，常常忽视非语言的效用，认为非语言符号系统不重要，数量较少，但是事实并非如此。美国传媒学家艾伯特·梅拉比(Albert Mehrabian)实验显示，信息传递的100%＝7%的语言＋38%的语音＋55%的态势。从中不难看出，非语言符号系统在沟通交流中的重要功能，它能补充、调整、代替或强调语言信息。可见，在“军营相知”训练中，要充分利用非语言符号系统进行交流沟通，即无声的非语言沟通(面部表情、肢体语言、静态姿势和空间距离)和有声的非语言沟通(声量、语速和声调等辅助语言系统，以及哭笑、哈欠和呻吟等类语言系统)游刃有余地灵活运用。

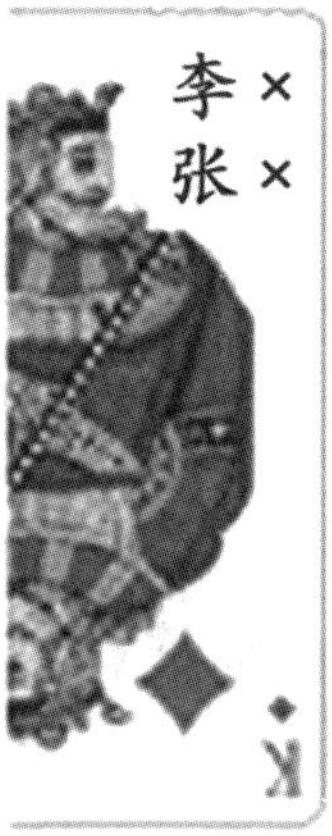

图 10-4　签有姓名的扑克牌

第四节　军营一家

一、训练目标

1.部队是一个团结的亲如一家的大集体，战友们仅两两认识还不够，要“一家”都能相识相知。

2.学会介绍自己和记住战友的技巧。

3.通过身体的接触,能更有效地打破彼此的陌生感,增进亲近感。

二、训练时间

需要 30～40 分钟。

三、训练道具

不需要道具。

四、训练流程

1.所有成员围坐成一个圆圈,活动开始时,从其中一人开始,每个人用一句话介绍自己,必须包括三个内容:单位、爱好、姓名。如:"我是来自7765部队喜欢唱歌的汪××。"

2.第一名说完后,第二名必须将第一名介绍完才能介绍自己。如:"我是坐在来自7765部队喜欢唱歌的汪××(第一名的情况)旁边的,来自5580部队喜欢旅游的赵××(自己的情况)。"第三名必须按照这样的语式将前两名介绍完才能介绍自己,以此类推。

3.所有人都介绍完之后,让每个战士记住自己身边的战友。然后,每个人站起来,在圈内自由活动。训练者说:停。战士停止不动。训练者让战士去寻找刚才记住的身边的战友,并与他们手牵手。这时会形成"手结"。

4.让战友们不能松开手解开"手结"。

【训练扫描】

1.战士们远离家乡,从全国各地来到陌生的军营,他们要与身边的人多交流,彼此帮助,所以需要记住彼此的姓名和喜好。准确地记住他人的名字,体现对他人的关心和重视,是建立良好人际关系的重要一步。如何才能更加清晰地记住战友的姓名和特点呢?

2.如何介绍自己,才能让战友清晰地记住自己呢?

3.谈谈如何巧解"手结"? 从中体会到了什么?

图 10-5 战友围坐一圈

【深度阅读】

让他人能很好接受我们的信息，关键在于四个要素：传达者、信息、沟通渠道和接收者。(1)传达者：值得信赖的专家是可信的传达者。语气果断、语速较快并直视听者眼睛的人通常较为可信。(2)信息：当信息与好心情联系起来时更容易让他人接受。人们在心境好时通常会做出更为爽快、不假思索的判断。注意首因效应(primacy effect，即社会知觉中的一种主观倾向，指人们在沟通交流中更容易记住最先接触到的信息)和近因效应(recent effect，即当人们识记一系列信息时对末尾部分信息的记忆效果优于中间部分信息的现象)的信息优势效应。(3)沟通渠道：面对面的沟通交流一般都是最有效的。但对于复杂难懂的信息，书面文字则是最有成效的。当信息无关紧要或情景较为陌生时，大众传媒则较为有效。⑷接收者：信息的接收也很重要。传递信息时，还应关注接收者的心理状态、所思所想和年龄等。

【故事专栏】

《三个和尚》新编

“一个和尚挑水吃，两个和尚担水吃，三个和尚没水吃”的故事想必已经是家喻户晓。如今这句话可能要改一改了，因为往往会“一个和尚没水吃，三个和尚吃不完”。

有三个庙，离水源都很远，怎么解决吃水问题呢？

第一个庙，三个和尚原先都是一人一天挑满一缸，于是三人商定：咱们来个接力赛吧，一人挑三分之一的路程。第一个和尚从河里打水，挑一段，交给第二个；第二个和尚挑一段，给第三个；第三个把水挑到庙里倒进缸再交回去，就这样，谁也不会很累，一会儿缸就满了。

第二个庙的住持对三个小和尚说：你们三个一起去挑水，挑的最多的，晚上吃饭可以加一道菜；挑的最少的晚上就只能吃白饭了。三个小和尚为了能多吃一道菜，个个争先恐后地去奋力挑水，不一会儿水缸也满了。

第三个庙的和尚商量，咱们天天担水太累，山上有很多竹子，咱们可以买个轱辘，再把竹子砍下连起来，不就成管道了吗？三个人换着班的汲水，天天都能喝到足够的水。

【故事感悟】

从三个和尚没水吃到三个和尚水都吃不完，其实改变的不是和尚，而是他们的意识，通过团结协作，良性竞争，使得这个集体获得了长足的进步。而我们在军营中也是如此。大家从五湖四海来到这里，如果像原来的三个和尚一样，彼此之间心存芥蒂，那就会让我们的生活一团糟。反之，像这三个庙里面的和尚一样，积极沟通，快速融合，我们的前景将会一片光明。

第十一章　适应军营

适应是减轻或消除紧张的过程，分为心理适应、生理适应和社会适应。军人适应主要涵盖两个方面：一是对军事环境的适应，如对军营环境、任务环境、战场环境的适应；二是对军队生活的适应，如对严格管理、军事训练、特殊军事任务和人际关系的适应。适应良好是军人健康成长的保障。通过心理训练帮助军人尽快适应部队的生活、训练以及人际沟通，对于走好从军之路、履行军人职责具有重要意义。

第一节　风吹人动

一、训练目标

1.通过活动，活跃气氛，增进交往及战友之间的亲近感。

2.让战士体验训练带来的压力与快乐。

二、训练时间

需要20～30分钟。

三、训练道具

凳子、背景音乐。

四、训练流程

1.每个人坐在凳子上，围成一圈。

2.训练者说：大风吹。被训者说：吹什么？训练者说：吹到四川人（爱

明白事理的人使自己适应世界，不明事理的人想使世界适应自己。

——萧伯纳

旅游的人、爱玩游戏的人或爱打篮球的人等)。

3.所有的四川人站起来,重新坐到另一个位子上,最后一个找到位置的人站到圈子的中间。

4.圈子中间的人,首先介绍自己,并表演节目。

【训练扫描】

1.分享抢位置的感悟:有的人关注位置;有的人故意放慢脚步,把位置让给其他人。

2.当站到圈子中间紧张时,你是如何克服紧张的?

3.当自己没有节目表演时,感受是什么?

【深度阅读】

人的行为能影响态度,就比如“我是因为唱歌才高兴”,其理由有三个:自我展示理论、认知不协调理论和自我知觉理论。自我展示理论认为,没有谁会让自己看起来自相矛盾。为了避免这一点,我们表现出与自己行为一致的态度。费斯廷格的认知不协调理论(cognitive dissonance theory)指出:为了减少自己内心的不适,我们说服自己某些行为是合理的。达里尔·贝母(Daryl Bem)的自我知觉理论(self-perception theory)认为:当我们观察自己的行为时,我们会做出类似的判断。可见,如果我们想在某个重要的方面改变自己,最好不要等待顿悟或灵感,而要行动起来。

第二节　我是班长

一、训练目标

1.通过角色互换,理解他人的感受,以期在今后的军旅生活中相互理解、相互支持。

2.让个体领悟到,在军中要各自扮演好自己的角色,尽快适应部队生活。

二、训练时间

需要20～30分钟。

三、训练道具

背景音乐。

四、训练流程

1.10～12人一组，每组成员通过“石头剪子布”分出胜负，最后一个胜出者是班长，其他人为士兵。

2.班长组织自己这组进行队列训练，也可以按高矮排队、体重排队或出生月日排队等。

3.再通过“石头剪子布”选出另一个班长，同样进行队列训练。根据时间，这个活动可以重复多次。

4.让班长谈谈，如何能当好班长？怎样的士兵是优秀士兵？

5.让士兵谈谈，如何当好士兵？我想要怎样的班长？

【训练扫描】

1.注意引导战士们体验彼此的角色心理，为今后战友之间良好的互动打下基础。

2.不同军衔有不同的职责，履行不同的职守和义务，战友间要相互理解、包容和支持。

3.引导战士们讨论：军衔对军人意味着什么？

【深度阅读】

一个班级就是一个群体。在军旅生活中，军人是不能离开班级这个群体的，每一个军人总是作为班级的成员而存在。在班级中，军人获得安全感、责任感、亲情和友情、关心和支持。个体在军人群体中互动，维持了群体的活力，巩固了群体的结构，发展了群体的规范。作为军人群体中的个体就应该遵守军人道德规范、中国人民解放军纪律条令、内务条令和纪律条令等诸多规范，只有这样才能更快、更好地融入部队这个战斗集体中。群体动力学家肖(Shaw)认为，所有的群体都有一个共同点:群体成员之间存在互动。“我是班长”的互动能激活每个战士把自己班级中的人看作“我们”而不是“他们”的意识。

第三节　搭建帐篷

一、训练目标

1.让军人体验军中竞争与淘汰的残酷,感受合作的力量。

2.在竞争合作中体验双赢的快乐以及爱心的回报。

3.在活动中增加彼此的亲近感。

二、训练时间

需要 10～20 分钟。

三、训练道具

背景音乐。

四、训练流程

1.三人一组,两人搭建“帐篷”,一人蹲在“帐篷”里。

2.根据主持人的口令调整:

“重修帐篷”——搭建“帐篷”的两个人分开,寻找新的伙伴,搭建新的“帐篷”。

“调换班级”——蹲在“帐篷”里的人换到其他“帐篷”里。

“搬离营地”——蹲着的人可以变成搭“帐篷”的人,搭“帐篷”的人也可以变成蹲着的人。

3.活动开始时,安排两个军人作为竞争角色,这样在变化中必然有搭“帐篷”者或蹲着的人被淘汰出来。

【训练扫描】

1.关注被淘汰者,请他们表演节目或谈谈感受。

2.当搭“帐篷”者主动呼唤其他人住“帐篷”或住“帐篷”者主动邀请

“无家可归”者时，请这些人谈谈想法。

3.注意：活动空间越宽越好，活动人越多越好。

【深度阅读】

群体分为正式群体（formal group）和非正式群体（informal group）。每个军人都是正式群体中的一员。正式群体的功能就是能充分调动其成员的积极性，使群体为完成任务而有效运转，并能有效地完成其基本任务。完成任务与满足成员的心理需要是相辅相成的两个方面。一个群体只有有效地完成其基本任务，更多地创造物质和精神财富，才能最大限度地满足成员的心理需要。成员心理需要得到满足，才能充分发挥其为群体目标而奋斗的积极性，进一步促进群体功能有效地运转。“搭建帐篷”活动能满足战士们被关爱和被接纳的心理需要，为此也能促进其积极参与完成任务的活动。

第四节　情有所归

一、训练目标

1.让军人了解自己，关注战友，最后融入集体，情有所归。

2.在活动中挖掘自己的潜力，发现战友的特长。

二、训练时间

需要20～30分钟。

三、训练道具

十二生肖面具各一副、背景音乐。

四、训练流程

1.每个人都有属相，这个团队里还有哪些战友与自己属相相同的呢？请每个人不要进行语言交流，仅通过肢体语言找到与自己属相相同的战友。

2.相同属相的战友先蹲在一起，然后用肢体语言表演该属相动物的典型特征，如果其他战友能猜出，掌声鼓励，他们可以站起来了，并让一个到主持人那里领取此“生肖面具”。直到所有人都站起来，活动才结束。

3.戴上“生肖面具”的人站第一位，其余相同属相的人排在其后。通过成语（或俗语）接龙，壮大自己的队伍。如“龙腾虎跃”，属龙的与属虎的整合成一个团队，连接成一排。

4.最后看看，自己情归何处？是一个还是一批？是一群还是全体？

【训练扫描】

1.强调：(1)不能说话，仅用肢体语言；(2)表演所属相动物的典型特征时，要集体表演，全体掌声认同后才能站起来；(3)在用成语壮大队伍时，要按序连接，这样可以清楚看到所有战友均连在一起。

2.当遇到属相连接困难时，主持人要引导大家开动大脑，通过各种方式完成连接，使每个战友情有所归。

3.此活动年龄结构越复杂越好，因为属相多。如果都是同龄人会因属相少，活动较局限，可以让每个人想象一下自己最想变成什么动物，以此代替属相。

【深度阅读】

归属感(sense of belonging)是个人感觉自己被别人或被群体认可与接纳时的一种感受。美国著名社会心理学家马斯洛在1943年提出“需要层次理论”，他认为：“归属和爱的需要”是人的重要心理需要，只有满足了这一需要，人们才有可能“自我实现”。“情有所归”的活动能让参与者尽快获得归属感，适应部队这个大家庭。军人的归属感获得来自战友的接纳、关心和爱护。归属的需要比生理和安全需要更细微、更难捉摸。它与个人性格、经历、生活区域、民族、生活习惯和宗教信仰等都有关系，这种需要是难以察觉、无法度量的。

【故事专栏】

穆罕默德和高山

伊斯兰教的先知穆罕默德，刚出山时，带着他的四十门徒在山谷里讲道。他说:“信心是成就任何事物的关键。”也就是说，人有信心，便没有不能成功的计划。

此时他的一位门徒对他质疑道:“你有信心，你能让那座山过来，让我们站在山顶吗?”穆罕默德对他的门徒满怀信心地把头一点，对山大喊一声:“山，你过来!”山谷里响起了他的回声，回声终于消失，山谷又归于宁静。

大家都聚精会神地望着那座山，穆罕默德说:“山不过来，我们过去吧!”于是他们开始爬山，经过一番努力，到了山顶，他们因信心促使希望实现而欢呼。

【故事感悟】

从这个故事中，我们可以发现:当我们不能改变环境的时候，我们就学习适应环境;当我们改变别人有困难的时候，我们就改变自己。山不过来，我们过去，会有同样的结果，军营生活也是如此。从地方上刚刚走进军营的我们可能会对这里有各种的不适应，这都是很正常的事情。有不适应不怕，关键在于如何使自己逐步适应环境。只有适应了军营生活，才能使我们心情更加愉悦，更加饱满地投入军训之中，生活得更加舒畅。亲爱的战友们，你们准备好适应军营了吗?

第十二章　战友之家

“战友之家”指的是生活在军营里的战友，应该像一家人一样相互关爱，更应该是一个团结战斗的集体。通过“战友之家”的系列心理教育训练，让军人能领悟到，吃着一锅饭、睡着上下床、走路齐步走、唱歌齐声唱的战友之间，应该信息共享、交流情感、互助共进、共同发展。

第一节　我的班级

一、训练目标

1.培养班级意识和集体意识。

2.头脑风暴、集思广益。

二、训练时间

需要30～40分钟。

三、训练道具

彩色笔、大纸、背景音乐。

四、训练流程

1.通过“石头剪子布”，按赢家、输家进行分班，10～15人一个班，同时选出每班的班长。

2.每班设计自己本班的班名和班训，并将相关信息填到表12-1中。

只要一起经历过长大和成熟的过程，就足以使最肤浅的相识变为最亲密的知己。

——洛根·史密斯

3.用彩色笔在大纸上绘制班旗。

4.用肢体语言和声音将自己班的班名、班训展示出来，以示本班的风采。

5.评出优胜班级。

【训练扫描】

1.通过这个活动，大家有何感受？

2.每人都加入到了各班中，满足了大家的归属感，缓解和消除了孤独感。

3.关注在这个活动中每个人的参与程度。参与少的人可能内向，在后面的活动中多给参与的机会，并及时鼓励他。

4.结束语：我祝福，我友爱，我们班级最精彩！加油！

表 12-1　我的班级我最爱

	姓　名	电　话	班　级
班　长			
班　员			
班　名			
班　训			
展　示	要求全体上场，以具有创造性的方式展示出班级的班名、班训及风采		

【深度阅读】

他人在场会对个体行为效率产生影响，即社会助长作用(social facilitation)。社会心理学家扎伊翁茨(Robert Zajonc)提出，他人在场提高人的一般动机水平(唤起)，而动机水平的提高会加强优势反应。由于简单而熟悉的行为，正确反应占优势，他人在场加强这种反应，从而提高了行为效率。而个人在完成复杂、困难和生疏的任务时，不正确的反应占优势，他人在场提高动机水平的结果是强化不正确的反应，妨碍任务完成，所以有阻抑作用。在心理训练、军事训练和军营生活中，我们应该根据行为的内容、难易程度，以及个人的特点来安排训练和生活的环境，利用群体情境的社会助长作用，避免阻抑作用，从而提高行为效率。

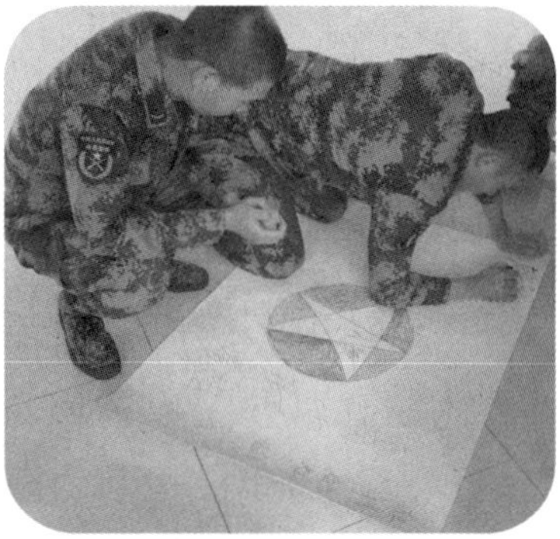

图 12-1　创设“班旗”

第二节　战友之情

一、训练目标

1.让军人认识到合作的重要性，从而培养团队协作精神。

2.在活动中考验军人的机智、沉着和冷静。

3.通过活动能深深体验到战友之情。

二、训练时间

需要 30～40 分钟。

三、训练道具

各种障碍物（椅子、瓶子和树木等）、眼罩、绳子和气球。

四、训练流程

1.将军人分为若干组，每组 2 人，其中一人戴上眼罩，扮演因战伤失明者；另一人用绳子绑上双腿，扮演因战伤失去双腿者。

2.其他人布置障碍，并将气球放置到障碍物之中。

3.每组人（一位失明者、一位腿伤者）各想奇招，既能通过障碍，又能将敌人消灭（踩爆气球）。

4.每组两人交换角色，活动再进行一次。

5.每次时间 3～5 分钟。

【训练扫描】

1.通过这个活动，大家有何感受？

2.活动中，失明者有何感受？失去双腿者有何感受？

3.注意引导军人的团结协作意识，在今后的军营生活中，要互相支持、互相配合，积极主动协同他人搞好各项事务。

4.让战士领悟：战友是天、战友是地，有了战友就能顶天立地；战友是风、战友是雨，有了战友就能呼风唤雨。

【深度阅读】

社会化(socialization)是个体意识到他所属的社会的各种价值并把他们吸收进去的过程。社会心理学家安德列耶娃认为，社会化涉及两个方面：一方面是个体通过加入社会环境、社会关系系统途径掌握社会经验的过程；另一方面是个体对社会关系系统的积极再现的过程。霍兰德认为，社会化是作为获得特有的人类特征的手段而开始的，而这些特征的获得，仅仅可能产生于我们与他人的接触之中。“战友之情”的互助活动，能让战友之间有更多接触机会，并能使军队这个特殊社会的各种价值观融入每个战士心中。可见，军人的社会化过程，就是军人适应部队生活，成为真正军人的过程。

第三节　同舟共济

一、训练目标

1.通过沟通交流，配合默契，共同战胜困难，顺利完成任务。

2.培养战友之间的团结互助精神。

二、训练时间

需要 30～40 分钟。

三、训练道具

眼罩、口罩、短绳、篮球、雨伞、凳子、书、背包、弹药和枪支等物品。

四、训练流程

1.5 人一组，因战斗使其中 1 人眼受伤，瞎了；1 人口受伤，不能讲话了；1 人腿被炸伤，不能行走了；1 人手被击中，不能拿东西了。

2.角色分配后，按要求“盲人”戴眼罩，“哑巴”戴口罩，“不能走者”捆绑双腿，“不能拿东西者”捆绑双手。

3.主持人把各组带到比赛起点，让小组成员将所有物品（凳子、书或弹药等）一次性地搬运到 20 米外的终点，用时最少的组为胜。

4.起点到终点之间可以设置障碍物提高难度。

【训练扫描】

1.交流分享感受。

2.每个人不仅有长处，也有不足。生活中大家要能取长补短，共同前行，无论困难有多大都能战胜。

3.人与人之间不仅有独立和竞争，也需要合作和协助。

4.在军旅生活中，面对各种挫折时，战友的支持和帮助，可以让我们“风雨同行，勇往直前”。

5.体验到：1＋1＞2。

【深度阅读】

利他行为（altruistic behavior）是个体自觉自愿又不计较外部利益地帮助他人的行为。巴特森（C.D.Batson）认为，利他行为是指那些不图今后回报的助人行为。利他行为者可能要做出一些个人牺牲，却能给别人带来实在的好处。利他行为有四个特征：一是，不期望有任何奖酬（物质或精神）；二是，以帮助他人为目的；三是，自觉自愿的行为；四是，利他者可能会有损失。其中第一个特征是主要特征。“同舟共济”的利他活动，能强化利他行为的心理意识，激活该行为在军队中不断涌现。

第四节　军歌伴舞

一、训练目标

1.一个好的团队,要形成默契,才能充分发挥一个团队的力量。

2.通过沟通交流,取长补短,形成一个能顺利完成任务的战斗队。

二、训练时间

需要20～30分钟。

三、训练道具

军歌(3～5首)、宽敞的环境。

四、训练流程

1.将训练对象分组,10人左右一组。

2.放军歌,组员选取一首军歌。

3.每组根据所选出的军歌,自编舞蹈。

4.各组进行军歌伴舞比赛,选出优胜者。

【训练扫描】

1.优胜者交流舞蹈编排过程,引导组员思考:怎样才能成为一个取胜的战斗队?

2.一个团队,既要有民主,又要有集中,这样才不会是一盘散沙。

【深度阅读】

默契(privity)是不经言传而心意暗相投合。默契是内心深处一种最好的约定,不必用言语传递就能够表达心迹,不需要用心来指引也能够相互会意。自然的默契(天与地默契、日与月默契、云与风默契、山与水默契)展示了形式美的无穷无尽,而朋友的默契却是人类最美好情感的一个延伸。和谐是默契之根,是产生默契的一个前提和关键,有了自然的和谐才有了相互的默契。在和谐的"军歌伴舞"活动中,战友们彼此之间的一丝笑意、一个动作、一个信息，相互间都能因深知其意而立即感到默契，也能因感受其默契而随即产生一种极大的愉悦。就像“知时节”的“好雨”一样，总会自然而然地“当春乃发生”，注入干渴的心田！

【故事专栏】

“舍”与“得”

阿拉伯传说中，有两个朋友在沙漠中旅行。在旅途中，本来很开心，但突然因为某些小事，他们吵架了。A君打了B君一记耳光，B君觉得很受侮辱，一言不语，在沙地上写下：“今天我的好朋友，打了我一巴掌。”他们继续往前走，到了河边，他们决定停下休息。B君一不小心，跌入河中，大叫救命。A君及时跳入水中，救起B君。B君被救起之后，拿了一把小刀，在石头上刻下“今天我的好朋友，救了我一命”。A君好奇地问：“为什么你将我打了你的事，写在沙地上，而现在你反而将我救了你的事，刻在石头上呢？”B君笑着说：“当被一个朋友伤害后，要将情况写在容易忘的地方，因为风会负责抹去沙地上的字。相反，如果受了别人的帮助或恩惠，我们要把它刻在石头上，这样任何风都不会抹灭它。就好比，我们受到别人的伤害，应尽快把它忘记，不要留在心中。但若受了别人的好意，应谨记在心里的深处，时常感恩。”

朋友的相处，伤害对方的情形，往往是无心的，但朋友对自己的帮助，却是发自真心的。忘记那些无心的伤害，铭记那些对你的帮助，你会发现这个世上，你有很多真心的朋友。因此，无论何时何地，我们都会活在幸福的心境中。相反，若时常记挂别人的不足，只有不断产生埋怨，内心时常受烦恼困扰，心境则没有蓝天。如此，人生便没有快乐，更失去意义。

【故事感悟】

人与人相处是一门学问，也是一种艺术，在这个大千世界里处事方式方法各有不同，在交往中：有的人为人厚道；有的人为人直爽；有的人为人大方；有的人为人小气；有的人为人阴险；有的人为人奸诈；有的人就很宽容；有的人与人为善、待人友好；有的人小肚鸡肠、吹毛求疵，总觉得别人有毛病

总之，人们的处世哲学不一，所形成的与人相处方式也不同，其结果也就不同。在这个故事中，我们可以知道，与人相处，“豁达”很重要，它意味着心胸开阔，性格开朗，能容人容事。豁达是一种品格和美德，豁达是一种乐观的豪爽，豁达是一种博大的胸怀、洒脱的态度，也是人生中最高的境界之一。遇人遇事存一份豁达，可以使人彼此认同和理解。豁达的人，能屈能伸，知进知退，经得起挫折失败。所以，在以后和朋友相处的过程中，请带着一份豁达，带着一份好心情上路。

第十三章　认识自我

认识自我是战士对自己的看法和态度，对自己与周围人之间关系的认识和态度。通过实践训练，战士不仅能客观认识周围环境，也能正确认识自己及周围的战友。青年军人正处在自我意识发展的重要阶段，心理训练不仅能培养他们健康的自我观，也是实现自我管理、自我调节和自我发展的必由之路。通过前面的“相识军中”与“适应军营”和“战友之家”的心理训练达到了适应环境、“破冰”陌生、了解战友、记住战友和建立友情的目的。以下的心理训练则侧重于引导大家获得自信、发现自我和实现自我。

第一节　画“自画像”

一、训练目标

1.“自画像”，能展示真实的自己，能投射出潜意识中的自己。通过对“自画像”的分析，让战士了解自己。

2.通过交流，战士能读懂战友，增进彼此了解。

二、训练时间

需要30～40分钟。

三、训练道具

每人两张A4纸和一支笔，彩色笔若干。

认识自己，方能认识人生。　　——苏格拉底

四、训练流程

1.战士围坐一圈,用5～10分钟在白纸上画一幅“自画像”。彩色笔放场地中间,自由取用。

2.小组内交流“自画像”的含义,其他战友可以提出质疑。

3.训练者发现典型“自画像”,进行全班分享。

4.战士闭上眼睛,想想经过一年的军营锻炼,成长后的自己是怎样的,再画一张“自画像”。

【训练扫描】

1.如果有因为自己绘画技能不好而感到下笔困难的战士,训练者要提醒战士这个训练不是绘画比赛,随着自己的心,画自己就行。

2.典型“自画像”的解析:没有头发,暗示不能理智思维;没有感觉器官(如眼睛、鼻子和耳朵等),表示听不进去他人的意见;没有躯干,预示不能很好地适应周围环境,或者与周围人沟通交流不畅。

3.解析“自画像”时,注意尽量不用负性语言,用鼓励语言。例如,没有画感觉器官的战士,可以建议该战士多考虑他人的建议。

4.训练者要关注一年前后有变化的“自画像”,并与战士分享。

【深度阅读】

图13-1 典型“自画像”

自我认识(self-cognition)是对自己的洞察和理解,包括自我观察和自我评价。自我观察是指对自己的感知、思维和意向等方面的觉察;自我评价是指对自己的想法、期望、行为及人格特征的判断与评估,这是自我调节的重要条件。古希腊哲学家苏格拉底忠告我们:“认识你自己。”我们当然要尝试。我们很容易形成对自己的看法,而且毫不迟疑地解释自己感觉和行为的原因。但是我们对自己真正了解吗?如果一个人不能正确地认识自我,看不到自我的优点,觉得处处不如别人,就会产生自卑,丧失信心,做事畏缩不前……相反,如果一个人过高地估计自己，也会骄傲自大、盲目乐观，导致工作的失误。因此，恰当地认识自我，实事求是地评价自己，是自我调节和完善人格的重要前提。

第二节　以“树”识人

一、训练目标

1.人格结构的大部分处于潜意识中，个人无法凭借其意识了解自己，而个人面对一种不明确的刺激情境时，却常常可以使隐藏在潜意识中的真实我“泄漏”出来。

2.通过对所画树的分析，让画树的战士进一步认识自己。

二、训练时间

需要 30～40 分钟。

三、训练道具

每人 1 张 A4 纸、1 支笔、背景音乐。

四、训练流程

1.战士围坐一圈，训练者站中间，说：请画一棵树。

2.战士用 5～10 分钟在白纸上画树。

3.小组内交流“树”的含义，其他战友可以提出质疑。

4.训练者发现典型“树”，进行全班分享。

【训练扫描】

1.如果有因为自己绘画技能不好而感到下笔困难的战士，训练者要提醒战士这个活动不是绘画比赛，随着自己的心画“树”就行。

2.典型“树”的解析：树大表示自信，树小表示自卑；开放的树表示外向；没有树根表示暂时不考虑本我需要或/和心理能力来源缺乏；树有果实表示成就感或/和对将来有计划；另外要警惕非常小的靠下方的树，预示压抑、挫折感等。

3.解析“树”时，尽量不用消极语，而用鼓励语。例如，对画“小树”的战士，让其每天写下3～5条自己的优势。

图13-2 自卑的树

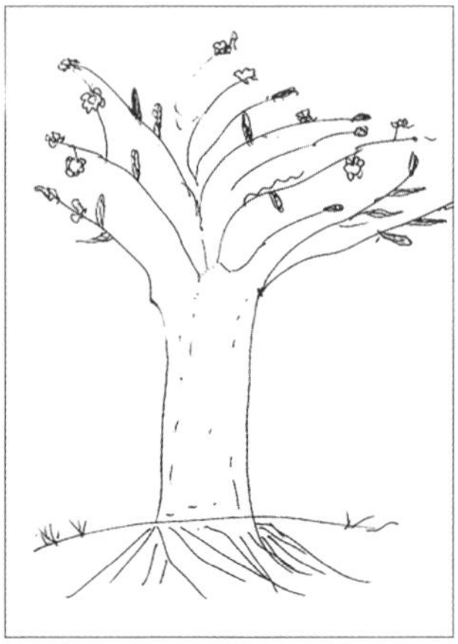

图13-3 自信外向的树

【深度阅读】

投射测验(projective test)是指采用某种方法绕过受测者的心理防御，在他们不防备的情况下探测其真实想法。它以弗洛伊德的心理分析人格理论为依据。这种理论主张，人的一些潜意识的内驱力受到压抑，虽然不易觉察，但是影响着人们的行为。这种潜意识可以在无规则的表达中表露出来，心理学家则根据被试表达出来的潜意识进行人格分析。以“树”识人是投射测验之一，借助所绘的“树”，解析绘“树”人的心理，让绘“树”者不仅了解自己的意识层，还能分析自己的潜意识层。

第三节 激励自我

一、训练目标

1.通过对自己进行积极暗示，激励自我，获得自信。

2.通过此训练，让战士相信自己能成功、能成才。

3.让战士领悟：激励自我是手段，获得自信是结果；自信是通向成功的良好心理品质;自信者是生活强者。

二、训练时间

需要 20～30 分钟。

三、训练道具

每人 1 张纸、1 支笔、1～2 首背景音乐。

四、训练流程

1.战友围坐一圈,战士在纸上写下不少于 3 条激励自己的话,如“我能行!”“我能做到!”和“你能行,我也行!”等。

2.每一个战士选一条激励语,并带领大家一起大声喊出来。

3.小组选 1～3 条经典激励语,编排动作。战友伴随动作一起喊出激励语。

【训练扫描】

1.这个活动带给你哪些感受? 还有哪些方法可以激励自己?

2.训练者要强调:自卑者就是第一个相信自己失败,并使失败成为现实的人,因此大家要善于激励自己,获得自信。

3.设定一个目标,再设定几个实现这个目标的小目标,逐步付以行动达到目标,获得成功,最终使激励语转变为成就感,使自我得以发展。

【深度阅读】

自尊(self-esteem)是对自己的概括性评价。自尊对思维、情绪和行为都有强烈的影响。自尊是通过社会比较形成的,是个体对其社会角色进行自我评价的结果。对自我评价高,产生高自尊;对自我评价低,产生低自尊。高自尊者展示给人们的是一个雄心勃勃、有进取心的冒险者形象。低自尊者展现的是小心、谨慎的形象。大多数人都会尽力维护自尊,不断地自我激励能提高自尊。但当个体担心自己没有能力完成某项任务时,个体也许会采取自我妨碍(self-handicapping)行为,即故意破坏自己任务的完成。这是为失败寻找托词:失败不是我没有能力。即使自我妨碍保护了个体的自尊,但失败同样会降低其自尊。为此,面对困难

（现实），在努力寻找解决困难办法的同时，要积极争取社会支持，不急于求成，一步一步地解决问题。

第四节 飞越自我

一、训练目标

1.成就自己意味着倾听自己内心的呼声，发现自我，完善自我，永不停息地追求人生事业。

2.通过活动，让战士们能够有梦、追梦、圆梦，造就自己的成功。

3.让学员初步体验如何克服在前进路上遇到的困难，引导大家发现自我、实现自我。

4.让学员体验成就理想（梦想）后的愉悦感，激发大家为实现理想而奋斗的热情。

二、训练时间

需要 30～40 分钟。

三、训练道具

每人 1 张纸、1 支广告笔、1 个气球、3～5 首背景音乐。

四、训练流程

1.每一个学员在气球上用广告笔写上自己的梦想或理想。

2.大家依次站起来用头来顶或用嘴来吹自己的气球，行走 10 米，尽量不让气球掉到地上。气球掉落次数最少的战士获胜。

3.每个人说出自己的理想，其他人为帮助战友实现理想献计献策。

4.2 人 1 组从面向团体约 10 米处走过来，以不同的形式，充分展示自己在实现理想之后的愉悦。

5.评选出最自信奖、最幽默奖、最有活力奖、最具创意奖和最佳搭档奖等奖项。

【训练扫描】

图 13-4　**我的理想气球**

1.在真实的生活中，哪些阻力会影响理想的实现？怎样才能实现自己的理想？对战友献计献策有何感受？

2.鼓励每个战士投入活动，对内向、自卑和胆小的战士，更要积极鼓励，让其放平心态，投入体验。

3.训练者要强调：此活动旨在让大家对自知、自信、自我挑战和实现理想等内容进行反思和感悟。

【深度阅读】

斯坦福大学的心理学家艾伯特·班杜拉提出了自我效能（self-efficacy），即人对自己是否能够成功地进行某一行为的主观判断。成功经验会增强自我效能，反复的失败会降低自我效能。“飞越自我”活动要尽量让士兵体验到成功的喜悦，以期能提高他们的自我效能。对自我能力与效率的乐观信念可以收获到更大的回报。自我效能高者会制订有挑战性的目标，并在面对困难时具有较强的韧性，较少焦虑和抑郁。他们生活得更健康，且有更高的成就。

【故事专栏】

总有一片天空属于你

他出生在捷克布拉格的一个犹太商人家庭，从小性格孤僻，沉默寡言，懦弱胆怯，多愁善感，总喜欢一个人躲在角落里发呆。父亲对他很不满意，觉得这不是一个男子汉应该具有的性格。父亲片面地认为，只有那些活泼开朗、能言善辩、坚强勇敢的人，将来才会有出息。为了把他培养成这样的人，父亲煞费苦心，拿着皮鞭把他从家里赶了出来，逼着他与人交往，让他做自己不喜欢做的事情。

刚开始，他很难过，试图去改变自己，做一个让父亲喜欢的好儿子。可是，正如人们所说的那样，“江山易改，本性难移”，无论他怎么努力，始终无法战胜内心的怯弱，做到口若悬河、当机立断、英勇神武和奋不顾身。与其他同伴相比，他发现自己是那么的格格不入，那段时间，他自卑到了极点，觉得自己一无是处。

父亲的严厉和粗暴非但没能改变他，反而令他更加恐惧和不安，变得比以前还要懦弱、胆小。在父亲一次次的伤害中，他学会了察言观色，学会了承受和忍耐，也体会到了生活的痛苦与无奈。他常常把自己一个人关在屋子里，小心地审视着周围的一切，生怕再受到任何的伤害。看到他这副没出息的尊容，父亲彻底失去了信心，索性不再管他，任他自生自灭。在父亲的眼里，他是一个彻头彻尾的懦夫，一个毫无前途可言的可怜虫。

就这样，在困惑与伤痛中，他一天天地长大成人，性格还是没有丝毫的变化，内向、怯弱、多愁善感。但出人意料的是，他并非像父亲想象的那样无能，18 岁时就考入了布拉格大学，并获得了博士学位。

更令人震惊的是，一次偶然的机会，他走上了文学创作的道路，他把自己对生活的敏感、怯懦的性格、孤僻忧郁的气质、难以排遣的孤独和危机感、无法克服的荒诞和恐惧，融入小说之中，形成独特绚丽的风格，成为那个时代资本主义社会的精神写照。他的《变形记》《判决》《城堡》等作品享誉全球，经久不衰，成为奥地利最负盛名的作家，被誉为“西方现代派文学的宗师和探险者”。他就是世界级文学大师、现代派文学的开山鼻祖弗兰兹·卡夫卡。

【故事感悟】

卡夫卡的成功告诉我们，有些东西无法改变，比如，气质、容貌和高矮等，对于这些与生俱来的缺陷，我们没有必要去改变它（当然也无法改变),更不要为此懊恼和自卑。每个人都有自己的优点,但也都有自己的缺陷,与其抱怨上天对自己的不公,不如去寻找一片适合自己生长的土地。天地之宽,社会之大,只要你肯用心,无论你是一朵什么样的花,都会有一个完美的春天。

第十四章　疏导情绪

情绪是人对客观事物是否符合自己需要时所产生的态度体验。情绪的源泉是客观事物，情绪的中介是需要。当需要得到满足时，人就会产生积极的情绪体验，如高兴、喜悦和狂喜；反之，则会使人产生消极的情绪体验，如悲痛、愤怒和生气等。情绪可分为心境、激情、应激三种。情绪的高级形式是情感，情感分为道德感、理智感、美感等。健康情绪是衡量官兵心理是否健康的重要标准，是官兵顺利进行军事活动的重要保障。负性情绪积累过多会影响身心健康，通过活动宣泄情绪，释放自己，学做情绪的主人，不做情绪的奴隶。

第一节　倾诉烦恼

一、训练目标

1.说出或写出自己的烦恼或不痛快、伤心的事，可以释放负性情绪，有益于身心健康。

2.一个人的痛苦由两个人分担，痛苦就减半。

3.通过战友之间相互提供解决烦恼的方法，既能疏导情绪，又能增进友谊。

二、训练时间

需要20～30分钟。

能控制好自己情绪的人，比拿下一座城池的将军更伟大。　　——拿破仑

三、训练道具

不用道具,或每人一张纸和一支笔。

四、训练流程

1.战士围坐一圈,一个战士首先叙述自己的烦恼,或将烦恼写在纸上,然后念出来。

2.战友依次为解决这个烦恼出谋划策。

3.以此类推,解决所有战士的心理烦恼。

【训练扫描】

1.自己的烦恼通过倾诉、他人疏导,是否缓解或消失?

2.哪条或哪几条建议,对解决自己的烦恼最有效?

3.当你得知自己的建议能帮助战友时,你的心情是怎样的?

【深度阅读】

通常情况下,情绪对我们的影响是正面的,它激励我们为生命中的重要事情努力,为我们带来各种各样的乐趣。但当我们出现不适当的情绪化反应时,情绪就会给我们制造麻烦。不恰当的情绪反应有以下三种情况:一是,个体感觉到和表现出来的情绪是对的,但有时过于强烈。例如,担忧是正常的,而过分担忧就产生了焦虑;二是,个体的情绪是正常的,但表达方式不恰当。例如,生气是无可厚非的,而硬要保持沉默就会适得其反;三是,情绪本身不妥当。例如,问题不是个体太害怕,也不是以不适当的方式表现害怕,而是个体在事后才知道,当时根本没有必要害怕。个体有情绪是正常的,适当的方式宣泄情绪也是需要的。“倾诉烦恼”活动,就是通过倾诉的方式,疏导和释放消极情绪。

第二节　调适情绪

一、训练目标

1.用表情、动作等非语言释放自己的负性情绪。

2.通过丢弃情绪的活动，扔掉自己的负性情绪。

二、训练时间

需要30～40分钟。

三、训练道具

每人1张纸和1支笔、1个垃圾篓。

四、训练流程

1.战士们围坐成一个半圈，每个战士在纸上写下自己常见的负性情绪，比如恐惧、焦虑、委屈和悲伤等。选出5～8个常见的负性情绪。将战士分成5～8个小组。每组通过表情、动作等非语言，展示这些负性情绪的其中之一，然后请其他成员来猜是什么情绪。

2.将垃圾篓放到离战士较远的地方。战士将自己写有负性情绪的纸条揉成一团，闭上眼睛，想着我要将我的不快抛得远远的，同时将纸团扔向远远的垃圾篓。也可以将纸条撕碎，扔进垃圾篓里。

【训练扫描】

1.谈谈通过此活动后，自己现在的情绪怎样？

2.通过这个活动，大家学到了什么？

3.让战士们知道，人在各种应激源前，有各种各样的情绪都是正常的，但大家要学会调适自己的情绪。

【深度阅读】

过激情绪会让个体忘记所有的知识。在心平气和时人人都有的常识，在情绪化时消失得无影无踪。一旦被某种不合时宜的情绪牢牢控制住，个体就会情绪化地判断所发生的事情，而忽略了自己所有的常识，做出不该做的事或说出不该说的话。那是不是要彻底消灭我们的情绪呢？回答是否定的！情绪是人类生活的核心，它让生活生气勃勃。没有情绪，生活将变得黯淡无光，不再丰富多彩和趣味盎然，甚至可能变得危险。这就需要通过各种方式，比如“调适情绪”的活动，疏导我们的不适当情绪，使自己不再对某些事情产生过分的情绪反应。

第三节　宣泄情绪

一、训练目标

1.通过活动排解紧张、焦虑和愤怒等负性情绪。

2.情绪通过宣泄而释放出来，可见宣泄是自我保护的有效措施。

二、训练时间

需要30～40分钟。

三、训练道具

可以根据所选择的宣泄方式，准备道具，如球、鼓、锣等。

四、训练流程

1.如果有宣泄室，战士可以轮流进入宣泄室，借助宣泄室内的器材(如宣泄人、宣泄球、宣泄棒和宣泄锤等)宣泄情绪。

2.将战士分成2～4组，排成纵队，每组发一个篮球，战士想象自己的不满或愤怒的事件(人)就是这个篮球，然后用力拍着这个球来回走30～50米，同时想着“我拍、我拍、我拍拍拍……”另外，还可以发一个小球在手里用力捏，一边捏，一边想“我捏、我捏、我捏捏捏……”

3.每个战士还可以依次轮流击鼓(锣)，宣泄情绪。

【训练扫描】

1.分享活动后的感受。

2.大家还通过哪些方式宣泄情绪?

3.特别要关注愤怒情绪,有研究表明:愤怒所持续的时间不超过12秒,愤怒就如暴风雨一样,爆发时摧毁一切,但过后却风平浪静。如何度过这关键的12秒呢?深呼吸或者在心中默数15个数,当你做完时,你会发现其实你没有那么生气了。这样可以避免负性事件或恶性事件发生。

【深度阅读】

辨别他人情绪的简便方法有:观察他的身体姿态,听他说话的语气,探究他的面部表情。身体姿势、语气和面部表情就是情绪信号系统(emotional signal system),它们时时刻刻都是“开放的”,随时准备好把我们的每一个情绪公布于众。个体表达出的行为会暴露他的情绪。沮丧时,声音自然就会变得低沉而无力,同时眉头会皱起来。情绪一旦出现,就必定表露在声音上,但是面部表情的变化就很难说了。人们利用肉毒杆菌素注射面部,以期能减缓衰老,接受注射者面部表情变得僵化,看起来没有活力、没有情绪,结果事与愿违,因为没有活力的人也就失去了魅力。

第四节　放松心情

一、训练目标

1.缓解压力、舒展心情和调整情绪,拥有好状态。

2.放松自己能调节紧张和恐惧。

二、训练时间

需要40～60分钟。

三、训练道具

舒适的座位或躺椅、1～3首舒缓的背景音乐。

四、训练流程

1.想象放松：放松坐着或躺着，闭上双眼，想象一个舒适、惬意和轻松的场景（海边、草地）。训练者给予指导语：我静静地躺在海边，细沙柔软，周围没有其他人，微风轻缓，温暖的阳光照在我身上，我感到无比的舒适、温暖、放松、惬意……

2.深呼吸放松：放松坐着或躺着，闭上双眼，用鼻子自然地深吸气，腹部扩张；适度憋气；然后再缓缓呼气，腹部收缩。重复10～20遍。

3.肌肉放松：全身肌肉逐渐紧张和放松，顺序是头部、颈部、上肢、躯干、臀部、下肢（顺序可以适当调换），依次对各组肌群进行先紧后松的练习，最后达到全身放松的目的。以下操作中紧张、放松的时间均为5～10秒，可以重复2～3遍，且每次放松时，要尽量体验舒适、温暖和轻松的放松感觉。注意：每次肌肉收缩时吸气，肌肉放松时呼气。

（1）深呼吸：深吸一口气，保持一会儿；请慢慢地将气呼出。

（2）头部：皱紧额部的肌肉，保持一会儿；好，放松，彻底放松。紧闭双眼，用力紧闭，保持一会儿；好，放松，彻底放松。用力咬紧牙齿，保持一会儿；好，放松，彻底放松。用舌头使劲顶住上颚，保持一会儿；好，放松，彻底放松。请用力将头向后压，用力，保持一会儿；好，放松，彻底放松。

（3）颈部：收紧你的下巴，用颈向内收紧，保持一会儿；好，放松，彻底放松。

（4）上肢：握紧拳头，用力握紧，保持一会儿；好，放松，彻底放松。弯曲你的双臂，用力绷紧双臂的肌肉，保持一会儿；好，放松，彻底放松。

（5）躯干：往后扩展你的双肩，用力往后扩展，保持一会儿；好，放松，彻底放松。上提你的双肩，尽可能使双肩接近你的耳垂，用力上提，保持一会儿；好，放松，彻底放松。向内收紧你的双肩，用力内收，保持一会儿；好，放松，彻底放松。向上抬起你的双腿，用力上抬，弯曲你的腰，用力弯曲，保持一会儿；好，放松，彻底放松。

（6）臀部：紧张臀部的肌肉，会阴部用力上提，用力，保持一会儿；好，放松，彻底放松。

(7)下肢：紧张你的双脚，脚趾用力绷紧，用力绷紧，保持一会儿；好，放松，彻底放松。将脚尖用劲向上翘，脚跟向下向后紧压，绷紧小腿部肌肉，保持一会儿；好，放松，彻底放松。用脚跟向前向下紧压，绷紧大腿肌肉，保持一会儿；好，放松，彻底放松。

结束语：

这就是整个渐进性肌肉放松训练过程。现在，请感受你身上的肌群，从下向上，全身每一组肌肉都处于放松状态。(停10秒)

请进一步注意放松后的感觉，此时你有一种温暖、愉快、舒适的感觉，并将这种感觉尽量保持1～2分钟。(停1分钟)

【训练扫描】

1.肌肉放松的原理：心理紧张和躯体紧张是并存的，只要你学会了肌肉放松技术，就能控制心理紧张，使自己放松。紧张与放松是交互抑制的，放松就不会紧张，紧张也就不会放松。因此，可利用肌肉放松，使全身处于放松、轻松的状态，减轻或消除焦虑、紧张和恐惧的情绪。

2.强调：对比紧张与放松，可以更好体验放松的感觉。学会这个技术之后，要做大量、反复的练习。一般情况下，每日进行1～2次，每次15分钟。

3.掌握这项技术后，当你感到紧张时，就能自我引导肌肉放松，从而放松心情。

【深度阅读】

快乐(happiness)就像血脂水平一样，受遗传影响，但正如血脂还会受饮食和锻炼影响一样，快乐在某种程度上也会受其他因素的影响。表现快乐，我们就会快乐。行为表现能影响我们的心理感受。做出一个微笑的表情，个体会感觉更欢乐，而紧皱眉头，整个世界似乎都灰暗下来。所以，军人可以通过放松肌肉，达到心境上的放松，使自己体验到轻松和愉悦。

【故事专栏】

拔 钉

从前，有一个脾气很坏的男孩，他的爸爸给了他一袋钉子，告诉他，每次发脾气或者跟人吵架的时候，就在院子的篱笆上钉一根。第一天，男孩钉了37根钉子。后面的几天他学会了控制自己的脾气，每天钉的钉子也逐渐减少了。他发现，控制自己的脾气，实际上比钉钉子要容易得多。终于有一天，他一根钉子都没有钉，他高兴地把这件事告诉了爸爸。

爸爸说："从今以后，如果你一天都没有发脾气，就可以在这天拔掉一根钉子。"日子一天一天过去，最后，钉子全被拔光了。爸爸带他来到篱笆边上，对他说："儿子，你做得很好，可是看看篱笆上的钉子洞，这些洞永远也不可能恢复了。就像你和一个人吵架，说了些难听的话，你就在他心里留下了一个伤口，像这个钉子洞一样。"插一把刀子在一个人的身体里，再拔出来，伤口就难以愈合了。无论你怎么道歉，伤口总是在那儿。要知道，心灵上的伤口和身体上的伤口一样都难以恢复。

【故事感悟】

情绪无处不在，我们会在生活中体会到各种情绪，自己的或别人的。当我们情绪不稳定时，不妨就想想这篱笆上的洞，想想自己可能给别人造成的伤害，深呼吸3次，或许事情也就没那么糟了。与其事后花费精力财力去缓和关系，不如当初就控制好情绪，做情绪的主人。

情绪是我们内心状态的晴雨表，愉悦或是悲伤，都要学会坦然接纳，对负性情绪要学会调节，保持良好的身心状态。当负性情绪出现而控制不当发泄时，对内则伤害自己的身心状况，对外则伤害身边人的情感。

我们对事件的态度直接影响自我的情绪状态，调节自己的认知，改变自己看事情的视角，会发现有不一样的天地。调节情绪并不在于压抑自我情感，需要适当途径进行宣泄，学会自我心理保健。

第十五章 磨炼意志

意志是人在完成一种有目的活动时所进行的选择、决定和执行的心理过程。在高技术战争条件下,军人必须具备钢铁般的坚强意志,才能适应战争的需要。这种钢铁般的意志能够克服各种消极情绪的影响,能够克服意志行动中的困难,能够增添信心和力量。军人坚强意志的养成不是一蹴而就的,而是需要耐心与始终如一的努力,更有赖于平时的训练和养成。

第一节 敬礼仪式

一、训练目标

1.让军人体验到坚持所需要的耐心和毅力,培养军人的意志力。

2.让军人认识到意志力培养从小事做起。

二、训练时间

需要20～30分钟。

三、训练道具

秒表1只、励志的背景音乐。

四、训练流程

1.容易版:参训者按军训队形站立,主持人下达"敬军礼"的口令,每个人成敬礼姿势,身体不准摇晃,坚持10分钟(可根据战士实际情况调整时间),看谁能坚持到最后。

2.困难版:参训者按军训队形站立,并踮起脚尖,主持人下达“敬军礼”的口令,每个人成敬礼姿势,身体不准摇晃,坚持10分钟(可根据战士实际情况调整时间),看谁能坚持到最后。

【训练扫描】

1.在这个过程中,你遇到什么困难,你是如何克服的?

2.这个游戏对你在军营生活有什么启示?

3.简单的游戏,投射出了应对困难的坚持和毅力,遇到挫折,千万别轻言放弃。应对困难的过程,能激活军人的潜能。

【深度阅读】

社会学习疗法(social-learning therapy)是通过让个体观察榜样的好行为、被奖励的情况来矫正其问题行为的过程。这基于美国心理学家艾伯特·班杜拉(Albert Bandura)提出的社会学习理论,即观察学习或模仿学习。观察学习的全过程由四个阶段组成:(1)动机建立:愿意模仿;(2)注意:准确感知对方的行为;(3)保持:记得所要模仿的行为;(4)再现:言语信息翻译为有效行为。在观察学习的过程中,人们获得了示范活动的象征性表象,并引导适当的行为。社会学习理论着眼于观察学习和自我调节在引发人的行为中的作用,重视人的行为和环境的相互作用。“敬礼仪式”的活动,不仅能培养官兵的毅力,还能通过相互观察和相互学习,增强军人意识,强化军人行为。

第二节 突出重围

一、训练目标

1.培养军人面临困境时,临危不惧,保持头脑冷静并能有战胜困境的信心和勇气。

2.培养军人巧解难题的能力和坚持到底、不服输的精神。

二、训练时间

需要30～40分钟。

三、训练道具

背景音乐。

四、训练流程

1.15～20人手拉手围成一个包围圈，1人在圈内准备突围。

2.突围者可以采用钻、跳、跑、拉和诱敌等多种方式冲出包围（不能伤人）。

3.包围者要尽力不让被围者逃出。如果被包围者从某两位军人手拉手的缝隙中逃脱，则这两位军人进入圈内，成为被包围者，逃脱者成为包围者。

【训练扫描】

1.突围容易吗？单兵作战容易吗？你是如何克服困难的？

2.蛮干突围与技巧突围（挠痒、分散注意）有什么不同？

3.这个游戏有冲撞，严禁暴力行为；另外，有健康问题（心、肺和脑重要器官疾病）的军人不能参加，以防意外发生。

4.这个游戏给我们的启示是：遇到困难时，不能被困难吓倒，要有战胜困难的信心和决心，并能灵活思考，不蛮干，讲智慧，使问题得到圆满解决。

图15-1 突出重围

【深度阅读】

美国心理学家托尔曼等人(Tolman & Honzik)提出了潜在学习(latent learning),即个体在学习过程中的每一步都在学习,只是某一阶段的学习效果并未明确显示,其学习活动处于潜伏状态。“突出重围”的活动能潜移默化地培养军人的意志控制(volitional control),就是军人操纵行为的进程和结果,使之与预期目标相一致的过程。意志控制的作用既可以是外向的,也可以是内向的。前者是按照军人预期的目标来改造外部的自然和社会环境的活动(通过挠痒、分散注意来突出重围);后者则是按照军人的预期目标来改变或调整自身的生理和心理素质的活动(通过跑、跳来突出重围)。

第三节　齐心协力

一、训练目标

1.让军人体会到,无论困难多大,只要大家目标一致,共同努力,就可以产生不可估量的强大力量来克服困难,达到目标。

2.让军人认识到,人的潜能是无限的。人在适当条件下,可以最大限度地发挥自己的潜能。

二、训练时间

需要 20～30 分钟。

三、训练道具

安全海绵垫、背景音乐。

四、训练流程

1.一人平躺在海绵垫上,双臂抱胸,尽量将身体保持僵硬。

2.容易版:平躺者两边各站 8 人,同时伸出食指和中指,分别顶住平躺者身体的头部、颈部、肩膀、后背、臀部、大腿、小腿和脚。齐声喊“一、

二、三”,当喊到“三”时,16 人一起向上用力,将平躺者托举起来。

3.困难版:平躺者两边各站 8 人,同时伸出食指,分别顶住平躺者身体的头部、颈部、肩膀、后背、臀部、大腿、小腿和脚。齐声喊“一、二、三”,当喊到“三”时,16 人一起向上用力,将平躺者托举起来。

【训练扫描】

1.当小小手指也能将人举起时,大家的感受是什么?

2.领悟“人心齐,泰山移”的道理。

3.蚂蚁也是靠合作才能移动比自己重很多的食物。因此,个人的力量有限,但只要大家齐心协力,贡献自己的一分力量,我们所在的班、所在的排或所在的连定会成为一个优秀的集体。

【深度阅读】

凝聚力(cohesion) 是指群体成员之间为实现群体活动目标而实施团结协作的程度。凝聚力外在表现于人们的个体动机行为对群体目标任务所具有的信赖性、依从性乃至服从性上。凝聚力高将提升整体配合效能,即群体成员实施整体配合的效率和能力,表现为在行动过程中群体成员对实施整体配合的效率和能力的认知,以及情绪和意识的相应统一。“齐心协力”活动聚焦的是军人的凝聚力和克服困难的坚定性,表现的是军人团体配合效能。

第四节　信任背摔

一、训练目标

1.在一定的风险中,克服恐惧,信任战友。

2.培养战友之间的信任感,建立责任感。

二、训练时间

需要 30～40 分钟。

三、训练道具

两米高的台子。

四、训练流程

1.十二人分成两组，两人一个搭档。一人用左手握紧自己的右手腕，另一人也是如此；然后双方的右手握住对方的左手，形成非常牢固的一个“手结”。其他几对搭档也是如此，然后让他们排成一排，形成一道比较安全的手臂网。

2.背摔者站在高台上，左右手交叉抱住自己双臂，尽量保持身体直硬。在准备从高台上往后仰之前，向台下的战友说：“你们准备好了吗？”高台下面的人需要大声回答：“我们准备好了！请相信我们！”。背摔者向后倒下，台下的战友接住。

3.形成手臂网的人，尽量要将头后仰，否则头部容易受伤。

4.再换另一位战士，遵循上述的程序，如此依序直到小组内所有战士完成这项活动。

5.简易版：两人一组，前后站立，一手臂距离。前面战友说：“你准备好了吗？”后面的人需要大声回答：“我准备好了！请相信我！”。前面的人往后倒下，后面的战友接住。

【训练扫描】

1.台下的支撑者与台上的背摔者各有何感受？背摔后有何感受？让战士领悟：接住的，是同伴的信任。让每个人深深地理解到“信任”和“责任”。

2.注意绝对安全，场地选择相对要松软些，要有保护性的海绵垫。

3.军人在组成手臂网时，要摘掉眼镜、手表等易碎或易损坏的东西，以保证安全。

4.背摔者往后倒下时，台下的人组成的手臂网可以由低（背摔者脚的位置）到高（背摔者头的位置）形成一个斜坡，这样可以减少背摔者身体对台下战友手臂的冲击力，减少疼痛。

【深度阅读】

图 15-2 信任背摔

果断性(determination)是意志的品质，即善于迅速地辨别是非，能及时、坚决地采取决定和执行决定。果断不是轻率。果断的人是以充分的根据、周密的思考为前提，在事态的紧急关头，能当机立断、及时行动，毫不动摇和退缩。与果断相反的是优柔寡断和犹豫不决。“信任背摔”的活动，一方面提升战友之间的信任感，另一方面能激活官兵的优良意志品质——果断性。当背摔者不敢背摔时，周围的战友应该给予鼓励和支持，使其果断行动，不能退缩和放弃。

【故事专栏】

警　枕

宋朝司马光出生于官宦世家。从小机智过人，勤奋好学。刚满二十岁即考上进士。他为官清廉，公务之余常利用时间读书，立志写一部通志，作为人们的借鉴。为了把握时间读书，他特意制作了一个圆木枕头，枕头的妙用是睡觉时身子只要一翻动，它就会滚动，人也就惊醒了，可以继续研究学问，因此称为“警枕”。每当司马光需要休息时，便枕着“警枕”，如此学习，他终于成了一位学识渊博的人。

【故事感悟】

苏轼曾说：“古之成大事者，不唯有超世之才，亦必有坚韧不拔之志”。《孟子》中也有讲道：“故天将降大任于斯人也，必先苦其心志，劳其筋骨，饿其体肤，空乏其身，行拂乱其所为，所以动心忍性，增益其所不能。”困难并不可怕，军人的钢铁般的意志才是最坚不可摧的利刃！

第十六章　交流沟通

交流沟通是人与人之间在共同活动中彼此交流思想、感情和知识等信息的过程。良好的交流沟通有助于建立和谐的人际关系，和谐的关系是基层部队做好各项工作的基石。交流沟通的成败或水平的高低关系到军人学业、生活、婚姻和事业等的成功与失败，如何尽快融入一个新的集体，赢得友谊，为人生事业发展提供帮助，是我们很多人感到困惑的问题。这个主题的心理训练可以使你深刻地体验到交流沟通的奥妙与技巧，指导你在今后的生活中不断反思以改进和提高，使官兵成为一个善于交往与沟通的人。让战友之间能真诚相待，真心沟通，以心换心，心心相通。

第一节　你说我画

一、训练目标

1.学会与人交流沟通的技巧，特别是要很好领悟双向沟通与单向沟通的差异。

2.在与人交流沟通时要注意：说明、说懂和说完，以及听到、听懂和听完。

二、训练时间

需要30～40分钟。

如果希望成为一个善于谈话的人，那就先做一个注意倾听的人。

——戴尔·卡耐基

三、训练道具

每人一张 A4 纸和一支笔，两张图。

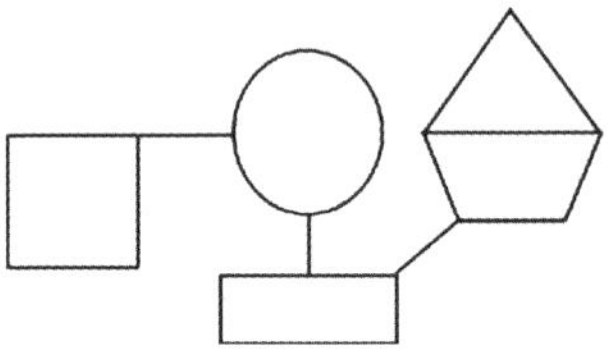

图 16-1 只听不问（单向交流）

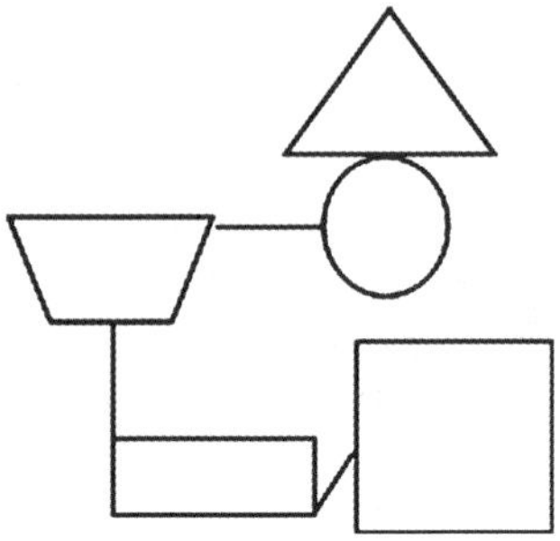

图 16-2 又听又问（双向交流）

四、训练流程

1.首先，一人背对大家，描述图 16-1，其他人根据所听到的内容在 A4 纸上绘图。这个活动的规则是“只听不问”。

2.请描述图者预估自己描述图的成绩，成绩评定为 0～100 分。100 分是满分。

3.描述图者观看战友所绘制的图，再次评估自己描述图的成绩。

4.然后，请另一人描述图 16-2，其他人根据所听到的内容在另一张 A4 纸上绘图，可以向描述者提问，描述者给予解释。这个活动的规则是“又听又问”。

5.同样请描述图者预估自己描述图的成绩，成绩评定为 0～100 分。100 分是满分。

6.描述图者观看战友所绘制的图，再次评估自己描述图的成绩。

【训练扫描】

1.描述者和绘画者谈谈自己的感受，领悟“沟通是双向的”。

2.在军队里，如果只是单纯地传达命令，没有反馈，这些命令就可能被错误地理解和执行。

3.只有准确表达、仔细聆听、勇敢质疑、适当解释、适时澄清，才能有效交流沟通。

【深度阅读】

交流沟通(communication)是信息交流过程,它服从信息传递的一般规律。它要有发送者、接收者、信息、信息传送渠道和反馈,同时要避免噪音,选择合适的环境(图 16-3)。沟通分为单向沟通和双向沟通。单向沟通时,发送者只发送信息,接收者只接受信息;而双向沟通时,发送者和接收者可以相互变化,即接收者也可是信息的发送者,发送者也可是信息的接收者。信息是沟通内容,由语言符号和非语言符号组成。信息渠道是信息的载体,比如对话、动作、表情、电影和邮件等。噪音是沟通中阻碍理解和准确解释信息的因素。比如环境中的噪音,沟通双方的情绪、认知和偏见等。环境对信息沟通也有一定影响,比如心理咨询时应该在咨询室环境中进行。"你说我画"活动,能提升官兵对交流沟通中"说"和"听"的技能,同时领悟双向沟通在人际交流中的重要性。

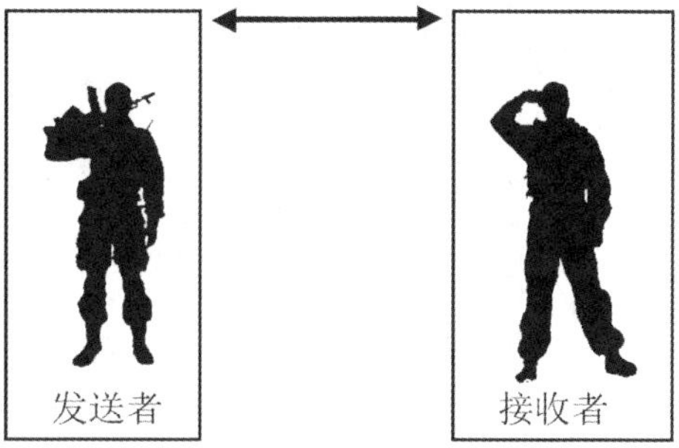

图 16-3　交流沟通模型

第二节　你做我猜

一、训练目标

1.培养军人清晰表达、非语言交流的能力。

2.让军人学会仔细观察,准确理解。

二、训练时间

需要 30～40 分钟。

三、训练道具

成语纸条 15～20 张、背景音乐。

四、训练流程

1.将人员分成多组,每组 10～15 人。

2.每组按纵队站好,每组的第一人到主持人那里抽一张成语。通过身体信息将成语内容传递给下一个战友,不能说话。以此类推,最后一人接受信息后,说出成语。

3.评价成语传递准确与否。

【训练扫描】

1.成语传递准确或失败时,有何感受?

2.如何能准确理解他人的意图,又能让信息传递准确?

3.军营生活中,是否也会出现“误传”和“误解”?这个活动带给我们什么启示?

4.信息只能在两人之间传递,其他人均背对正在传递信息的两人。

【深度阅读】

肢体语言(body language)就是通过身体的各种动作,形象地表情达意的一种沟通方式。由于个体不善于控制细微的肢体动作,所以它通常能比面部表情透露出更多沟通者的真实意图。比如鼓掌表示兴奋,顿足代表生气,搓手表示焦虑,垂头代表沮丧,摊手表示无奈,捶胸代表痛苦。肢体语言能很好地揭示和传递他人的情感和情绪,比如拥抱和抚摸是感情传达非常有力的一种交流方式。心理学研究显示,每天三次 15 分钟的抚摸可以使早产儿童茁壮成长。肢体语言能告知许多未言明的信息,学习解析肢体语言,可以在沟通中更好地感知他人的内心活动。

第三节 最佳匹配

一、训练目标

1.培养表达能力和善于听取别人意见的能力。

2.让军人明确很多问题的答案是多元的,只是看问题的角度不同而已。

二、训练时间

需要 30～40 分钟。

三、训练道具

图片 10 张(例如图 16-4、图 16-5)、背景音乐。

图 16-4

图 16-5

四、训练流程

1.主持人展示 10 张图片。

2.活动一:每个人在 10 张图中,任意选择 2 张图配对,并说出理由。大家交流,选出最佳匹配,也说明理由。

3.活动二:每个人将 10 张图两两配对,配成 5 对,并说出理由。大家交流,选出最佳匹配,也说明理由。

4.独立完成配对,不讨论交流。

【训练扫描】

1.每个人说的都有道理,其实是没有最佳答案。可见,生活中没有绝对的事情,相对的事情常发生在我们身边。

2.每个人从不同角度去理解和匹配,各自的理由都很精彩。由此可见,多听听他人意见,对自己有利无害。

3.今后看问题可以多角度去思考。

【深度阅读】

在交流沟通中,一个好的沟通者,必须善于表达(expression)自己的观点、态度、情感和需要等,因为我们的表达方式直接影响着对方对信息的理解。清晰的表达会让对方明白表达者的心意,并及时做出回应。有效表达自我的原则有:(1)直接表达信息:有时通过暗示的方式表达,对方不一定能理解表达者想表达的意思;(2)及时表达信息:及时沟通能让对方知道我们的需要并及时调整沟通行为,延误沟通只会恶化彼此的感受;(3)清晰表达信息:选择适当的信息载体,明确表达自己的想法。良好的交流沟通能促进人际关系并进一步提升幸福感。

第四节 谁是班长

一、训练目标

1.学会通过非语言进行沟通交流,传递信息。

2.学会准确接收非语言信息,领悟传递者的意图。

二、训练时间

需要20～30分钟。

三、训练道具

凳子、背景音乐。

四、训练流程

1.参加者两两相对而坐,组成一组。

2.两人拇指相对,并闭上眼睛。

3.通过两人拇指的信息传递,选出本组的班长。

4.组织者评价非语言沟通情况。

【训练扫描】

1.让战士讨论,在什么情况下非语言交流比语言交流更有用?

2.让信息传递正确者,介绍如何能准确传递信息?

3.让信息传递失误者,介绍失误的原因。

【深度阅读】

加拿大心理学家埃里克·伯恩(Eric Berne)提出了PAC理论,即人的个性由三种比重不同的心理状态组成，这就是“父母(Parent)”“成人(Adult)”和“儿童(Child)”状态，取这三个英文单词的第一个字母。PAC理论把个体的“自我”划分为“父母”“成人”和“儿童”三种状态，这三种状态在每一个人身上都交换存在，但比重不同。P状态者的心理特征是权威、规矩、禁令、刻板和优越感，以长者自居，爱训斥人；讲话方式是“你一定……”“你不能……”“你应该……”A状态者的心理特征是理智、客观、成熟，待人接物适度，尊重他人，慎思明断；说话的方式是“我的想法是……”C状态者的心理特征是情绪、依赖、脆弱和恐惧，感情用事、喜怒无常、服从和任人摆布；讲话的方式是“我不知道……”“我猜是……”军人要学会辨析谈话双方在用父母态、成人态，还是儿童态在交流沟通。理解他人也会与你一样，会使用惩罚性的父母态、任性的儿童态。

【故事专栏】

传达命令

有一个部队的营长爱好研究天文现象，特别是对彗星研究有很深的造诣。有一次，恰逢第二天每76年回归地球一次的哈雷彗星将会出现。他兴致勃勃地叫来值班军官，逐级向下传达，希望能和全营士兵一起分享。

营长对值班军官传达道：“明晚大约8点，哈雷彗星将可能在这个地区出现，这种彗星每隔76年才能看见一次。命令所有士兵穿上野战服在操场上集合，我将向他们解释这一罕见现象。如果下雨的话，就在礼堂里集合，我将为他们放一部有关彗星的影片。”

值班军官对连长传达道：“根据营长的命令，明晚8点哈雷彗星将在操场上空出现。如果下雨的话，就让士兵们穿着野战服列队前往礼堂，这个隔76年才能见的现象将在那里出现。”

连长对排长传达道："根据营长的命令，明晚8点，非凡的哈雷彗星将身着野战服在礼堂出现。如果操场上下雨的话，营长将下达另一个命令，这种命令每隔76年才会出现一次。"

排长对班长传达道："明晚8点，营长将带着哈雷彗星在礼堂出现，这是每隔76年才会有的事。如果下雨的话，营长将命令彗星穿上野战服到操场上去。"

班长对士兵传达道："在明晚8点下雨的时候，著名的76岁哈雷将军将在营长的陪同下，身穿野战服，开着'彗星'牌汽车，经过操场前往礼堂。"

【故事感悟】

部队是个特殊的地方，每天都涉及大量的命令需要逐级向下传达，在这个过程中，信息的准确传递就显得尤为重要。同样的信息由于接收人的不同会产生不同的效果，信息的过滤、保留、忽略或扭曲是由接收人主观因素决定的，是他所处的环境、位置、年龄和教育程度等相互作用的结果。由于对信息感知存在差异性，就需要通过有效沟通来弥合，以减少人的主观因素而造成的损失。沟通，就是通过交流，使彼此相通。在现代社会生活中，沟通显得越来越重要。人际间思想、感情领域的沟通，也会直接影响部队内部的和谐稳定。部队可以在开展基层官兵相互沟通方面加强教育疏导，消除歧视、误会，也可以减少冲突、怨恨，更增加团体决策效应，促进人际和谐，进而推动整个部队的和谐发展。

第十七章　团结协作

团结协作指的是战友们(团队)为了达到共同目的,互补互助,彼此配合的一种联合行动。团队所依赖的不仅是集体的讨论和决策,也强调成员的共同贡献。一根筷子轻轻被折断,但把更多的筷子放在一起,要想折断是很困难的事。一个好的团队并不是说每一分子各方面能力都俱佳,而是能够很好地借物使力,取团队其他战友的长处来弥补自己的短处,也把自己的长处优点分享给大家,互相学习交流,共同进步。任务,是前进的动力;协作,是成功的保障。

第一节　行动一致

一、训练目标

1.培养沟通交流和配合默契的能力。

2.让军人理解,任务完成需要团队的行动一致,而不是个人英雄。

二、训练时间

需要30～40分钟。

三、训练道具

背景音乐、绳子。

四、训练流程

1.两人一组:将两人相邻的两条腿绑住,外面两条腿不绑。

千人同心,则得千人之力;万人异心,则无一人之用。——[汉]刘安

2.三人一组：相邻两人的中间两条腿绑住，最外侧的两个人的外侧腿不绑。如果是四人一组或五人一组，可以此类推。

3.规则：(1)相邻腿上绑绳的位置不能高于膝盖部分，也不能低于脚踝；(2)必须向前走或跑，不得跳跃。

4.比赛开始，组员向前走或跑，以先到达终点者为胜。

【训练扫描】

1.可以在终点线放护栏或者垫子，以防各组在最后冲刺时跌伤。

2.每组交流分享感受，特别是优胜组和落在后面的组，强调行动一致对本活动的影响，以及如何在行动中调整失败行为？

3.训练者要注意引申“行动一致”对军事任务完成中的重要性。

【深度阅读】

社会认知图式(social cognitive schemas)是个体逐渐发展起来的对人、社会关系等社会刺激进行认知活动的基本模式。根据图式涵盖内容的不同可以分为：(1)个人图式：对某一特殊个体的认知结构，比如王某是一个热情、乐观和开朗的人；(2)自我图式：对自己所形成的认知结构，比如我是一个幽默、聪明和勤奋的人；(3)剧本：对事件或事件发生顺序的图式，比如扔掷手榴弹的流程；(4)团体图式：对某个特殊团体的认知图式，比如军队就应该能打仗，打胜仗；(5)角色图式：人们对特殊角色所形成的认知图式，比如新一代军人就应该有灵魂、有本事、有血性、有品德。“行动一致”的活动能激活军人“保持一致，行动起来像一个人”的认知图式。

第二节 疯狂坦克

一、训练目标

1.通过活动，让军人能适当表达自己的意见，接受他人建议，最终达成一致行动。

2.培养勇于前行、团结拼搏的战斗精神。

二、训练时间

需要30～40分钟。

三、训练道具

背景音乐、背包绳子、报纸和胶水。

四、训练流程

1.疯狂坦克之一：5～8人一组。将背包绳子打结，形成一个大圈。5人或8人同时踩着背包绳子，步调一致向前走。

2.疯狂坦克之二：10～12人一组。用胶水将报纸粘成大圆环。人站到大圆环里，成为坦克轮子，疯狂前行。

3.两组以上同时进行这个活动，以先到达终点组为胜。

【训练扫描】

1.如何能做到"疯狂前行"？

2."疯狂前行"对争取第一有怎样的作用？

3.注意观察参与者是否都能各尽所言，引导每个军人都参与讨论。

【深度阅读】

合作(cooperation)就是个人与个人、团队与团队之间为达到共同目的，彼此相互配合的一种联合行动。在团队中，个体之间可以以合作的方式互动，彼此可以相互帮助，相互沟通，为团队的共同利益而协调行动。影响合作的因素有：(1)沟通程度：沟通得越多，合作的可能性就越大。(2)合作性共存(cooperative interdependence)：团队成员之间的相互作用是正性的。比如"疯狂坦克"活动，只有每个军人的通力合作才能取得比赛的胜利。每个军人表现得越好，获胜的可能性就越大。在合作奖励情景中，对希望获得奖励的个

图17-1　疯狂坦克

体来说，最佳途径就是合作。(3)价值观：合作者倾向于个体和他人的共同利益最大化。增强合作的最好办法是相互妥协，彼此让步。这是人与人合作的基础，也是团队成员协调的前提。

第三节　勠力同心

一、训练目标

1.让军人体验个人与团队的关系，体验个人对团队的信任和责任。

2.让军人体验团队勠力同心的力量和快乐。

二、训练时间

需要 20～30 分钟。

三、训练道具

背景音乐。

四、训练流程

1.每个班抽出 3 人，三人背靠背围成一圈。

2.每个人弯曲左手肘关节，与相邻战友弯曲的右手肘关节相交叉。

3.三人坐到地上，然后同时站起来，最先站起来的一组获胜。

4.可以逐渐增加一个人，重新开始游戏，直到全班人都能参加这个活动。

【训练扫描】

1.如何才能做到“勠力同心”?

2.“认识一致，行动统一”对本活动有何重要意义?

3.三个人做这个活动与更多人做这个活动，有何不同?

【深度阅读】

群体效力(group amount)涵盖群体任务的完成情况和群体成员愿望满足的程度。一个高效力的群体就应在完成任务的同时，能满足成员个体的需求。群体的功能不仅在于完成任务，还应该考虑满足个体的心理需要。效率和士气是衡量群体成就或功绩的重要指标。群体士气就是个体对群体组织的满足感及对群体目标的态度。它代表了个体在群体内需求满足的状态及为群体目标而奋斗的自愿程度。一个优秀的团队，不仅要有高的工作绩效，还应该有高昂的士气。“勠力同心”活动只能呈现军人群体达到目标的状态，因此组织活动者应该在活动结束后，关注群体的心理满足和士气的状态，以期通过本训练，提升军人群体的团队意识。

图 17-2　勠力同心

第四节　和衷共济

一、训练目标

1.培养官兵之间的相互鼓励、照顾和支持。

2.培养官兵同心协力克服困难，解决问题的能力。

3.提倡“一个都不少”的团队精神。

二、训练时间

需要 20～30 分钟。

三、训练道具

背景音乐、61 cm×173 cm 的垫子或者汽车备用轮胎。

四、训练流程

1.将人员分组，每组不少于 16 人。

2.垫子(轮胎)放在空地的中央，看哪组站到垫子上的人最多，时间最长。

3.站到垫子(轮胎)上的人最多、时间最长的一组获胜。

【训练扫描】

1.小组人员是如何达到和衷共济,顺利完成任务的?

2.小组是如何突破极限,创造奇迹的?

3.活动中要注意安全,防止官兵跌伤。

【深度阅读】

群体决策(group decision)是群体成员的主张和意志对群体行为的作用过程。当群体面临问题解决时,每个成员都开动脑筋,积极思考,献计献策,共同讨论,寻找解决问题的办法和策略,这就是群体决策过程。群体决策往往能减少偏见,提高效率,也能满足个体的自尊心并增强责任感,同时能增加成员之间的信息交流沟通,增进友谊、信任和情感。群体决策与个人决策相比,在解决复杂问题时,群体决策效率好、准确性高。“和衷共济”活动要充分体现群体决策对团队取胜的积极效应。

【故事专栏】

团结友爱之军队

一个蓝军俘虏被红军释放回来后,蓝军军官问他,被俘后在红军的军营里见到了一些什么,以便能掌握一些情况。

放回来的士兵答道:“见到他们的士兵们喝水。”

“喝水?”蓝军军官说,“你是不是渴坏了,别的看不见?比如他们有多少炮?有多少兵力?筑了多少工事?喝点水有什么好看的?”

“本来喝水是没有什么好看的,”这个士兵把一块巧克力往嘴里一丢,“只是我看了他们的士兵们喝水,实在好笑。”

“喝水都好笑?新鲜啊!你说说看他们是怎么喝法。”蓝军军官说完往天鹅绒躺椅上一靠。

"嘿！真是好笑。"士兵说，"他们所有的士兵嘴唇都渴得干裂了，但只剩下一壶水。他们传着喝水壶里的水。所有的士兵都传完了，你猜怎么样？"

"怎么样？"蓝军军官面带疑惑和期待问道。

"嘿！水还没喝去半壶！"士兵得意地说，"最后半壶还被我喝了。"

蓝军军官听后，像触了电一样，一下从天鹅绒椅子上跳了下来，向他的部队下令道：

"撤退！"

"为什么？"士兵不解地问。

"看你们见了罐头、食物、饮水不要命地争抢的劲头，要战胜这样一支团结、协作、友爱的部队，简直是妄想！"

【故事感悟】

军队的团结协作不是一句口号，而是实实在在体现在平常点点滴滴的小事中，更是融入军队的血液里，渗入军队的灵魂中。该故事与抗美援朝战争上甘岭战役中"一个苹果"的故事如出一辙，都让我们看到了一支团结的军队，一群不屈的灵魂。团结协作是军队取得胜利的前提，一堆沙子是松散的，可是它和水泥、石子、水混合后，比花岗岩还坚韧。我们知道个人是微弱的，但是我们也知道整体就是力量。毛泽东主席曾经说过"我们都是来自五湖四海，为了一个共同的革命目标走到一起来了"，我们的军队是武装力量集团，是保卫祖国和人民的利益的，客观上就要求部队是一个团结友爱、充满朝气和活力的大家庭。我们每名官兵在日常的训练、工作中要以团结为重，做到相互关心、相互爱护、相互尊重、相互谦让、坦诚相待，以提高军队凝聚力，形成合力，为着同一个目标而团结奋斗！

第十八章　心灵成长

军旅生活不仅是为了满足物质需要，更是为了实现精神价值，完成军人使命。心灵成长是个体通过各种活动对精神世界的探索，获得对自我的新的感受、体验和领悟，也是个体挖掘和发现潜能的过程。追求心灵成长，就是为了活在觉察之中，为了感受和表达爱和感恩，就是为了去创造更多，去体验更多的喜悦，过一种富有意义、和谐而挑战的生活。心灵成长是一个充满喜悦和收获的过程。一个心灵不断成长的人会变得充满热情、富有活力和创造力，会发现新的目标、迎接新的挑战、开始新的旅程，会更有爱心和同情心，更具智慧与宽容，善于关心和体贴他人，努力探索新的未知领域，创造更加美好和光明的未来。

第一节　优势爆炸

一、训练目标

1.通过对自己的评价，从意识层面认识自己。

2.让战士意识到“我在别人眼中”是怎样的，通过他人的评价来整合和完善自我意识。

3.培养客观评价他人和正确对待他人评价的积极心态。

二、训练时间

需要30～40分钟。

心灵成熟的过程，是持续不断的自我发现、自我摸索的过程。除非我们先了解自己，否则我们很难去了解别人。

——戴尔·卡耐基

三、训练道具

每人 2 张 A4 纸、1 支笔、1 个夹子、1～2 首背景音乐。

四、训练流程

1.战士们冷静考虑后，在 A4 纸上写出 10 个我是怎样的人，如“我聪明”、“我乐于帮助别人”，等等。独自填写，不交头接耳，时间为 5 分钟。

2.在战友的帮助下，将另一张空白 A4 纸夹在自己背上。

3.在背景音乐下，战士相互在后背 A4 纸上写赞美语，每人至少说 3 个（尽量不重复），时间为 10 分钟。

4.战士再次围坐一圈，拿下背后的 A4 纸，看看别人对自己的评价。

5.首先，请一位战士在圈子中间，读出自我评价，接着与大家分享别人对自己的赞扬。然后，以此类推，在圈中描述的人数可以根据训练时间而定。

【训练扫描】

1.当别人赞美你时，你的感觉如何？是否有一些优点是自己以前没有意识到的？是否加强了对自身优点、长处的认识？

2.你赞美别人时，通常赞美哪些地方？你能给所有的人不同的赞美吗？你在赞美别人时，感到自然吗？

3.这个活动还能带给你哪些其他的感受？

图 18-1　背后留言

【深度阅读】

自我(self)是指个体的各种身心状态,它涵盖物质自我、精神自我和社会自我。自我意识是个体对自己各种身心状态的意识,它是多维度、多层次的复杂心理现象,包括自我认知、自我体验和自我意向(认知、情感和意志)。自我认知是对自己身心状态、他人与自己关系的认知,包括自我观察、自我图式、自我概念和自我评价等。自我体验是伴随自我认知而出现的情感体验。自我意向是伴随自我认知和自我体验而产生的各种思想倾向和行为倾向。"优势爆炸"活动能激活官兵对自我的正向认知,获得积极的自我体验,提升自我效能感,从而主动作为、积极作为。

第二节　我来夸你

一、训练目标

1.通过赞美战友,使战友感到温暖、增强自信心。

2.适当的赞美,更容易让自己与战友建立起良好的人际关系,得到更多的友谊。

3.赞美别人就是肯定自己。

二、训练时间

需要20～30分钟。

三、训练道具

背景音乐2～3首。

四、训练流程

1.在背景音乐下,围成一圈,每个人逐一坐到圈子的中间。

2.其他战友一个接一个地夸夸坐在圈子中间的战友。

3.被赞美的战友说说感受。

【训练扫描】

1.注意：夸奖他人要适度，最好有具体事件，否则被夸奖的战友会感觉到夸奖者的不真诚。

2.让夸奖他人困难者谈谈感受，主持人注意引导交流困难者进行适当表达。

【深度阅读】

自我概念(self-concept)是个体对自身存在的体验，是一个动态的心理结构。它包括一个人通过经验、反省和他人的反馈，逐步加深对自身的了解。自我概念是一个有机的认知机构，涵盖对自己的记忆、特质、动机、价值和能力等的信念，你最想成为的理想自我，你预期要扮演的可能自我，对自己的积极或消极评价(自尊)，以及他人如何看待你的信念。自我概念不仅影响对自我信息的加工，也影响对他人信息的加工，因为我们常常用解释自己行为的图式，解析他人行为。"优势爆炸"活动可以激活积极的自我概念，获得高自尊，同时还能学会更加积极地评价他人，因此能形成较好的人际关系。

第三节　我的感恩

一、训练目标

1.让军人学会感恩，感谢生活给予的一切。这样的军人才会有一个积极的人生观，才会有一种健康的心态。

2.让军人领悟到，不管一个人取得多么值得骄傲的成绩，都应该饮水思源，记住和感恩曾经帮助过自己的人。

3.让军人记住：人家帮我，永志不忘；我帮人家，莫记心上。

二、训练时间

需要20～30分钟。

三、训练道具

背景音乐《感恩的心》、每人一支笔和一张纸、纸巾(感恩时哭的人用)。

四、训练流程

1.围成一圈,在背景音乐下,给军人5分钟时间考虑,并写下感恩的人和具体事件。

2.每个人逐一到圈的中间,与战友分享感恩的人和事件,最好有2~3个具体事件。

3.让感恩者描述:你所感恩的人年龄是多少?兴趣爱好是什么?最喜欢吃什么?最看重的事情是什么?

【训练扫描】

1.当感恩者不能回答所要感恩的人的年龄、兴趣爱好等时,主持人要善于引导,避免感恩者愧疚感过重,影响其对活动的参与。

2.让每个人领悟,感恩不能停留在口头上,感恩他人首先应该从了解所要感恩的人开始。

【深度阅读】

健康行为(health behavior)是个体进行的有助于加强或维持其良好健康状态的行为。不健康的行为会导致心脏病、癌症和糖尿病等。如果人们戒烟,那么癌症的患病率和死亡率就会下降。如果进食低胆固醇的食物、戒烟,并能有效缓解紧张情绪,那么心脏病的患病率和死亡率都会降低。如果酒后不驾车,那么交通事故的死亡率可以下降50%。健康的行为习惯有:充足睡眠(7~8小时/天),不吸烟,每天吃早饭,每天饮酒不超过1~2杯,坚持体育锻炼,在正餐之间不吃其他东西,体重不超重10%。

第四节　军人的梦

一、训练目标

1.让军人有自己的梦。

2.其他人可以提建议，帮助战友实现梦想而出谋划策。

3.军人为实现梦想而拟订计划，脚踏实地地向目标前行。

二、训练时间

需要20～30分钟。

三、训练道具

背景音乐、每人一支笔和一张纸。

四、训练流程

1.围成一圈，在背景音乐下，让战士们进入放松状态。

2.训练者叙述以下内容：请闭上眼睛，自由呼吸，尽量放松。想想自己躺在柔软的沙滩上，温暖的海风轻轻吹过，闻到阵阵飘来的花香，你感到温馨、舒适、温暖和放松。梦想的思绪在脑中翻滚，你找到了自己的梦想。

2.让战士们睁开眼睛，在纸上写下自己的梦想。

3.训练者让每一个（或部分）战士说出自己的梦想，以及实现梦想的策略和困难。其他战士可以献计献策，让战友的梦想能实现。

4.将带有梦想的纸叠成飞机，载着梦想的飞机起飞。

【训练扫描】

1.成为一个有梦者和追梦者，有何感悟？

2.战友建言献策后，你感觉如何？

3.展望美好的未来，在将来会怎样调整你的生活？

【深度阅读】

成就动机(achievement motivation)是个体追求自认为重要的有价值的工作,并使之达到完美状态的欲望,即一个人所具有的试图追求和达到目标的驱动力。成就动机强的人对工作、学习非常积极,善于控制自己尽量不受外界环境影响,充分利用时间,愿意每天把时间用在追求自己的目标上,因此成绩优异。“军人的梦”的活动能激活官兵的成就动机。这将直接影响官兵的行为活动和思考方式,使他们更愿意设立具有挑战性的目标,不满足于随波逐流和随遇而安,而总是想有所作为。

【故事专栏】

名扬世界之墓志铭

在伦敦闻名世界的威斯敏斯特大教堂地下室的墓碑林中,有一块名扬世界的墓碑。

其实这只是一块很普通的墓碑,粗糙的花岗石质地,造型也很一般,同周围那些质地上乘、做工优良的亨利三世到乔治二世等二十多位英国前国王墓碑,以及牛顿、达尔文、狄更斯等名人的墓碑比较起来,它显得微不足道。并且它没有姓名,没有生卒年月,甚至上面连墓主的介绍文字也没有。

但是,就是这样一块无名氏墓碑,却成为名扬全球的著名墓碑。每一个到过威斯敏斯特大教堂的人,他们可以不去拜谒那些曾经显赫一世的英国前国王们,可以不去拜谒那诸如狄更斯、达尔文等世界名人,但他们却没有人不来拜谒这一块普通的墓碑。他们都被这块墓碑深深地震撼着,准确地说,他们被这块墓碑上的碑文深深地震撼着。在这块墓碑上,刻着这样的一段墓志铭:

当我年轻的时候,我的想象力从没有受到过限制,我梦想改变这个世界。

当我成熟以后，我发现我不能改变这个世界，我将目光缩短了些，决定只改变我的国家。

当我进入暮年后，我发现我不能改变我的国家，我的最后愿望仅仅是改变一下我的家庭。但是，这也不可能。

当我躺在床上，行将就木时，我突然意识到：如果一开始我仅仅去改变我自己，然后作为一个榜样，我可能改变我的家庭；在家人的帮助和鼓励下，我可能为国家做一些事情。然后谁知道呢？我甚至可能改变这个世界。

【故事感悟】

有一首歌唱到："我曾经豪情万丈，归来却是空空的行囊。"唱的正是这段墓志铭里所写的。时光慢慢流淌，我们渐渐成长。在成长的旅途上，我们会经历很多，会得到也会失去很多。沿途的风景变幻，各样事物来来往往，而生命对于我们每个人来说只有一次。在我们垂垂老矣时，回首往事不会因为虚度年华和碌碌无为而感到羞耻，就可以说是得到了成长的真谛。亲爱的战友们，让我们在军营的大学校里，汲取养分，努力提高自我，去经历那些我们应该经历的，让自己更加茁壮地成长，共同迎来那美好的明天！

参考文献

[1]保罗·艾克曼著，杨旭译.(2008).情绪的解析[M].海口：南海出版公司.

[2]陈少华.(2008).情绪心理学[M].广州：暨南大学出版社.

[3]陈莎.(2011).地方大学生新兵的角色适应研究[J].法制与经济(下旬),(3)：114—117.

[4]陈仲庚，张雨新.(1986).人格心理学[M].沈阳：辽宁人民出版社.

[5]陈镜伊.(2010).军人道德史[M].北京：大众文艺出版社.

[6]岑延远，聂衍刚.(2005).论个体竞争性的心理学研究[J].心理发展与教育,(3)：125—128.

[7]戴维·迈尔斯著，张智勇，乐国安，侯玉波等译.(2006).社会心理学[M].北京：人民邮电出版社.

[8]戴维·迈尔斯著，黄希庭等译.(2013).心理学[M].北京：人民邮电出版社.

[9]翟学伟.(2014).信任的本质及其文化[J].社会，1(34)：1—26.

[10]付津.(2015).着力培养"有血性"的新一代革命军人[J].政工学刊,(1)：23.

[11]冯正直.(2003).军人心理素质训练[M].重庆：重庆出版社.

[12]冯正直.(2011).医学心理学[M].北京：人民卫生出版社.

[13]黄俊.(2004).论军人心理教育与思想教育的结合[J].社会心理科学，19(3)：82—86.

[14]胡捷.(2010).西点军校军人荣誉观念培养观察[J].前沿,(12)：123—125.

[15]林开云.(2009).从多种途径上强化军人的荣誉意识[J].南京政治学院学报，25(4)：13—14.

[16]林崇德.(2003).心理学大辞典[M].上海：上海教育出版社.

[17]李玉玮，王利玲.(2003).军人认知团体训练[M].石家庄：解放军出版社.

[18]刘国影.(2008).挫折情境下军人不良心理表现及应对策略[J].武警学院学报，24(9)：86—88.

[19]王学军，赵力兵.(2012).论军人荣誉的内在本质、基本属性及价值评判[J].南京政治学院学报，28(5)：93—96.

[20]刘晓，黄希庭.(2010).社会支持及其对心理健康的作用机制[J].心理研究，3(1)：3—8.

[21]刘烨.(2008).马斯洛的人本哲学[M].呼伦贝尔：内蒙古文化出版社.

[22]乐国安.(2013).社会心理学[M].北京：中国人民大学出版社.

[23]罗伯特·费尔德曼，黄希庭著，黄希庭等译.(2008).心理学与我们[M].北京：人民邮电出版社.

[24]马仁杰，王荣科，左雪梅.(2013).管理学原理[M].北京：人民邮电出版社.

[25]莱因贝格著，王晚蕾译.(2012).动机心理学[M].上海：上海社会科学院出版社.

[26]孟昭兰.(2005).情绪心理学[M].北京：北京大学出版社.

[27]梅锦荣.(2010).心理学基础[M].北京：中国人民大学出版社.

[28]鲁文·盖尔，戴维·曼格斯多夫著，苗丹民，王京生，刘立等译.(2004).军事心理学手册[M].北京：中国轻工业出版社.

[29]苗丹民，王家同.(2005).军事医学心理学[M].北京：中国医药科技出版社.

[30]乔纳森布朗著，陈浩莺等译.(2004).自我[M].北京：人民邮电出版社.

[31]宋沛坤.(2015).浅析新古田会议精神——争做新一代革命军人[J].才智，(2)：349.

[32]孙祥敏，顾波.(2000).加强部队的心理教育[J].政工学刊，(1)：18—19.

[33]亚伦·皮斯,芭芭拉·皮斯著,王甜甜,黄佼译.(2007).身体语言密码[M].北京:中国城市出版社.

[34]唐震.(2009).接受与选择[M].北京:中国社会科学出版社.

[35]王燕秋.(2010).医学类高职高专学生的心理弹性状况及影响因素的研究[D].重庆:第三军医大学,2010:1—43.

[36]王宏武.(2014).战友情催生战斗力[N].人民武警报,2014—8—20(3).

[37]王道伟,李杜卿.(2011).军事文化[M].北京:蓝天出版社.

[38]吴琼,吴刚思汗.(2010).崇尚荣誉是革命军人永恒的价值追求[J].理论界,(1):154—156.

[39]孙世全.(2001).如何培养健康的竞争心理[J].解放军健康,(6):11.

[40]王成印,于方明.(2010).90后,感恩在行动[J].政工学刊,(3):25—27.

[41]王焕林.(2012).医学心理卫生学导读[M].北京:人民军医出版社.

[42]王学军,赵力兵.(2012).论军人荣誉的内在本质、基本属性及价值评判[J].南京政治学院学报,28(5):93—96.

[43]王纳.(2014).国防科技部队军人荣誉感培育问题研究[D].长春:长春理工大学,2014:27—29.

[44]汪向东,王希林,马弘.(1999).心理卫生评定量表手册[M].北京:中国心理卫生杂志社.

[45]徐广屏.(2013).当代大学生感恩教育探析[J].新疆职业大学学报,21(1):51—54.

[46]徐晓艳,陈友庆.(2014).海军新兵心理弹性与应对方式的特点及相关性[J].中国健康心理学杂志,22(1):39—42.

[47]徐安鑫.(2007).用战斗精神凝铸战斗力之魂——电视剧《亮剑》给我们的启示[J].政工学刊,(5):48—49.

[48]肖旭.(2013).社会心理学[M].成都:电子科技大学出版社.

[49]于泱,李权超.(2013).实用团体心理训练游戏与心理辅导[M].北京:军事医学科学出版社.

[50]杨敏毅,鞠瑞利.(2006).学校团体心理游戏教程与案例[M].上海:上海科学普及出版社.

[51]严由伟.(2011).心理咨询与治疗流派体系.北京:人民卫生出版社.

[52]姚树桥,杨彦春.(2013).医学心理学[M].北京:人民卫生出版社.

[53]俞国良.(2006).社会心理学[M].北京:北京师范大学出版社.

[54]佚名.(2010).新兵入伍如何适应新兵连生活.大学生征兵网,2010/8/.

[55]张佳佳.(2011).军校大学生心理弹性特点及心理弹性促进研究[D].重庆:第三军医大学,2011:1—58.

[56]张景兰,戴晴晴.(2013).作战部队战友关系与应对方式和领悟社会支持的相关性调查[J].实用医药杂志,30(9):818—820.

[57]张晓军,杨小伟.(2008).认识自我 挑战自我 超越自我——浅谈军人心理行为训练对学员心理素质的培养[J].政工学刊,(1):59—60.

[58]章志光,金盛华.(2007).社会心理学[M].北京:人民教育出版社.

[59]赵晓玲.(2012).当代革命军人荣誉感及其培育[D].石家庄:河北师范大学,2012:21—23.

[60]郑刚,郝唯学,李旭飞.(2007).论军人职业自我效能感的培养[J].南京政治学院学报,23(5):105—107.

[61]郑裕鸿,范方,喻承甫,罗廷琛.(2011).青少年感恩与创伤后应激障碍症状的关系:社会支持和心理弹性的中介作用[J].心理发展与教育,(5):522—528.

[62]总政治部宣传部.(2013).坚持党对军队绝对领导学习读本[M].

石家庄:解放军出版社.

[63]艾伦·约翰·珀西瓦尔·泰勒著,谢晓非,谢冬梅,张怡玲等译.(2004).社会心理学[M].北京:北京大学出版社.

[64]Suhaimi,A.W.,Marzuki,N.A.,& Mustaffa,C.S.(2014).The Relationship between Emotional Intelligence and Interpersonal Communication Skills in Disaster Management Context: A Proposed Framework.Procedia-Social and Behavioral Sciences, 155(6),110—114.

[65]Benson,B.J.(2014).Domain of Competence: Interpersonal and Communication Skills.Academic Pediatrics,14(2), S55-S65.

[66]Hall,B.J.,Tol,W.A.,Jordans,M.J.D.,Bass,J.,&Jong,J.T.V.M.(2014).Understanding resilience in armed conflict: Social resources and mental health of children in Burundi. Social Science & Medicine, 114, 121—128.

[67]Martell,C.R.,Dimidjian,S.,&Dunn,R.H.(2010).Behavioral Activation for Depression: a clinician's guide.New York: The Guilford Press.

[68]Schniter,E.,Sheremeta,R.M.,& Shields,T.(2015).Conflicted emotions following trust-based interaction.Journal of Economic Psychology, 51, 48—65.

[69]Meiselman, H. L. (2015). A review of the current state of emotion research in product development.Food Research International, 76, 192—199.

[70]Hourani,L.,Bender,R.H.,Weimer,B.,Reeler,R.,Bradshaw,M.,Lane,M.,&Larson,G.(2012).Longitudinal study of resilience and mental health in marines leaving military service.Journal of Affective Disorders, 139(2),154—165.

[71]Dixon-Gordon, K. L., Aldao, A., & Reyes, A. D. L. (2015). Emotion regulation in context: Examining the spontaneous use of strate-

gies across emotional intensity and type of emotion.Personality and Individual Differences, 86, 271—276.

[72] Imhof, M., Valikoski, T. R., Laukkanen, A. M., & Orlob, K. (2014).Cognition and interpersonal communication: The effect of voice quality on information processing and person perception.Studies in Communication Sciences, 14(1), 37—44.

[73] Hegberg, N. J., &Tone, E • B. (2015). Physical activity and stress resilience: Considering those at-risk for developing mental health problems.Mental Health and Physical Activity, 8, 1—7.

[74]Hu, T., Zhang, D., & Wang, J. (2015). A meta-analysis of the trait resilience and mental health.Personality and Individual Differences, 76, 18—27.

[75]Wahba, M.A., & Bridwell, L.G. (1976).Maslow reconsidered: A review of research on the need hierarchy theory: Organizational Behavior and Human Performance, 212—240.

[76]Wang, Y., & Chen, X. (2015). Stress and alcohol use in rural Chinese residents: A moderated mediation model examining the roles of resilience and negative emotions.Drug and Alcohol Dependence, 155, 76—82.